民间金融类型化法律规制研究

王丹 黎洋 ◎著

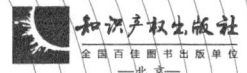

图书在版编目（CIP）数据

民间金融类型化法律规制研究 / 王丹，黎洋著．
北京：知识产权出版社，2025.7. -- ISBN 978-7-5130-9784-0

Ⅰ．D922.280.4

中国国家版本馆 CIP 数据核字第 2025R4G109 号

责任编辑：韩婷婷　王海霞　　　责任校对：王　岩
封面设计：臧　磊　　　　　　　　责任印制：孙婷婷

民间金融类型化法律规制研究

王　丹　黎　洋　著

出版发行：	知识产权出版社有限责任公司	网　　址：	http://www.ipph.cn	
社　　址：	北京市海淀区气象路50号院	邮　　编：	100081	
责编电话：	010-82000860 转 8790	责编邮箱：	9376063@qq.com	
发行电话：	010-82000860 转 8101/8102	发行传真：	010-82000893/82005070/82000270	
印　　刷：	北京九州迅驰传媒文化有限公司	经　　销：	新华书店、各大网上书店及相关专业书店	
开　　本：	720mm×1000mm　1/16	印　　张：	13.25	
版　　次：	2025年7月第1版	印　　次：	2025年7月第1次印刷	
字　　数：	217千字	定　　价：	78.00元	
ISBN 978-7-5130-9784-0				

出版权专有　侵权必究

如有印装质量问题，本社负责调换。

前 言

回溯历史，民间金融在古代社会就已经有了各种形式的存在和发展。放眼世界，无论发达国家，抑或发展中国家，均有不同形式的民间金融存在。时至今日，民间金融已经成为我国金融体系的重要组成部分，无论是民间借贷、民间集资，还是基金会、互助会、互助储金会等形式都广泛存在，由民间金融引发的经济事件和社会事件时有发生。一方面，民间金融庞大的体量和飞速发展的态势让人们认识到其强大的生命力；另一方面，其巨大的破坏力又令人谈之色变，引起实务界和学术界的持续关注，成为国家治理中不能回避的问题。如何将这种破坏力、生命力转化为经济发展的助推力，是亟待解决的问题。民间金融领域的困境主要集中在两个方面：一是民间金融积累的系统性风险和社会问题；二是中小企业融资难、闲散资金持有者投资难问题。面对纷繁复杂、客观存在的民间金融现象，应当对其进行认真梳理和系统研究，并在制度上予以适当的规制。

民间金融领域存在明显的私人治理机制，秩序的形成不是主要依靠法律的规制或者国家的强制监管。但是随着经济的发展，全球化和信息化时代的来临，民间金融已经呈现出新的特点，突破地域与熟人圈子的安全范围，单纯的私人治理机制已经力不从心。民间金融自身不仅构成宏观金融体系需要重视的重要部分，其与正规金融之间的交错关系还具有很强的风险扩散性和传染性，极大地影响着国家整体金融秩序的安全与稳定。进行国家干预的最好方式便是采用法律规制。经济的发展离不开民间金融的发展，而健康的民间金融必定是法治下的金融形式。如果国家对民间金融的法律规制缺失，就不可能形成良好的民间金融秩序，同时，民间金融市场就会在其局限性的作用下陷入绝境。民间金融市场的规范、金融危机的预防和化解、市场投融资需求的满足、良性民间金融体系的形成均需要法律制度的保障。

通过梳理和分析我国民间金融法律规制的历史和现状可以发现，对民间金融的法律规制从最初的严格管制，到逐渐发现民间金融有着顽强的生命力，进而认识到完全自由放任的民间金融并不能自然良性发展，而是会出现负面影响甚至产生系统性风险，到最后必须进行适度的选择性规制，是一个不断发展和深化的过程。当前我国民间金融法律规制尚不完备，相关法律制度效力层级低，制度之间的协调性不足；主体准入标准不尽合理，民间金融合法与非法界限不清晰；利率规定比较粗放，欠缺灵活性和针对性；监管职责不够明确，未对监管方式进行区分。相关规定不能完全适应当前经济发展的现实需要，与推动金融高质量发展的目标不相吻合。如何针对民间金融的复杂性、盲目性、相对性、风险性，构建一个主体多元、力量均衡、权利义务平衡的民间金融法律规制体系，成为我们面临的重要课题。本书试图以类型化法律规制为视角，以主体、利率、监管体制为抓手，从法律规制的角度寻求一个优化的解决方案。

第一章在对国内外民间金融定义进行比较分析的基础上，明确了本书所探讨的民间金融的内涵和外延。民间金融是不属于国家认可的正式金融机构的自然人、法人及其他组织相互之间进行的金融交易行为或活动，具有动态性与模糊性、内生性与盲目性、效率性与相对性、自律性与风险性的特征。民间金融能够补充正规金融，以满足市场主体多样化的融资需求；民间金融能够与正规金融形成竞争，从而提升效率，合理配置金融资源，引导民间资本形成。民间金融作为一个内涵庞杂、外延模糊的概念，对其进行类型化研究能够加深对民间金融含义的理解，这也是研究民间金融法律规制的先决条件。根据民间金融是偶发性的民事行为还是经常性的经营行为、是使用自有资金还是经营他人资金、是否潜藏着系统性风险几个标准，可将民间金融区分为简单形态、中间形态、复杂形态三种类型。简单形态的民间金融是指发生于直接当事人之间的金融行为，具有规模小、偶发性、平等性、个性化的特征，当事人使用的是自有资金，不会引发系统性风险。复杂形态的民间金融是吸收和经营公众资金的组织或机构的金融形式，要么大规模吸收不特定社会公众的资金，要么经营各种汇兑和借贷业务以获取差价收益，其业务类型和规模与银行相仿，易引发系统性风险。中间形态的民间金融是介于简单形态和复杂形态之间的民间金融形式，相比于简单形态的民间金融，其资金融通行为是经常性的而非偶发性的；相比于复杂形态的民间金融，其不吸收公众资金。这一分类形式是本书对民间金融的法律规制进行类型化讨论的基础。

第二章对民间金融法律制度发展历史和规范现状进行了详细的梳理，分析了民间金融法律制度存在的问题。通过对民间金融发展具有代表性的国家和地区的法律规制有益经验的借鉴，得出对我国民间金融法律制度建设的启示。对于简单形态的民间金融，以契约自治、责任自负的私人治理机制为主，主要由市场供求机制来自行调节，适用民商法的一般性规范；对于中间形态的民间金融形式，应采取部分调整和规范引导的态度，采用相对灵活的法律规制措施，力求最大化地发挥其作为正规金融补充形式的功能；对于复杂形态的民间金融，应当积极促进其在规范化、阳光化、合法化的轨道上发展，采用类似于正规金融的监管措施，但同时要注意不能破坏其特性以发挥其优势。总之，一个完善的金融体系一定是良性竞争、主体多元、力量平衡的金融体系。根据我国法律规制的现状和存在的问题，重点应当对民间金融的主体准入与退出、利率激励与管制、监管体制选择与权责等问题进行讨论。

第三章是对民间金融主体法律规制问题的研究。在分别介绍各类型民间金融主体的主要代表形式及其法律现状后，对于每种形态的民间金融主体的法律规制方向和具体完善措施进行探讨。简单形态民间金融主体的主要代表是民间借贷，对此类主体应当坚持契约自治的规制原则。对于中间形态的民间金融主体，则应根据其风险性的大小作出不同的法律安排，特别以具有代表性和典型性意义的小额贷款公司和合会为例，讨论其主体准入制度的完善建议。对于复杂形态的民间金融主体，一律将其转化为正规金融形式并非最优的选择，而应当确认有益的金融形式的主体地位，辅之以相应的法律规范制度，注重发挥该金融形式的特色，而非与正规金融适用同等标准以强行促使其向正规金融方向发展。本部分以具有营利性的民间集资和具有互助性的农村金融组织为例，讨论了复杂形态民间金融主体的法律规制完善建议。

第四章在对民间金融利率定义、种类、规制必要性进行分析的基础上，结合法律规制现状的研究，对民间金融利率规制的不足进行了剖析。现阶段存在着对民间金融利率未区分类型规制、民间借贷与其他金融借贷利率存在冲突、4倍贷款市场报价利率（Loan Prime Rate，LPR）的合理性受到质疑、对高利贷行为界定不清等问题。针对以上问题，在考察民间金融利率的实际情况和影响其波动的主要因素的基础上，从立法、司法、执法的角度，提出民间金融利率法律规制的具体制度设计。对于简单形态的民间金融，法律强制性的干预可适当减少，将利率的决定权主要交给民间借贷的双方当事人；对于中间形态和复杂形态的民间金融行为，适用一定的利率限制和利率期间，其利率上限规定应当比正规金融宽松。区分生产型借贷和生活型借贷进行利率上限分类规制，对于生产型借贷，可以适当提高利率上限；对于生活型借贷，有必要设定严格的利率上限。应当建立不同层次的高利率责任体系，民事、行政、刑事责任逐级递进、互相配合。总之，区分规制的理念要贯穿利率规制的各个领域。此外，在司法上赋予法官裁量权，在行政执法上采用柔性执法，都有利于构建动态灵活、针对性强的民间金融利率体系。

第五章探讨了我国民间金融监管体制的法律路径选择。2023年中央金融工作会议中，特别强调了全面加强金融监管是金融工作的基本要求和目标，在民间金融领域同样需要加强监管。基于民间金融的特点，应当秉持分层次、有重点监管的理念。对于简单形态的民间金融，要赋予民事主体更多的金融权益，可以鼓励其在政府成立的金融登记中心登记，以实现适当的法律保护，便于政府实施动态监测；对于中间形态的民间金融，应采用政府主导监管、行业自律组织辅助监管的模式，政府主导监管的权力主要在地方一级；对于复杂形态的民间金融，同样适用以政府监管为主、行业自律监管为辅的监管模式，国家应当积极干预，采取与正规金融相似的监管方式，政府监管应由全国性主管机关来主导，地方性分支机构进行配合。民间金融行业协会在制定行业规范、加强监督检查、登记管理会员信息、建立信息平台等方面发挥其补充作用。这种分层次的监管模式可以充分发挥民间金融主动创新的优势，避免政府监管体系较为保守的缺陷，保持金融市场的活力。

正如2023年中央金融工作会议指出的，要坚定不移走中国特色金融发展之路，加快建设中国特色现代金融体系，不断满足经济社会发展和人民群众日益增长的金融需求，不断开创新时代金融工作新局面。中国特色金融发展之路既遵循现代金融发展的客观规律，又具有适合我国国情的鲜明特色。本书通过对民间金融主体的研究，明晰有关主体的组织形式、业务范围、资信体系、从业资格，逐渐培育起多元化、多层次的民间金融主体体系，有利于民间金融的健康发展和防范系统性风险，促进金融市场化的进程，提升金融效率，确保金融安全和金融秩序。在这一前提下，对民间金融利率进行分层次、分类型、分目的的设计，再辅之以行政和刑事责任，建构起我国民间金融规制的有效途径。对民间金融进行多层次、多路径、有重点、有限度的法律监管，可以有效地填补政府监管体系的监管空白，缓解市场自由竞争机制与宏观调控管制之间的矛盾。

目 录

第一章 民间金融的定义辨析和类型化研究 ……………………………… 001

第一节 民间金融的定义 / 001
一、民间金融的定义 / 001
二、相关概念的辨析 / 004

第二节 民间金融的特征和功能 / 009
一、民间金融的特征 / 009
二、民间金融的功能 / 012

第三节 民间金融的类型化研究 / 017
一、民间金融的学理分类介绍 / 017
二、民间金融分类的主要依据 / 018
三、民间金融的类型化研究 / 020

第二章 民间金融的类型化法律规制路径研究 ……………………………… 022

第一节 我国民间金融的法律规制现状及问题 / 022
一、我国民间金融的历史发展与现状 / 022
二、我国民间金融法律制度发展脉络梳理 / 026
三、民间金融法律规制存在的问题 / 056

第二节 其他国家和地区民间金融法律规制的研究与借鉴 / 060
一、美国 / 061
二、德国 / 067
三、日本 / 070
四、孟加拉国 / 071
五、域外民间金融法律规制的经验借鉴 / 073

第三节　民间金融类型化法律规制的目标和原则 / 075

　　一、民间金融法律规制的目标 / 075

　　二、民间金融法律规制的原则 / 076

第三章　民间金融主体的法律规制研究 ……………………… 086

第一节　民间金融主体的类型化分析 / 088

　　一、民间金融主体的定义 / 088

　　二、民间金融主体的类型划分 / 089

第二节　简单形态民间金融主体的法律规制研究 / 096

　　一、简单形态民间金融主体的法律规制现状及问题 / 096

　　二、简单形态民间金融主体法律规制的完善建议 / 098

第三节　中间形态民间金融主体的法律规制研究 / 099

　　一、中间形态民间金融主体的法律规制现状 / 099

　　二、中间形态民间金融主体法律规制的完善 / 105

第四节　复杂形态民间金融主体的法律规制研究 / 111

　　一、复杂形态民间金融主体的法律规制现状 / 111

　　二、复杂形态民间金融主体法律规制的完善 / 121

第四章　民间金融利率的法律规制研究 ……………………… 133

第一节　民间金融利率概述 / 134

　　一、民间金融利率的定义 / 134

　　二、民间金融利率的种类 / 135

　　三、民间金融利率规制的必要性 / 137

第二节　民间金融利率法律规制的溯源与不足 / 139

　　一、民间金融利率法律规制的历史脉络和现状 / 139

　　二、民间金融利率法律规制的不足 / 141

第三节　民间金融利率法律规制的完善 / 149

　　一、民间金融利率法律规制的原则 / 149

　　二、完善民间金融利率法律规制的具体制度设计 / 151

第五章　民间金融监管体制的法律规制研究 …… 162

第一节　民间金融监管体制的现状及问题 / 162
一、民间金融监管相关主体 / 163
二、民间金融监管体制存在的问题 / 164

第二节　民间金融监管体制的路径选择 / 168
一、民间金融监管目标和原则 / 169
二、民间金融监管理念的选择 / 170
三、民间金融监管模式的选择 / 172
四、民间金融监管机构的选择 / 178

第三节　民间金融监管体制的构建 / 182
一、国家和地方金融监管机构的职责 / 183
二、推行民间借贷登记备案制度和信息监测机制 / 185
三、民间金融行业协会的监管路径和职责 / 187

参考文献 …… 191

第一章

民间金融的定义辨析和类型化研究

第一节 民间金融的定义辨析

一、民间金融的定义

我国的民间金融遵循自身的历史进路，随着时代的发展，在全球化和信息化的形势下，存在着其他国家和地区的民间金融所不具备的特点。目前，针对民间金融这一范畴的称呼尚不统一，如在金融之前冠以"地下""体制外""非正式""非正规""黑色"等定语。政府部门、学者、实务工作者从不同角度对民间金融进行了定义。

有的学者侧重从高利率的特征出发进行定义，民间金融"是指出资人与受资人之间，在国家法定金融机构之外，以取得高额利息与取得资金使用权并支付约定利息为目的而采用民间借贷、民间票据融资、民间有价证券融资和社会集资等形式暂时改变资金所有权的金融行为"[①]。

有的学者偏重从主体的角度进行定义，如"民间金融，泛指个体、家庭、企业之间通过绕开官方正式的金融体系而直接进行金融交易活动的行为"[②]。民间金融的外延包括个人之间、企业之间、企业与个人之间的借贷行为。也有学者从供给主体的角度进行定义，如民间金融是由民营金融机构提供的各

---

① 毛金明：《民间融资市场研究：对山西省民间融资的典型调查与分析》，《金融研究》2005年第1期，第146页。
② 黄家骅、谢瑞巧：《台湾民间金融的发展与演变》，《财贸经济》2003年第3期，第91页。

种金融服务和与其相关的金融交易关系的总和。① 对于民间金融中的重要类型——民间借贷,官方定义也是从主体层面出发来界定的。2015 年《最高人民法院关于审理民间借贷案件适用法律若干问题的规定》第 1 条中将民间借贷定义为"自然人、法人和非法人组织之间进行资金融通的行为"。

有的学者侧重从金融监管的角度进行定义:"民间金融实际上是指以个人信用为基础的、没有得到国家法律认可、尚未纳入政府监管范围的以利益最大化为基本的动机,以经营行为避开国家监管为特征,活跃于经济生活中的金融组织形式和金融行为。"②民间金融是不受政府金融监管机构控制,以私人借贷、合会等为代表的传统金融组织及其资金融通活动的总和。另有学者认为,"民间金融主要是指游离于我国银行业、保险业、证券业等正规金融以外的经济主体所从事的非正规融资活动"③。监管关系说突出了民间金融的非正规性与不受监管性。

有的学者侧重从国家专门政策法律调整的角度对民间金融进行定义。中国人民银行 2005 年发布的《中国金融稳定报告》明确指出,民间金融有时也称为非正规金融,是指自然人、非金融企业和组织所从事的,不属于国家金融管理法律与政策调整范围内的借贷活动。

有的学者侧重从是否进行注册登记的角度进行定义,如"凡没有经过国家工商行政部门注册登记的各种金融组织形式、金融行为、金融市场和金融主体都属于民间金融范畴"④。

也不乏学者从产权的角度进行定义。例如,"民间金融,就是为民间经济融通资金的所有非公有经济成分的资金运动"⑤,是除所有权归国家所有的国有独资金融组织和最大股东是国家的金融组织之外的所有金融组织。又如,民间金融是指"由民间资本构成并掌握着控制权的各种金融机构,通过资金

---

① 孙莉:《中国民间金融的发展及金融体系的变迁》,《上海经济研究》2000 年第 5 期,第 63 页。
② 谢毅:《民间金融发展现状与理论思考》,《湖南财经高等专科学校学报》2005 年第 5 期,第 12 页。
③ 陈正江:《浙江民间金融规范与创新发展的法制保障》,浙江工商大学出版社 2014 年版,第 10 页。
④ 姜旭朝、丁昌锋:《民间金融理论分析:范畴、比较与制度变迁》,《金融研究》2004 年第 8 期,第 102 页。
⑤ 姜旭朝:《中国民间金融研究》,山东人民出版社 1996 年版,第 2 页。

的融通活动或资金的借贷活动,主要为居民和非公有制经济提供各种金融服务的金融形式"[1]。再如,民间金融是"相对政府金融或国有金融而言的。民间金融的产权必须是属于民间所有的,并应由民间金融组织或个人独立自主地开展金融服务和与其相关的金融交易活动"[2]。

有的学者综合考虑民间金融的各项特征后认为,民间金融"是与正规金融相对应的,以个体信用为基础的,主要服务于不能或不便于通过正规金融途径获得金融服务的主体,且没有按照法定程序进行登记,没有取得经营某具体金融业务的法律授权,不直接受相关法律保护的一种自发的金融行为"[3]。从信用双方的关系来看,民间金融是指基于习俗、地缘、亲缘等社会关系网络派生出的个体信用行为。[4]

国外学者对民间金融的内涵界定得比较少,更倾向于对不同形式的具体的民间金融类型进行探讨。民间金融更多地被称为"非正式金融"(informal finance),是与正式金融相对应的、没有被国家中央银行控制和监管、在国家正式金融体系之外运行的金融形式。非正式金融主要分为三种类型,即不吸收存款、不以储蓄为其业务的非信贷机构,专门处理数额相对较小的自然人与企业之间金融交易的机构,以及提供中介服务和平台的机构。

在对以上定义的研究中,可以发现民间金融共有的特性,这对于我们研究和科学界定民间金融的含义有着重要的借鉴意义。从高利率的特征进行定义,关注到了我国目前民间金融存在的突出问题,即利率高,且易导致区域性风险,但是没有涵盖民间金融中存在的合理利率和友情借贷的情况。从主体特点进行定义,抓住了民间借贷主体方面的特征,但有的定义没有涵盖所有主体,有的仅关注了主体的特征,未能对民间金融的特征全面进行表述。从金融监管的角度进行定义,体现了现有民间金融的部分特点,但是在对监管全面深入的界定上还存在不足。国家金融监管机构无疑有权对金融机构的金融活动进行监督管理,同时也有权对"非金融机构"所开展的金融行为实

---

[1] 蒋玲:《中国农村非正规金融管制机制研究》,《产业与科技论坛》2009年第10期,第43页。
[2] 胡德官:《我国民间金融问题研究述评》,《中国农村观察》2005年第5期,第71页。
[3] 刘少军:《民间金融的类型与法理分析(上)》,《中国流通经济》2012年第9期,第119页。
[4] 邓路、谢志华、李思飞:《民间金融、制度环境与地区经济增长》,《管理世界》2014年第3期,第33页。

施监督管理。在职责权限范围内，金融监管机构有权对整个金融市场和所有金融行为实施监督管理。① 因此，不能仅从监管的角度定义民间金融。从国家专门政策、法律调整和注册登记的角度对民间金融进行定义，注意到了当前民间金融进行金融活动没有法律授权和履行相关行政手续的现象，但是必然会随着民间金融法治化和规范化进程的深入而产生逻辑上的矛盾。从产权特点的角度进行定义，将当前依法进行的很多非公有股份制银行的经营活动都涵盖进来，则失之于宽。以产权为标准来界定金融概念，其本质是将各种各样的金融形态区分为国有金融、非国有金融，或公有金融、非公有金融，而不是民间金融与正规金融。

通过对前述定义的比较分析，本书认为，民间金融和正规金融的重要区别表现在主体的不同。因此，本书对民间金融的定义是，不属于国家认可的法定金融机构的自然人、法人及组织相互之间进行的资金融通行为或相关活动。

二、相关概念的辨析

正因为民间金融还没有正式的、被广泛认同的定义，理论界和实务界对其认识不一，一些相似的概念非常容易与民间金融的概念相混淆，如非正式金融、民营金融、非官办金融、黑色金融、民间借贷等。接下来，本书将对民间金融与这些易混淆概念进行辨析。

（一）民间金融与非正式金融

如前文所述，国外没有"民间金融"的表述，常用的表述为"非正式金融"。非正式金融是和正式金融相对应的概念，指国家金融体系中并非立足于国家信用、超脱于中央银行管制的金融形式，具体包括非正式金融中介（如货币经纪人等）和非正式金融市场（如场外市场、平行市场等）。非正式金融的外延包括钱庄、典当、储蓄和信用合作社、货币借贷、轮转基金，还有某

---

① 参见我国《中华人民共和国银行业监督管理法》（以下简称《银行业监督管理法》）第1条、第2条、第44条，《中华人民共和国中国人民银行法》（以下简称《中国人民银行法》）第1条、第2条、第31条，《中华人民共和国证券法》（以下简称《证券法》）第178条、第179条，《中华人民共和国保险法》（以下简称《保险法》）第134条、第159条、第160条等的规定。

些非政府组织。非正式金融在世界范围内是普遍存在的,对非正式金融的研究也由来已久。

非正式金融与民间金融具有很大的交叉性,但是深入研究后就会发现,它们是不尽相同的两个范畴。非正式金融的产生、发展是基于发展中国家的二元经济架构与金融架构,其根源主要在于国家金融市场的缺陷和不足。相比于民间金融,非正式金融更侧重于表达一种临时性的、过渡性的金融形式;非正式金融是为了填补正式金融发展不足出现的局部真空,因此其在较长时间内难以获得法律的认可,往往和地下经济紧密联系。而民间金融更强调其适应民间需求、自生自发的特性,与正规金融相比,其未受到国家金融监管机构的严格管制,更具有活力和效力,能够有效弥补正规金融的不足,成为正规金融的有益补充。因此,民间金融往往是长期存在的,即使是多层次金融市场发展相当成熟的美国,也仍然存在多种多样的民间金融形式。此外,非正式金融的主体并不能通过是否正式注册予以辨别,但绝大多数民间金融都没有经过注册。① 随着经济的逐步发展和金融体制转型,非正式金融倾向于转化为正规金融或者彻底消失;而民间金融作为正规金融的必要补充,很有可能会长期存在。

(二) 民间金融与民营金融

以民营银行为代表、涵盖其他非公有制的民间金融机构的民营金融近年来也成为理论界的讨论热点,部分学者认为民间金融与民营金融是同一概念,其实二者是泾渭分明的。民营金融是从所有权和经营权归属的角度对金融形式进行界定,一般是指所有权和经营权非国有的各种金融组织和实体,其中只有未经登记注册的那一部分属于民间金融的范畴。一般来说,民间金融必然是民有民营,但民营金融并非都属于民间金融。我国民营金融中相当大一部分属于经过注册登记、已经纳入正规金融监管体系内的金融形式。可见,民营金融中既有通常意义上的民间金融,也有正规金融。

需要注意的是,民间金融与民营金融的区分标准不在于是否具有"互助

---

① 姜旭朝、丁昌锋:《民间金融理论分析:范畴、比较与制度变迁》,《金融研究》2004年第8期,第101-102页。

性"。有观点认为，正规的民营金融具有鲜明的营利性特征，而民间金融组织往往具有互助性特征。其实不然，许多经过国家许可的民营金融也具有一定的公益或者互助性质，而民间金融如包含较高利息的民间借贷显然是具有营利性的，这与历史上纯粹的民间金融具有很大不同。①

(三) 民间金融与非官办金融

非官办金融与民营金融有很大的相似性。官办金融往往是指政府主管机关自上而下设立的金融形式。官办金融与民间金融的区别表现为：第一，民间金融具有内生性，是自下而上、基于市场主体本身需求催发产生的；官办金融则是自上而下产生的，是一种外生金融。第二，民间金融强调"横向信用"，主要依靠民间主体间的"互助合作"建立起来，往往以一定的地域、血缘、职业等关系之下的个人信用作为金融活动的基础；官办金融则更倾向于"纵向信用"，通过许可和审批金融组织的国家机关来建立信用，官办金融组织的金融资源和规模主要取决于官方赋予的经济和社会政治地位。② 官办金融与民间金融泾渭分明，但这并不能直接推定非官办的或非公有制的金融形式都是民间金融。

民间金融的范畴与非官办金融并不重合，也不是与官办金融相对立的范畴。这是因为民间金融是从法治和监管的角度考察，而官办金融是以所有制为视角，二者的观察角度不同。官办金融必定非民间金融，民间金融也必定非官办金融；然而，非官办金融不见得都是民间金融，非民间金融也并非都是官办金融。

综合来看，金融形式的所有制、管理权归属都不是民间金融的根本性特征，而应该以具体实施金融行为的主体是否被国家正式认可，是否被纳入正规金融监管和法制规范的范围内作为其界定标准。本书认为，不属于国家认可的法定金融机构的自然人、法人及组织相互之间进行的资金融通行为或相关活动，都属于民间金融范畴。

---

① 姜旭朝、丁昌锋：《民间金融理论分析：范畴、比较与制度变迁》，《金融研究》2004年第8期，第103页。
② 姜旭朝、丁昌锋：《民间金融理论与实践》，《经济学动态》2004年第12期，第77页。

(四) 民间金融与黑色金融

由于民间金融往往缺乏有效的制度监管，民间金融领域屡屡出现系统性风险和违法犯罪行为，以致有人将民间金融与黑色金融或非法金融相等同。其实，这些现象并非民间金融本身，而仅是民间金融领域的犯罪行为，民间金融与黑色金融不能混为一谈。例如，集资诈骗行为被很多学者认为是典型的民间金融犯罪，但实际上，集资诈骗行为并非民间金融。因为集资诈骗行为本身并不是为了集资，而是打着集资的旗号骗取他人财物，也就是说，集资诈骗并不是民间金融行为导致的犯罪。就好比犯罪分子打着生产食品的幌子制造毒品，我们不能将之视为食品犯罪，并进而将其与正常的食品生产同等对待。再如，在民间借贷领域，采取非法拘禁的方式进行暴力讨债的情形时有发生，而大家都承认，非法拘禁罪是一类独立的犯罪，并非民间借贷的共生物。在民间金融抑制政策的大背景下，强调这种区分十分重要，因为一些似是而非的说法容易让民间金融背负"原罪"，并进一步被边缘化和妖魔化。[①] 如果对民间金融与黑色金融或非法金融不加以区分，将会在对民间金融进行规制时，在规制方式和分寸上把握不当，可能会对民间金融监管过于严苛。事实上，大部分民间金融行为是不需要严格的行政管制甚至刑法规制的，只有那些大规模、有组织、欺骗性、涉众性民间金融才会进入刑法规制的范围。

(五) 民间金融与民间借贷

民间借贷，是指自然人之间，自然人与法人、非法人组织之间，法人与非法人组织之间的借款合同，以及由此产生的借贷法律关系。民间借贷是在社会经济发展过程中逐渐自发形成的，独立于国家金融行业融资的民间融资信用形式。随着我国社会经济的发展，民间借贷作为主渠道金融补充作用的合理性与必要性日渐凸显，逐渐发展成为经济主体生产、生活、投资的重要融资渠道。[②]

[①] 胡戎恩、赵兴洪：《天使抑或魔鬼：民间金融实证研究与立法》，北京大学出版社2014年版，第70—71页。

[②] 王毓莹：《民间借贷纠纷案件裁判思路研究》，《中国应用法学》2023年第4期，第147页。

最早提出"民间借贷"一词,是在1981年颁布的《国务院批转中国农业银行关于农村借贷问题的报告的通知》中"当前主要是在农业银行领导下,充分发挥信用社的作用,使信用社起民间借贷作用"。此时的"民间借贷"主要指的是农村个人之间的借贷。随后1984年发布的《国务院批转中国农业银行关于改革信用合作社管理体制的报告》以及1987年中国人民银行、中国农业银行公布的《关于农村信用社信贷资金管理的暂行规定》延续了这种表述。1988年最高人民法院《关于贯彻执行〈中华人民共和国民法通则〉若干问题的意见(试行)》中则进一步将其规范对象"借贷行为"限制为"公民之间借贷",但从其文字表述可知,并未对银行等金融借贷与个人间民间借贷作出区分。就司法解释层面而言,第一次明确提出"民间借贷"是在1991年发布的《最高人民法院关于人民法院审理借贷案件的若干意见》中,第1条将民间借贷纠纷的范围界定为"公民之间的借贷纠纷,公民与法人之间的借贷纠纷以及公民与其他组织之间的借贷纠纷",第6条规定了民间借贷的利率限制。从国内外对民间借贷界定的各种观点和表述来看,尽管名称不同,内涵和外延也不尽相同,但都具有相同的本质内涵:民间借贷主要就是私人资金在社会各个领域内的融通过程,是没有经过官方金融机构注册的,游离于金融监管之外的私人资金融通活动。具体而言,民间借贷的资金融通活动都是在市场主体无法从正规金融机构获取金融服务的情况下,为应对正规金融服务的缺失,大量的私人资本基于逐利性作为补充进入金融市场,填补正规金融服务的缺失部分。①

民间金融与民间借贷均强调了主体属性,民间借贷是民间金融的一种典型形式。但显而易见,民间金融不仅仅是民间借贷。因为民间金融既包括债权形式的间接融资,还包括股权形式的直接融资;不仅有发生于一般民事主体之间的民间借贷,也有发生于商事主体之间的商业性质的资金融通。伴随着金融创新的步伐、互联网技术的发展,民间金融形式日益多样化。民间借贷只是民间金融外延的一部分,是民间金融中具有典型性和极具研究价值的一部分,但是显然不能与民间金融的概念相等同。

---

① 肖峰:《重释民间借贷的定性和范围:如何理解适用新〈民间借贷司法解释〉第1条》,《法律适用》2021年第3期,第82-83页。

也有观点认为，民间借贷可以分为狭义民间借贷、中义民间借贷和广义民间借贷。狭义民间借贷是指自然人之间、自然人与非金融机构法人或其他组织之间的借贷关系；中义民间借贷是指自然人、非金融机构法人、其他组织相互之间的借贷关系；而广义民间借贷不仅包括自然人、非金融机构法人、其他组织相互之间的借贷关系，还包括小额贷款公司、融资担保公司、典当行等准金融机构与上述主体之间的借贷关系。如果从这个角度来看，广义的民间借贷与"民间金融"概念的外延等同，是将"正规金融"即银行贷款之外的所有借贷关系全部纳入民间借贷范围之内。本书采用的是一般意义上的民间借贷，即中义民间借贷。

第二节 民间金融的特征和功能

民间金融是与正规金融相对存在的金融形态，有着区别于正规金融的种种特征和功能。通过对民间金融特征和功能的深入认识，有助于准确地把握其内涵和外延。

一、民间金融的特征

（一）动态性与模糊性

民间金融是一个不断发展的存在。有的形态现在属于民间金融，可能在不久的将来随着规模化和组织化的发展，逐渐受到重视，就会被纳入国家金融监管范围，转化为正规金融；有的正规金融也可能随着历史的发展被纳入以私法自治为主的范围，成为民间金融形式。此外，即使一国政府将其领域内现存的全部金融活动纳入监管之内，仍然会有新的民间金融形式自生自发，因为民间融资的多样化需求是无穷的，新的民间金融形式就会不断涌现，国家监管无法覆盖全部的金融形态是一种永续存在的状态。从国际比较来看，有的金融形式在一国属于正规金融，但在另一国却属于民间金融。民间金融的这一特征也决定了其边界具有很大的模糊性和不确定性，不可能采取列举穷尽的定义方式。

(二) 内生性与盲目性

民间金融是自下而上自发产生的,与正规金融自上而下的国家政府的推行恰恰相反。内生理论有若干核心要素:一是本土化成长的企业家资源,二是本土化发展起来的成长型企业,三是本土企业能够融入本土空间之外的市场,四是本土经济结构基于本土资源并形成比较优势。民间金融的内生性是指在与本土民营经济发展相互关联的基础上,金融资源、金融主体、金融组织、金融市场和风险控制等金融系统内部组织系统的不断发展和自我完善,民间金融不仅具有内生性资金运动所具备的信用中介和资金融通的基本功能,还具有对本地民营经济发展天然内生的增进助力和防范风险的功能,同时,还具有资源配置、调节运行、自我扩张等自身成长功能。[①] 一国的正规金融再发达、再完善,由于成本、信息等方面的问题,仍然无法满足所有市场主体的需求。而这种内生性需求的客观存在,决定了民间金融产生的必然性。即使是在具备多层次发达金融体系、种类丰富的金融产品的市场经济国家,如美国、英国等,仍然存在着相当规模的民间金融。民间金融的产生服务于利润最大化,必然无法与国家的经济宏观调控政策完全保持步调一致,体现出盲目性的特征。需要注意的是,民间金融资本是社会自发产生和汇集的民间资本,无须政府的组织和建立,但需要由监管部门提供应有的法治保障和监督管理。

(三) 效率性与相对性

民间金融在一定程度上体现了真实的经济关系的需求。民间金融具有交易成本低、信息对称、监督成本低等天然优势。民间金融一般是临时性的、数额较小的融资,甚至很多是随到随借,资金周转速度较快,方便快捷。相比于具有繁冗复杂的审核和评估等环节的正规金融而言,民间金融的效率较高。但需要注意的是,民间金融的效率性优势是相对的,当民间金融活动的运营范围和规模较小时往往比较有效,而这种效率性优势会随着其规模和范围的增大而降低。例如,目前我国广泛存在的民间金融与传统的民间借贷

---

① 周霖:《民间金融内生发展模式研究》,浙江大学出版社2019年版,第57、60页。

大部分是为了解决生产经营或投资资金短缺问题，许多民间金融活动的当事人除了签订协议，还要有具备一定实力的担保人，有的还要到公证处进行公证，此时如果对民间金融缺乏引导，可能会导致较大的金融风险甚至社会安全风险。

（四）自律性与风险性

民间资本市场的产生，迅速而有效地聚集了规模庞大的社会资金，与其说这是一种经济学意义上的民间资金或社会资本，倒不如说是一种社会学意义上的社会资本，因为这些社会闲散资金聚集的背后，是一张社会关系网络。① 民间金融当事人除了一般金融形式需具备的信用关系，还往往处于一定的地域、亲缘、职场等熟人社会关系中。这种熟人社会关系既是一种资源，能够给当事人的金融活动牵线搭桥，带来物质收益；同时也是一种约束，是一种无形的社会担保机制。这种担保机制的存在，使债务人一方在经济制裁之外还增加了其他制裁方式，从而对债务人的行为构成约束。在熟人社会中，如果债务人无法偿还债务，往往会导致其信用和声誉评价急剧恶化，其接下来在熟人社会中的生活和生产都将十分困难，也就是说，不履行债务的行为不只是在直接的当事人之间产生失信效果，还将使其在整个熟人社会中失去信用。在民间社会，由习俗、习惯法构成的非正式的治理模式与机制，是规制民间金融的重要规则。②

民间金融的私人治理机制使其监督成本远远低于正规金融的监督成本。但同时由于自律性的存在，当事人往往会忽略形式上的完备，在违约的情况下，缺乏有效的救济途径，导致了风险的发生。在高盈利预期的驱使下，民间金融活动有时会逐渐突破本土网络的束缚，大量的资金活动都是基于松散的社会网络，通过掮客介绍组成的互助会、个人钱庄以及民间集资等活动的参与人在很大程度上并不相互熟识。在这样的背景下，社会网络内独有的相互监督机制和违约惩罚机制效力减弱，继而提升了民间金融市场的系统性风

---

① 刘卫平：《社会信任：民间金融与经济转型》，中国人民大学出版社2021年版，第132页。
② 陈正江：《浙江民间金融规范与创新发展的法制保障》，浙江工商大学出版社2014年版，第13页。

险,增加了发生民间金融危机的可能性。① 民间金融具有政策调整、市场波动、资本运作和信用断裂等多方面的风险。

二、民间金融的功能

民间金融是历史的产物,是社会发展过程中自下而上自发产生的,在一国的经济发展中发挥着重要的作用。民间金融是正规金融有益且重要的补充,长期存在于国家的金融体系中,与正规金融一起组成了国家完整的金融市场。

(一)组成多元化金融市场,满足市场主体个性化的融资需求

正规金融不能全面涵盖社会融资需求的方方面面,促成了民间金融存在与发展的空间。民间金融的不可替代性主要体现在以下方面:

首先,信息透明度高,获取成本低。民间金融业务的开展主要建立在一定的亲属、地域和职业关系之上,这种熟人社会中的个人、企业之间信息比较透明,交易各方高度共享有关信息,贷方对借方的还款能力、信用水平、资金用途等有着较为充分的了解。此种情况下信息成本获取的低廉使民间金融在熟人社会中相较于正规金融具有明显的优势,较容易避免困扰正规金融机构的由信息不对称带来的道德风险和逆向选择问题。此外,正规金融还可以通过分享民间金融机构的信息来筛选客户,根据借款人与民间金融机构的交易往来甄别客户质量,实际上是间接利用了民间金融的信息优势。

其次,程序简化,实现成本低。正规金融机构的贷款程序往往较为复杂,难以满足民间中小企业和个人的迫切资金需求。而大多数民间金融交易手续较为简便,利率由交易双方通过协商和谈判自由约定,期限也具有较大的灵活性,这些方面的优势刚好有效弥补了正规金融的劣势。②

最后,实现机制灵活且有效。借贷通常需要抵押、质押等形式予以担保。相对正规金融而言,民间金融领域的担保机制要灵活得多。正规金融为了对冲风险,对于担保物的质量要求较高,程序较复杂。而在民间金融领域,实

---

① 王婷、史晋川、娄姚荣:《社会网络对民间金融风险的作用:基于社会网络结构的理论与实证分析》,《浙江大学学报(人文社会科学版)》2018年第1期,第112页。
② 赵鑫:《中国民间金融发展的制度分析与改革设计》,中共中央党校2013年博士学位论文,第38页。

现担保的方式灵活多样，资金的提供方对于担保物的种类、质量等要求较为宽松，生产、生活中的各种基本资料都可以用于担保，如房产、土地、机器设备，在农村地区，牲畜等也可以成为有效的担保物。而基于前文所述的民间金融的自律性特征，熟人社会中的人际网络关系都是民间金融的隐性担保。

民间金融覆盖的地域范围和人群规模较小，这使得在信息获取成本、担保机制、实现程序等方面，民间金融相对正规金融而言具有一定优势，在正规金融服务无法覆盖的真空区域，民间金融发挥了满足社会公众融资需求的作用。

(二) 与正规金融相互竞争，提升金融市场的内在效率

根据金融市场相关理论，充满效率的金融市场不能只有单一的金融形态，而应当是多元化、多层次的金融形态在竞争中使市场交易趋于平衡。正规金融与民间金融主体以金融利润最大化为目标，在金融市场上相互博弈，最终找到走出囚徒困境的帕累托改进方法，达到彼此相对均衡的态势。① 民间金融的存在，相当于为正规金融提供了一个竞争对手，迫使正规金融机构改革创新、转变理念、完善体制，从而促进正规金融效率的提升。

首先，民间金融在吸收存款时往往提供比正规金融高得多的利率。市场主体的逐利本性使其更愿意选择民间金融渠道，其结果是大量的社会闲散资金转向民间金融机构，打破了正规金融对资金的垄断，加大了其生存压力，甚至有可能造成正规金融市场的流动性危机。

其次，在贷款业务上，民间金融和正规金融之间也存在竞争。金融市场具有"溢出效应"，其原理是：民间金融需求是一定的，当正规金融体系供给不足时，部分金融需求就会"溢出"到民间金融市场中；反过来，当正规金融增加供给时，一些民间融资需求则会转而选择正规金融。民间金融和正规金融此消彼长的关系，会促使正规金融不断地提升其供给数量与质量，以更好地满足民间融资需求，这样才能保证其领域不会被民间金融占领。同时，民间金融可以提升正规金融的资金使用效率，因为民间金融所独有的私人有

---

① 龙柯宇：《基于法治博弈的农村民间金融治理逻辑重塑》，《甘肃社会科学》2017年第3期，第213页。

效信息获得渠道、快速高效的操作方法和习俗法则担保机制，有利于增强借贷市场帕累托最佳效应，这也是正规金融无法实现的。①

最后，民间金融迎合了非公有经济和农村经济发展的需要，更为真实地反映了区域信贷资金的供求关系。民间金融的产生是直接基于市场主体的需求。因此，民间金融往往能够更为准确和真实地体现某地的信贷资金需求和供给的变化、信贷形式、期限和利率等指标，从而更加真实地反映该地区信贷资金的供给与需求关系。同时，由于民间金融的利率受到国家的强制性干涉较少，因此其利率形成更能真实地反映市场对资金的供求变化，利率变动也更能如实地反映资金缺口和成本大小。另外，民间金融的经营理念、产品种类、服务水平、管理机制等也都可以成为正规金融机构的借鉴，为正规金融机构提高自身竞争力提供参考，以应对金融市场的激烈竞争。

但值得关注的是，我国民间金融与正规金融的上述竞争关系并不充分，呈现出以下特征：一是竞争的有限性，因民间金融在地域和人群范围上受限，其与正规金融之间并不存在真正意义上的自由竞争关系；二是竞争的不公平性，由于我国实行利率管制政策，以及国家关于准备金、存贷比、资产流动性等的一系列监管规定，都使民间金融在竞争中处于劣势。② 由此又造成我国金融资本市场的"两极怪圈"：一极是民营企业发展资金欠缺，因为自身的信用和财产状况，其很难达到正规金融系统的贷款要求；另一极是民间大量资金被闲置和沉淀，为实现资金的价值，这部分民间资金逐渐被民间资本市场所吸纳。③

(三) 合理配置金融资源，引导民间资本形成

经济学理论认为，资本是推动经济增长的重要因素，促进社会上的闲散资金转为储蓄并进一步转化为资本是金融体系的重要功能之一。不可否认，在吸纳闲散资金并将其转化为发展生产所必需的资本方面，正规金融体系发挥的作用至关重要。但是单纯依靠正规金融，无法满足方方面面的融资需求，

---

① 周霖：《民间金融内生发展模式研究》，浙江大学出版社2019年版，第39页。
② 龙柯宇：《基于法治博弈的农村民间金融治理逻辑重塑》，《甘肃社会科学》2017年第3期，第214页。
③ 刘卫平：《社会信任：民间金融与经济转型》，中国人民大学出版社2021年版，第141页。

特别是在将民间储蓄直接转化为民间资本方面，正规金融的配置效率显得较为低下。然而，民间金融通过灵活、高效、便捷的服务方式支持了民营经济的快速发展，在将部分民间储蓄转化为民间投资方面发挥了重要作用。

首先，考虑到不同金融形式的成本和收益，当面对规模小、频率高、信息获取难度大的金融需求时，正规金融的信息获取成本、交易成本、监管和实现债权成本都将大幅度提高。于是，正规金融机构往往出于成本收益的考量，不愿意涉足这部分金融市场。特别是在城市建设加快、实力雄厚的大企业发展势头比较好的时期，正规金融更是会向这些领域全面转移，而广大的中小企业、农村市场等则会被忽视。这种情况下，不发达地区的大量闲散资金无法及时、顺利地转化为社会储蓄，更难以获得资本增值。而民间金融聚焦的恰恰是这一被正规金融忽视的领域，其可以以灵活多样的形式将这部分闲散资金汇集为储蓄存款，促进了民间资本的形成。

其次，储蓄是资本形成的基础，但只有真正把储蓄投入生产建设中，储蓄才能转化为资本，才能在实现自我增值的同时促进经济增长。民间金融在作为正规金融补充、满足不同市场主体灵活多变的融资需求方面的意义前文已经论述，正因为民间金融的这种功能，使其能够将吸收来的社会储蓄及时、有效地转化为社会投资，成为民间储蓄和民间投资之间的桥梁。

最后，民间金融对于民间资本形成的质量提升也至关重要。民间金融对民间投融资的需求反应更为敏锐，相比正规金融更加关注一些目前实力较弱但潜在发展力巨大的企业和行业，这些新兴的行业和企业能够从民间金融中获取更多的资金支持，释放社会经济的活力，大力提升民间资本的质量，推动经济增长。民间金融和正规金融的有机结合，可使社会财富以极高的效率从储蓄方式转为投资方式。

（四）与民营企业互利互益，促进资金规模集中和角色转换

正规金融与民间金融不仅是竞争关系，事实上，由于二者各有其比较优势，在信贷市场上服务于不同的对象，因而形成了一定程度的互补与合作。同时，正规金融部门通常以较低的价格将贷款发放给信息相对透明且有足够担保品的担保企业，这些大企业由于经常与许多无法得到正规金融机构贷款的中小企业有密切的业务往来，所以对于这些中小企业的资信情况、经营情

况以及偿债能力有较为全面的了解。在没有更好投资机会的情况下,这些大企业往往会以高于银行贷款利率的价格将资金贷给中小企业,以获得中间利差,这种行为使资金从分层金融市场范围转为在整个金融市场中流动。如此,正规金融与民间金融市场共享了有关中小企业的信息,同时也共享了金融市场整体运作带来的利润,有效地实现了正规金融市场与民间金融市场的联结。①

改革开放以来,民营经济与民间金融的政策际遇完全相反,前者进入体制内,成为多种所有制共同发展的重要组成部分,后者却被阻挡在整个法规体制之外,以"地下金融"的身份存在,没有机会获得合法的身份且得不到很好的发展。这种理论和政策上的巨大反差,使民营经济高速发展却身处融资困境,民间金融身处"地下"却相当活跃,承担起助推民营经济发展的融资角色。事实上,民间金融对民营企业的发展具有不可忽视的作用。

首先,民间金融可以提供企业家筛选功能。企业家资源的稀有性构成了区域发展差异的直接原因,要让企业家资源转化为生产力发展要素,需要有与企业家资源相匹配的制度安排。一方面,民间金融是发现企业家的制度安排,在目前我国金融市场不开放、创投体系不健全的背景下,民间金融在支持民间创业方面具有突出的作用,通过企业家甄别机制,在区域企业家资源的形成过程中发挥着重要作用;另一方面,民间金融可以对企业家进行筛选培育,企业家资源的形成必定会有一个与之相适应的金融市场和融资体系,为企业家资源配置资本要素。在民间融资市场,不同的资金提供者对不同的创业者有着不同的预期和判断,因此可以按照自己对创业者的判断作出投资决策,这就把原来由创业者自己单独承担的风险分散到民间金融市场的不同主体中,在实现整个社会风险优化配置、社会整体效用水平大幅提高的同时,大大降低了创业者的创业风险,鼓励了创业者积极开展创业活动。

其次,民间金融市场具备风险转移功能。完善和开放的市场都具有转移风险的功能。金融对象不是特定的,交易对象具有复杂性、多样性、隐蔽性,这就决定了金融资产的多样性和金融风险的多样性。金融交易是资金的当下

---

① 张雪芳:《正规金融与民间金融的比较、交互模式与风险防范》,浙江大学出版社2017年版,第89—90页。

使用权与未来收益权的交换,这种未来收益具有不确定性,资金交易是价值转移,同时也是风险转移,资金流动也就是风险流动、信息流动。因此,金融本质上是风险鉴别、风险定价、风险交易和风险转移的过程。民间金融市场具有转移实体企业经营风险与资产风险的功能。

最后,民间金融市场具有价值发现功能。民间金融市场一方面着眼市场化配置金融资源,促进资本市场发展直接金融,提高资金使用效率;另一方面发展以银行为中心的间接金融,构建民营企业价值发现功能,避免资金游戏和金融危机。市场机制在合理配置资源、提高资源配置效率的过程中,需要通过媒介把资源配置到最需要、最有效率的部门,这种媒介就是资本。[①]

第三节 民间金融的类型化研究

一、民间金融的学理分类介绍

民间金融是一个内涵庞杂、外延模糊的概念。对民间金融,可以根据不同的标准进行分类。这种类型化研究有利于我们对民间金融的概念进行准确的把握,对民间金融的发展状态有全面的认识,是研究民间金融法律制度的先决条件。我国学者对民间金融从各个角度进行了类型化分析的探索。

有的学者根据民间金融存在形态的不同,将民间金融分为个体形态、组织形态和机构形态三种类型,分别处于民间金融的初级发展阶段、中级发展阶段和高级发展阶段。[②] 有学者根据民间金融覆盖的范围与所涉人数的多寡,

---

[①] 周霖:《民间金融内生发展模式研究》,浙江大学出版社2019年版,第46—50页。
[②] 具体来看,个体形态的民间金融不通过具有独立法人人格的机构从事民间金融活动,其行为也不具有组织性特征,是既无组织也无机构的民间金融,是最原始、最简单的民间金融存在形态,由自然人独立开展。组织形态的民间金融是当民间金融活动达到一定规模时,单个的自然人无法独自开展,进而通过组织的形式来进行的民间金融形式。机构形态的民间金融是民间金融发展到一定阶段,借助于设立机构以便更加专业化地开展业务的形式。参见刘道云:《法律视域下的民间金融及其规制》,法律出版社2017年版,第28—34页。

将民间金融分为非募型、私募型、公募型三类。① 另有研究着眼民间金融对一国经济的作用和法律对其肯认的程度，将其划分为白色金融、灰色金融和黑色金融。② 有学者着眼民间金融的经济特征，将其分为民事互助性质的民间金融、民事和商事并重的民间金融以及商事营利性质的民间金融。这种分类对于民间金融的法律制度设计有着非常重要的作用。民事互助性质的民间金融，由于其本身不具有营利性和经营性，规模、范围均有限，对经济、社会发展的影响不大，因此以私人自治为主。对于兼具民事互助和商事营利双重性质的民间金融，应当侧重于局部调整和规范指引。商事营利性质的民间金融对社会稳定和经济发展有明显的影响，容易诱发民间金融危机和违法犯罪行为，因此应当是法律规制、政府监管的重点所在。③

二、民间金融分类的主要依据

对民间金融从不同角度进行分类，对于学术研究和实务操作均具有非常重要的意义。本书认为，对民间金融进行分类应当主要参考以下因素。

首先，该民间金融行为是主体偶发性的行为，还是经常性的行为甚至经营性的行为。当某一行为是偶发的，完全属于民法的私人自治范畴时，应当适用民商法的一般性规定；当某一主体的行为成为经常性的甚至经营性的行为时，就应当被更多地关注和重视，甚至要对其进行监管。以民间借贷为例，当这种借贷行为仅仅是亲戚、朋友间偶发性的借贷时，没有必要对其进行特

---

① 具体来看，非募型民间金融是指货币融出方不以任何方式向其他主体募集资金，而仅以其自有资金向货币融入方融通资金的民间金融形式。按照主体性质的不同，可将之具体划分为个人借贷和企业借贷。私募型民间金融是有组织的民间金融，它是以某临时型或永久型金融组织为核心，向特定的融资对象融入货币资金，再向特定或不特定的融资对象融出货币资金的民间金融形式，可将之进一步划分为银行型、基金型、项目型三种。公募型民间金融是民间金融发展的最高形式，是资金使用主体亲自或委托其他金融机构向社会不特定公众公开募集资金，以满足自己资金需要的一种民间金融形式，可进一步划分为公开发行金融证券、投资收益证书、消费预付款卡（券）及公开发行其他票券等形式。参见刘少军：《民间金融的类型与法理分析》（上），《中国流通经济》2012年第9期，第120页。

② 具体来看，白色金融是指已被现行法律所认可的，对我国经济发展产生利好的有组织、有自己专门营业机构的民间金融活动。灰色金融是指那些对生长在官方金融的夹缝中，活动隐藏于地下，现行法律对其没有明确规定，但对经济发展产生极大促进作用或者对经济发展无害，目前在我国所谓的"合理而不合法"的金融活动。黑色金融则是指那些严重危害我国金融秩序，对我国经济发展产生巨大阻碍，现行法律直接将其明文规定为违法的并被监管机关和司法机关严厉打击的金融活动。参见王旭光：《我国金融监管法律问题研究》，中国海洋大学2013年硕士学位论文，第6-9页。

③ 刘道云：《法律视域下的民间金融及其规制》，法律出版社2017年版，第47-50页。

别规制；但当某一个主体经常性地从事贷款行为，甚至以放贷为业时，就有必要对其进行特别的规制。

其次，民间金融行为是使用自有资金还是经营他人资金。如果某个人或组织使用的是自有资金，就偏重于个体行为；而如果经营的是他人资金，特别是有组织、有规模地经营客户资金，就构成了实质上的"金融机构"。当某个体的货币财产权已经转移给该机构组织，由该机构统一经营管理，自主地进行资金投融资行为时，该机构组织就不再仅仅是金融中介，而是成为经营货币资产的金融机构或者准金融机构。这种机构或者组织集中了客户的资金，并将其融通给货币需求主体，围绕该机构的金融行为可能会产生一系列的金融风险。

再次，要考虑该民间金融行为是否会引发系统性的金融风险。[①] 根据民间金融行为是否会引发系统性风险来划分其类型，有着现实的针对性和实效性。当金融行为只在直接当事人之间或者较小范围内进行时，引发的风险也将主要存在于直接的当事人之间，这种风险具有个体性和分散性特征，不会引发整体金融的系统性风险。考虑到监管的成本和效率，对这类行为只要进行适当的法律规制即可，往往是对其主体等进行较为宽松但明确的准入规定，无须行政监管介入。当金融活动规模扩张、数量增加到一定程度时，其经营行为就不只是给自身带来风险，同时会给其他相关人员带来损失，进而产生全局性的、系统性的风险。此时就需要较为严格的法律制度规范和行政监管的介入，才能避免对整体社会金融利益的损害。结合第一个因素，当某一主体使用的是他人资金，但这种使用是基于个别的借贷行为，不会产生系统性的风险时，应更多地放松法律管制；如果这种使用是大范围地向公众筹集资金，就容易产生系统性风险，需要面对较为严格的法律规制。

最后，该民间金融行为是属于民商事私法自治领域还是金融法强制监管领域。民商法是以私法自治为核心、以维护个体利益和权利为基础的法学体系，其规范的主要是个体间的经济行为，对于不影响整体金融利益的个体间

[①] 金融系统性风险，是指一个或几个重要金融机构的失败将通过金融机构之间的相互联系而引起其他金融机构的失败，进而对更广意义上的经济产生实质性的负面效果；还可能会引起大量失业，引发社会恐慌和动荡，或者在金融危机发生后，政府被迫用巨额公共财政资金救助危机金融机构，从而引起一般纳税人的强烈不满。

资金融通行为，以意思自治和责任自负为基本处理规则；金融法调整的是整体金融关系，维护的是国家或地区的整体金融利益，由于这种金融行为可能会引发系统性的金融风险，因此不能完全按照私法自治的原则来调整，而是要服从国家特定部门的监督和管理。某一金融行为是受民商法调整还是金融法调整，其判断标准包括以下四个方面：某一行为是经常性的经营行为还是偶发性的民事行为；是使用自有资金的个体进行的还是运营他人资金的金融机构进行的；是借贷行为还是集资行为；是否可能引发系统性的金融风险等。

三、民间金融的类型化研究

根据以上标准，本书将民间金融分为三类：简单形态的民间金融、中间形态的民间金融和复杂形态的民间金融。

简单形态的民间金融是指发生于直接当事人之间的金融行为，具有规模小、偶发性、平等性、个性化的特征，行为人使用的往往是自有资金，不会引发系统性的风险，其主要奉行契约自由、责任自负的私人治理机制，应当纳入民商法范畴进行调整。民间借贷是简单形态的民间金融的典型代表，可以分为个人借贷和企业间借贷。个人借贷根据借贷的目的可以分为生产性借贷和生活性借贷；依据借贷利率的高低可以划分为友情借贷、资产借贷、高利借贷三种类型。[①] 友情借贷通常在利息收取上倾向于较低水平或者不收取利息；资产借贷在利息收取上水平会高于银行贷款利息，但在法律允许的范围之内；高利借贷是指贷款利率高于国家法律规定的利率上限，这种借贷行为违反了一般的公平正义原则。企业借贷包含了借贷关系中当事人至少一方是企业的资金借贷方式。由于我国在2015年最高人民法院《关于审理民间借贷案件适用法律若干问题的规定》（以下简称《2015年民间借贷解释》）颁布之前一直将企业借贷界定为违法行为，因此在很长一段时间内，企业借贷都是以非常隐蔽的方式进行的，在协议中常以联营、证券回购、融资租赁、投资合同等形式来掩盖借贷实质。[②] 此类简单形态的民间借贷在民间金融中具有

---

① 刘少军：《民间金融的类型与法理分析》（上），《中国流通经济》2012年第9期，第119页。
② 刘梦阳、刘少军：《非法民间金融行为的认定标准研究》，王卫国主编：《金融法学家》（第二辑），中国政法大学出版社2011年版，第239页。

较大的权重。

中间形态的民间金融是介于简单的民间金融与复杂的民间金融之间的金融形态。相较于简单形态的民间金融，中间形态的民间金融以组织或者机构的形态运行，其资金融通行为是经常性的而非偶发性的；相比复杂形态的民间金融，其特点在于不吸收公众存款，资金来源于自有或者私人间的借贷，而不向不特定的公众募集。中间形态的民间金融包括典当行、担保公司、不超过一定范围的合会组织、企业内部集资等。这些组织和机构或者是向特定或不特定对象发放贷款，或者是作为存贷款人的信息中介或提供交易平台，或者是向特定的、小范围的融资对象筹集资金再向组织成员提供融资。这些行为或者是完全使用自有资金，或者是在小范围内筹集资金，所以此种金融形态相对而言不容易产生系统性的风险。但是，有别于完全的私人间借贷，中间形态的民间金融形式已经是经常性甚至职业性的资金融通行为，其规模、范围如果没有得到适当的控制，就会脱离原有的地缘、亲缘关系和互助性质，有诱发金融风险的潜在可能性。因此，对中间形态的民间金融既不能放任不管，也不能监控过严，其制度规范设立的严格程度应介于简单形态的民间金融和复杂形态的民间金融之间。

复杂形态的民间金融即吸收和经营公众存款的组织或机构的金融形式。此种金融形态的典型代表包括互联网金融平台、私人钱庄、民间集资、未经批准公开发行投资收益证书、公开发行预付款的卡（券）以及各种虚拟货币等。这些民间金融形态要么大规模地吸收不特定公众的资金，要么经营各种汇兑和借贷业务以获取差价收益，其业务类型和规模俨然与银行等量齐观。轰动一时的辽宁营口"蚂蚁案"，采取向公众发行"蚂蚁投资合同"，竟然累积非法集资金额高达29.9亿余元。通过这一触目惊心的数字不难发现，复杂形态的民间金融经营资金数额大、规模大、牵涉范围广，一旦出现资金链条的断裂，非常容易引发系统性风险。因此，对待此类民间金融，必须采取严格的、接近正规金融的法律制度和监管措施，促进其逐步规范化、合法化、阳光化。

第二章

民间金融的类型化法律规制路径研究

民间金融存在的问题，实际上是因为其资源没有得到合理配置，未形成良性循环，最终导致了系统性风险事件和社会事件。民间金融资源配置问题体现为两个方面：一是中小企业和个人融资难，二是闲散资金投资难。解决民间金融资源配置难题，一方面要依靠市场本身的调节作用，另一方面需要国家法律制度的适度规制。对我国民间金融法律制度的历史脉络进行梳理，可以全面深入地认识民间金融法律规制问题的症结所在，有利于探索民间金融法律规制的科学路径。

第一节 我国民间金融的法律规制现状及问题

一、我国民间金融的历史发展与现状

民间金融在我国具有漫长的发展历史。早在夏商周时期，就已有民间货币借贷。有关借贷的记载肇始于《周礼》中所谓泉府赊贷，相传周赧王无力如期偿还债务，藏身于高台逃避债主的追索，此后便有了"债台高筑"的历史典故。据《周礼·地官·泉府》记载："凡民之贷者，与其有司辨而授之，以国服为之息。"[①] 即泉府这一地方机构的官员对借贷者的资格进行认定，同

---

① 杨天宇：《周礼译注》，上海古籍出版社2004年版，第7页。

时根据借贷者的情况决定是否收息及利息的高低。总的来说，西周时期的借贷在宗族内部是无息借贷。但早期的借贷主要是非生产性的借贷，以救济性为主要特征。到春秋战国时期，随着生产力的发展和货币的使用，各种信用关系如质押、兑换等均已产生，借贷十分活跃，并出现了谋取利息的借贷活动。当时有专门从事高利贷经营的子钱家（即放贷者），也有富商兼营，高利贷经营者下贷布衣、上贷王侯。[1] 高利贷的广泛存在，印证了出现了货币借贷，随着货币借贷出现了利息和高利贷这一基本规律，高利贷取代了无偿施与和无息借贷，成为封建时代主要的信用形式。[2]

秦汉时期的民间借贷活动主要是一种私人之间的经济活动，尚没有出现专业的组织机构和专事借贷为生的职业团体。直至南北朝时期，出现了专门从事借贷的机构，即南朝佛寺寺库，又称长生库。该机构属于济贫救世的慈善性民间金融机构。[3] 同时出现了封建权势与高利贷相结合，由豪门和寺庙控制的民间借贷。

随着唐宋时期商品货币经济继续发展和繁荣，在唐代出现了不同于寺院寺库的营利性借贷机构——"质柜"，并进一步出现了业务范围超出借贷的"柜坊"，可进行汇兑、存款和代客保管钱财。合会这一民间金融形式也在这一时期萌芽。这种富有明显历史继承性的民间金融组织作为一种具有融资储蓄功能的民间互助组织，活跃了唐代社会经济生活，并便利了市民的经济生活。宋代民间金融向着专业化和职业化方向更进一步。宋朝初期，甘肃敦煌地区存在大量私社，包括主要从事佛教活动，以及经济和生活互助活动，结社宗旨主要为赈济互助，被认为是"合会"的早期形态。借贷更为便利，且利率根据借贷主体、借贷用途、借贷金额和期限有所区别。宋代的质铺除扩大典当范围外，兼营商业和投机买卖、存储放宽，取息一倍以上。在这一时期还正式形成了历史上最早的中国典当行业同业行会组织，出现了专门从事高利贷经营的职业"质库掌事"[4]。民间高利贷在这一阶段盛行，部分政府机

---

[1] 蔡恩泽：《民间金融的历史影子》，《金融经济》2011年第11期，第67页。
[2] 魏悦：《先秦时期借贷活动的发展及其演变》，《上海财经大学学报》2004年第2期，第56页。
[3] 曲彦斌：《略论中国典当业的起源与流变》，《社会科学战线》2001年第1期，第138页。
[4] 杨井青、崔勇：《宋代借贷契约及其法律调控》，《河北大学学报（哲学社会科学版）》2007年第4期，第38页。

构甚至也向有钱人借高利贷,一些宋代官员也从事此类活动。《宋史》记载:"大中祥符三年,河北转运使李士衡言:本路岁给诸军帛七十万,民间罕有缗钱,常预假于豪民,出倍称之息,至期则输赋之外,先偿逋欠,以是工机之利愈薄。"① 金朝和元朝,典质业的发展逐渐深入,权贵官绅借此敛财,以典库为主要手段,吸纳官民资金,进行种种利润丰厚的店铺买卖,操纵市场。

明清时期,随着商业活动的发达,民间金融的发展日益规范化和规模化。尤其是典当行业形成了比较细致的内部职能分工,机构职责明晰,建立起典当业经营体系,并进入政府宏观的金融体系,开辟了新的税种——"典税"。明代典当业普及城乡各地,其业务经营范围更加广泛,主要是放(按)当、赎当,也做抵押或信用放款、兑换银钱、办理买卖军装军粮、代行贿赂等。清朝的典当业获得长足发展,不仅有助于实现农业和手工业再生产,对促进商品流通和商业资本积累同样具有积极作用。典当业规模逐步扩大,并且相较于前朝在中小城镇农村加大了覆盖面,到乾隆时期达到顶峰,嘉庆十七年(1812年)全国已有典当行23139户。之后受到时局、战争和银行钱庄业竞争的影响,在嘉庆道光中期以后相对缩减。② 新的民间金融组织逐步发展,明代中叶出现了钱铺,发行的银票在一定范围内代替货币流通。到明朝后期,钱庄逐步发展成为一种业务丰富、独立经营的金融形式,不仅主营兑换,还办理存放款项业务。③ 若干小规模的兑钱铺、钱米铺等,在农村都相当活跃。清朝时出现了账局和票号,机构的专业性进一步发展,分营存放款业务和汇兑业务。票号主营汇兑等业务,到了19世纪40年代,票号逐渐演化成信用机构,提供存放款等金融服务。经营者多为山西人,时谓之"西帮",也即外国人所谓的"山西银行"。票号的组织非常简单,并无一定规章,主要靠人的信用诚实来取信于官绅。其组织系财东出资,或股份或独资,将资本交付于管事(即大掌柜)一人,具体管理事项财东均不过问。其主要业务包括汇兑、存款、放款、发行小票或其他营业。山西票号到民国时期开始衰落,其主要

---

① (元)脱脱:《宋史》,中华书局1977年版,转引自杜伟、陈安存:《我国民间金融的历史回溯》,《金融理论与实践》2011年第2期,第106页。

② 傅为群:《近代民间金融图志》,上海书店出版社2007年版,第2页。

③ 傅为群:《远去的钱庄》,《国学》2011年第12期,第40页。

原因包括：交通改革使得商人往来方便，邮政、信局等也办理汇兑，票号不再是绝对的需要；清末国家银行及各省官方的银号相继成立，外国银行也开始经营国内汇兑，抢去了票号的生意；辛亥革命消灭了依附清代的官僚，票号也无所凭依。[1] 在清代后期，钱庄的发展势头已经超越票号，在出现银行以前，基本上包揽了主要的信用业务。后来随着钱庄、外国银行、本地银行三者实力的此消彼长，钱庄的地位逐渐被银行所取代。钱庄和银号多为合资经营，负无限责任，在各个时期经营业务有所不同，明清时期商品经济的发展以及政府开明的政策使其得以蓬勃发展。

与以前朝代不同，清代的私人间借贷不仅关系百姓生计，也关系着国家政治稳定和军事安危，因此清代对于私人间借贷的规定也更加细致，例如，官府对借贷的主体、利率进行严格的限制。[2] 当时，在法律体系保障较弱的背景下，儒家所倡导的诚信和亲族网络等社会信用文化是清代钱庄和票号降低风险、维持运营的重要机制之一。[3] 比如，钱庄以"克存信义"为立业之本，贷款以信用放款为主，一般不收抵押物。尽管这些传统金融组织随着帝制的结束而迅速衰落，但由于文化具有长期稳定性和代际传承性，传统金融组织几千年来所依赖和累积的儒家信用文化不可能在短时间内消失，且至今依然广泛存在并对民间金融发展产生重要影响。

民国时期，出现了新的民间金融类型，即企业集资。合会、信用合作社等主要具有互助性质的民间金融形式也在此期间兴盛繁荣，进入鼎盛时期。从 20 世纪 30 年代开始，在西方农业现代化经验的指导下，民国政府推动了信用合作运动。各地农村以保或村为单位建立信用合作社，组织存款，发放贷款。但是，因为未能认真研究本国国情和内生性金融规律，相关制度设计不合理，最终因实效差强人意而归于消亡。[4] 为了免受高利贷盘剥，当时"合会"组织非常流行，具体形式包括轮会、摇会、标会等。

---

[1] 傅为群：《近代民间金融图志》，上海书店出版社 2007 年版，第 102-104 页。
[2] 魏敬淼：《民间金融法律治理研究》，中国政法大学出版社 2016 年版，第 4 页。
[3] 张博、胡金焱、马驰骋：《从钱庄到小额贷款公司：中国民间金融发展的历史持续性》，《经济学》2018 年第 4 期，第 1384 页。
[4] 赵泉民、忻平：《资金构成与合作社的"异化"：基于 20 世纪三四十年代中国乡村社会变迁的考察》，《华东师范大学学报（哲学社会科学版）》2006 年第 2 期，第 67-69 页。

中华人民共和国成立之前，民间金融经历了从无偿到营利，从无组织到组织机构化，进而演进到专业化和职业化，形式趋于多元化、规模化、规范化的过程。目前，我国民间金融逐步发展成为金融体系的重要构成部分。中国人民银行统计，2023年末社会融资规模存量为378.09万亿元，同比增长9.5%。其中，对实体经济发放的人民币贷款余额为235.48万亿元，同比增长10.4%；对实体经济发放的外币贷款折合人民币余额为1.66万亿元，同比下降10.2%；委托贷款余额为11.27万亿元，同比增长0.2%；信托贷款余额为3.90万亿元，同比增长4.2%；未贴现的银行承兑汇票余额为2.49万亿元，同比下降6.7%；企业债券余额为31.11万亿元，同比增长0.3%；政府债券余额为69.79万亿元，同比增长16%；非金融企业境内股票余额为11.43万亿元，同比增长7.5%。[①]

纵观历史，我国民间金融总体的发展趋势是从社会性互助发展为经济性营利，从私人相互之间的偶然行为发展为专业组织机构的经常行为，经营范围从熟人小圈子扩展至更大区域直至国家。虽然历史金融组织发展所依赖的制度、市场和社会经济环境在当代均已发生改变，但民间金融在漫长的历史发展过程中，很可能培育出某些内在的民间信用文化并长期持续。在改革开放以后政府允许民间金融发展，却并未提供完善的正式制度保障的条件下，历史上积累的民间信用文化能够再次催生出活跃的民间金融市场。[②] 民间金融虽然不必然会发展成为正规金融，保持着自身的独立地位和价值，但银行信贷、地方政府债务与民间金融之间存在着复杂的关系。民间金融自身不仅构成宏观金融体系需要重视的重要部分，其与正规金融之间的交错关系还具有很强的风险扩散性和传染性，极大地影响着国家整体金融秩序的安全与稳定。

二、我国民间金融法律制度发展脉络梳理

我国民间金融的相关法律制度随着经济的发展呈现出不同的发展阶段。

[①] 中国人民银行：《2023年社会融资规模存量统计数据报告》，中国人民银行官网，http://www.pbc.gov.cn/goutongjiaoliu/113456/113469/5202052/index.htm，最后访问日期：2024-09-10。

[②] 张博、胡金焱、马驰骋：《从钱庄到小额贷款公司：中国民间金融发展的历史持续性》，《经济学》2018年第4期，第1388页。

当私有制经济阶段性消亡时，民间金融失去其生存的土壤，民间金融的法律制度匮乏；改革开放之后，经济成分开始多元化，民间资本逐渐宽裕，民间金融萌芽，法律制度对这种新兴的金融形式怀抱怵惕之心，主要关注其风险，法律制度倾向于严格管制；随着市场经济的深化，民间金融的积极和正面意义逐渐显露，正规金融的不足也开始暴露，法律制度对民间金融的态度进入了逐步放开和规范引导的阶段。接下来本书将采用表格的形式对我国民间金融的代表性法律制度，包括规范性文件的发展脉络加以梳理。

（一）法律及全国人大常委会通过的规范性文件（见表2-1）

表2-1 法律及全国人大常委会通过的规范性文件

序号	颁布时间	文件名称	主要内容	时效性
1	1982年12月4日（1988—2018年进行五次修正）	《中华人民共和国宪法》（以下简称《宪法》）	第13条修改为："公民的合法的私有财产不受侵犯。国家依照法律保护公民的私有财产和继承权。国家为了公共利益的需要，可以依照法律规定对公民的私有财产实行征收或者征用并给予补偿。"①	现行有效
2	1986年4月12日（2009年8月27日修正）	《中华人民共和国民法通则》	第90条："合法的借贷关系受法律保护。"	2021年1月1日予以废止，相关内容规定于《中华人民共和国民法典》（以下简称《民法典》）
3	1995年5月10日（2003年12月27日、2015年8月29日分别进行修正）	《中华人民共和国商业银行法》	第81条："未经国务院银行业监督管理机构批准，擅自设立商业银行，或者非法吸收公众存款、变相吸收公众存款，构成犯罪的，依法追究刑事责任；并由国务院银行业监督管理机构予以取缔。"第11条规定："设立商业银行，应当经国务院银行业监督管理机构审查批准；	现行有效

---

① 大多数民间融资行为本质上就是所有人使用和处分自己合法拥有的货币或资金，并获取一定收益的行为，保护私人财产不受侵犯的条款为民间融资合法化提供了根本依据。

续表

序号	颁布时间	文件名称	主要内容	时效性
			未经国务院银行业监督管理机构批准，任何单位和个人不得从事吸收公众存款等商业银行业务……"该法确立了行政取缔与刑事惩罚双重法律规制的模式①	
4	1995年2月28日	《全国人民代表大会常务委员会关于惩治违反公司法的犯罪的决定》	规定了欺诈发行股票、债券罪和擅自发行股票、公司、企业债券罪	根据1997年《中华人民共和国刑法》（以下简称《刑法》）已失效，相关内容经修改后规定在《刑法》分则第三章第三节"妨害对公司、企业的管理秩序罪"
5	1995年6月30日	《全国人民代表大会常务委员会关于惩治破坏金融秩序犯罪的决定》	规定了非法吸收公众存款罪和集资诈骗罪	根据1997年《中华人民共和国刑法》，本决定中有关行政处罚和行政措施的规定继续有效；有关刑事责任的规定经修改后规定在《刑法》分则第三章第三节、第四节中
6	1997年修订，1999—2023年进行十二次修正	《中华人民共和国刑法》	涉及非法民间融资活动犯罪的罪名主要有：第160条欺诈发行股票、债券罪，第174条擅自设立金融机构罪，第175条套取金融机构信贷资金高利转贷罪，第176条非法吸收公众存款或者变相吸收公众存款罪，第179条擅自发行股票或者公司、企业债券罪，第192条集资诈骗罪，第224条非法经营罪	现行有效

---

① 依该法，1995年中央银行关闭了温州市未经批准成立的18家私人钱庄，这些钱庄控制了10亿元以上的资产，其贷款利率高出国有银行的50%。同年山西省河津市近100家私人钱庄被关闭。

续表

序号	颁布时间	文件名称	主要内容	时效性
7	1998年12月29日（2004年、2013年、2014年分别进行修正；2005年、2019年分别进行修订）	《中华人民共和国证券法》	第9条："公开发行证券，必须符合法律、行政法规规定的条件，并依法报经国务院证券监督管理机构或者国务院授权的部门注册。未经依法注册，任何单位和个人不得公开发行证券。"对公开发行证券的条件和程序进行了全面的规定	现行有效
8	1999年3月15日	《中华人民共和国合同法》（以下简称《合同法》）	第196条："借款合同是借款人向贷款人借款，到期返还借款并支付利息的合同。"第211条："自然人之间的借款合同对支付利息没有约定或者约定不明确的，视为不支付利息。自然人之间的借款合同约定支付利息的，借款的利率不得违反国家有关限制借款利率的规定"。①	2021年1月1日予以废止，相关内容规定于《民法典》
9	2003年12月27日（2006年10月31日进行修正）	《中华人民共和国银行业监督管理法》	对银行业的监督管理的相关内容进行了全面的规定。第2条规定："国务院银行业监督管理机构负责对全国银行业金融机构及其业务活动监督管理的工作。"②	现行有效
10	2007年3月16日	《中华人民共和国物权法》	第39条："所有人对自己的不动产或者动产，依法享有占有、使用、收益和处分的权利。"	2021年1月1日予以废止，相关内容规定于《民法典》
11	2020年5月28日（2021年1月1日施行）	《民法典》	第二编第二分编对于所有权的保护进行了全面的规定；第三编第十二章第667~680条对借款合同的定义、形式和内容、利息、期限等内容进行了规定	现行有效

---

① 《中华人民共和国合同法》没有对借贷合同的借款人和贷款人的范围作出限制。
② 规定的主要目的是通过金融监管的专业化分工，进一步加强银行业的监管，降低银行风险。

(二) 最高人民法院发布的相关文件 (见表2-2)

表2-2 最高人民法院发布的相关文件

序号	颁布时间	文件名称	主要内容	时效性
1	1988年4月2日	《关于贯彻执行〈中华人民共和国民法通则〉若干问题的意见(试行)》	将借贷区分为公民之间的生产经营性借贷和生活性借贷①	2008年12月24日予以部分废止;2021年1月1日予以完全废止
2	1990年11月12日	《关于审理联营合同纠纷案件若干问题的解答》	将非金融企业间名为联营,实质为借贷的行为,确定为违反金融法规,合同无效	2021年1月1日予以废止
3	1991年8月13日(2008年12月16日进行调整)	《关于人民法院审理借贷案件的若干意见》	对民间借贷的相关问题进行了比较全面的规定。第6条明确规定民间借贷的利率可以适当高于银行的利率,但最高不得超过银行同类贷款利率的4倍。超出此限度的,超出部分的利息不予保护	2015年9月1日予以废止,被《2015年民间借贷解释》替代
4	1996年3月25日	《最高人民法院关于企业相互借贷的合同出借方尚未取得约定利息人民法院应当如何裁决问题的解答》	再次对1990年联营合同的司法解释中第4条第2项进行了解答,即不承认企业间借贷行为	2019年7月20日予以废止,与《2015年民间借贷解释》相冲突
5	1996年9月23日(2008年12月16日进行调整)	《最高人民法院关于对企业借贷合同借款方逾期不归还借款的应如何处理问题的批复》	明确指出企业借贷合同违反有关金融法规,属无效合同	现行有效

---

① 该意见虽没有直接提到企业间借贷,但是涉及公民之间的生产经营性借贷,为从事生产经营的公民提供了借贷的法律依据。

续表

序号	颁布时间	文件名称	主要内容	时效性
6	1996年12月16日	《最高人民法院关于审理诈骗案件具体应用法律的若干问题的解释》	将"非法集资"定义为"法人、其他组织或者个人，未经有权机关批准，向社会公众募集资金的行为"	2013年1月18日被《最高人民检察院关于废止1980年1月1日至1997年6月30日期间制发的部分司法解释和司法解释性质文件的决定》予以废止
7	1999年1月26日	《最高人民法院关于如何确认公民与企业之间借贷行为效力问题的批复》	确认公民与非金融企业之间的借贷属于民间借贷，只要双方当事人意思表示真实即可认定有效。但是，具有下列情形之一的，应当认定无效：（1）企业以借贷名义向职工非法集资；（2）企业以借贷名义向社会非法集资；（3）企业以借贷名义向社会公众发放贷款；（4）其他违反法律、行政法规的行为	2019年7月20日予以废止，被《2015年民间借贷解释》替代
8	2001年1月21日	《全国法院审理金融犯罪案件工作座谈会纪要》	重点对非金融机构非法从事金融活动案件的处理、用账外客户资金非法拆借、发放贷款行为的认定和处罚、破坏金融管理秩序相关犯罪（如非法吸收公众存款罪）数额和情节的认定等的审判工作进行了指示	现行有效
9	2004年11月15日	《关于依法严厉打击集资诈骗和非法吸收公众存款犯罪活动的通知》	要求坚决贯彻依法严惩集资诈骗和非法吸收公众存款犯罪的方针，加大对集资诈骗和非法吸收公众存款犯罪的打击力度	现行有效

续表

序号	颁布时间	文件名称	主要内容	时效性
10	2005年6月18日（2020年12月29日修正）	《最高人民法院关于审理涉及国有土地使用权合同纠纷案件适用法律问题的解释》	第23条规定："合作开发房地产合同约定提供资金的当事人不承担经营风险，只收取固定数额货币的，应当认定为借款合同。"①	现行有效
11	2010年6月29日	《最高人民法院关于为加快经济发展方式转变提供司法保障和服务的若干意见》	要求妥善审理金融纠纷案件，保障和服务现代金融业的发展。依法审理借贷纠纷案件，切实保护银行等金融机构的合法债权……妥善审理非金融借贷纠纷案件，正确认定非金融借贷合同效力，依法打击各种以合法形式掩盖的非法集资等违法犯罪活动，维护金融安全和社会稳定；依法保护合法的民间借贷和企业融资行为，维护债权人合法权益，拓宽企业融资渠道。在经济发达地区可以设立金融法庭，专门审理相关金融案件	现行有效
12	2010年11月22日（2021年12月30日进行修正）	《最高人民法院关于审理非法集资刑事案件具体应用法律若干问题的解释》	从法律要件和实体要件两个方面对非法集资进行了定义，即非法集资是违反国家金融管理法律规定，向社会公众（包括单位和个人）吸收资金的行为。同时明确，非法吸收公众存款罪是非法集资犯罪的基础罪名，并对非法集资的具体特征要件予以细化。列举了11种非法吸收存款行为，确立了8种"以非法占有为目的"的情形。对构成非法吸收公众存款的出资人数量与存款额作出明确解释，即出资人数达到30人以上（单位犯罪的需达到150人以上），或者非法吸收公众存款20万元以上（单位犯罪	现行有效

---

① 该解释确立了另外一种企业变相借贷合同。

续表

序号	颁布时间	文件名称	主要内容	时效性
			的需达到 100 万元以上）。同时明确，未向社会公开宣传，在亲友或者单位内部针对特定对象吸收资金的，不属于刑法规定中的非法吸收或者变相吸收公众存款①	
13	2011 年 12 月 2 日	《最高人民法院关于依法妥善审理民间借贷纠纷案件 促进经济发展维护社会稳定的通知》	要求高度重视民间借贷纠纷案件的审判执行工作，做好立案工作，依法惩治与民间借贷相关的非法集资等刑事犯罪，妥善审理民间借贷纠纷案件，加大调解力度，依法保护合法的借贷利息，灵活适用诉讼保全措施等	现行有效
14	2012 年 2 月 10 日	《最高人民法院关于人民法院为防范化解金融风险和推进金融改革发展提供司法保障的指导意见》	提出"制裁金融违法犯罪，积极防范化解金融风险；依法规范金融秩序，推动金融市场协调发展；依法保障金融债权，努力维护国家金融安全；依法保障金融改革，积极推进金融自主创新；深化能动司法理念，全面提升金融审判水平"等金融工作的审判指导意见	现行有效
15	2012 年 2 月 15 日	《最高人民法院关于当前形势下加强民事审判切实保障民生若干问题的通知》	规定要依法准确认定民间借贷行为效力，正确划分合法的民间借贷与集资诈骗、非法吸收公众存款等犯罪行为的界限；要正确分析当事人诉讼请求的实质，判断当事人有关约定的效力，保护合法的民间借贷行为以及当事人的合法权益	现行有效

---

① 该解释界定了民间集资活动合法与非法、罪与非罪的界限，对于打击非法融资活动、保护正常的民间融资行为具有重要意义。

续表

序号	颁布时间	文件名称	主要内容	时效性
16	2014年3月25日	《关于办理非法集资刑事案件适用法律若干问题的意见》	就办理非法集资刑事案件适用法律问题提出具体意见，包括行政认定的问题、"向社会公开宣传"的认定问题、"社会公众"的认定问题、共同犯罪的处理问题、涉案财物的追缴和处置问题、证据的收集问题、涉及民事案件的处理问题、跨区域案件的处理问题等	现行有效
17	2015年9月1日（2020年8月18日、12月23日进行两次修正）	《最高人民法院关于审理民间借贷案件适用法律若干问题的规定》	该司法解释首次确认了法人之间、非法人组织之间以及它们相互之间订立的民间借贷合同有效，同时对于民间借贷利率作出重要规定	现行有效
18	2019年12月	《全国法院民商事审判工作会议纪要》	对金融借款合同的变相利息认定进行了规定，同时将套取信贷资金转贷行为以及未依法取得放贷资格的职业放贷行为规定为无效	现行有效
19	2020年12月29日	《最高人民法院关于新民间借贷司法解释适用范围问题的批复》	由地方金融监管部门监管的小额贷款公司、融资担保公司、区域性股权市场、典当行、融资租赁公司、商业保理公司、地方资产管理公司七类地方金融组织，属于经金融监管部门批准设立的金融机构，其因从事相关金融业务引发的纠纷，不适用新民间借贷司法解释	现行有效

(三) 国务院、各部委行政法规、规章、规范性文件（见表2-3）

表2-3 国务院、各部委行政法规、规章、规范性文件

序号	时间	文件名称	发布单位	主要内容	时效性
1	1986年1月7日	《中华人民共和国银行管理暂行条例》	国务院	明确规定个人不得设立银行或其他金融机构	2001年10月6日予以废止，被《中华人民共和国中国人民银行法》《中华人民共和国商业银行法》《非法金融机构和非法金融业务活动取缔办法》替代
2	1993年4月11日、1993年9月3日	《国务院关于坚决制止乱集资和加强债券发行管理的通知》《国务院关于清理有偿集资活动坚决制止乱集资问题的通知》	国务院	对有偿集资活动进行清理整顿	均现行有效
3	1993年8月6日	《国务院批转中国人民银行关于集中信贷资金保证当前经济发展重点需要意见的通知》	国务院	指出"要坚决制止和纠正违章拆借、非法集资"	现行有效
4	1994年2月7日	《关于不得给一个平方米单位产权颁发"房屋所有权证"的通知》	原建设部	明确房地产产权管理部门及房地产开发公司发放一平方米产权证书的行为违反我国集资法律规定，属于非法集资	现行有效
5	1996年12月5日	《关于禁止非金融企业之间进行外汇借贷的通知》	国家外汇管理局	要求加强对类似非金融企业之间外汇借贷行为的监督和检查，一经发现严肃处理	与2013年4月28日发布的《国家外汇管理局关于发布〈外债登记管理办法〉的通知》的规定相冲突而失效

续表

序号	时间	文件名称	发布单位	主要内容	时效性
6	1996年8月5日	《国务院办公厅关于立即停止利用发行会员证进行非法集资等活动的通知》	国务院办公厅	要求在国务院有关部门公布会员证管理办法之前，一律暂停各种形式会员证的发行和交易活动；同时禁止设立会员证交易所，已设立的会员证交易所必须立即停止业务活动	现行有效
7	1998年7月13日（2011年1月8日修订）	《非法金融机构和非法金融业务活动取缔办法》	国务院	对非法金融机构和非法金融活动进行了界定，要求全面取缔非法金融机构和非法金融活动，规定未经中国人民银行批准擅自设立或从事金融活动都属于非法金融机构和非法金融活动，由中国人民银行负责取缔。对"非法吸收公众存款"和"变相吸收公众存款"行为进行了界定	2021年1月26日予以废止，被国务院发布的《防范和处置非法集资条例》替代
8	1998年11月25日	《国家工商行政管理局关于查处企业以招商等名义非法集资有关问题的紧急通知》	原国家工商行政管理局	要求不得核定"招商"以及类似的不规范用语；未经中国人民银行批准，不得核准从事金融业务。对已经核准的，应依有关规定立即纠正	被2014年7月14日原国家工商行政管理总局发布的《关于公布规范性文件清理结果的公告》宣布失效
9	2005年2月9日	《典当管理办法》	商务部、公安部	对典当行的设立、终止、经营范围、经营规则、监督管理等进行了全面的规定。确认典当行的监管机关是商务部	现行有效
10	2005年2月19日	《国务院关于鼓励支持和引导个体私营等非公有制经济发展的若干意见》	国务院	指出"允许非公有资本进入金融服务业"①	现行有效

① 该规定是对民营金融的再次肯定，为民营资本进入金融行业扫清了障碍。

续表

序号	时间	文件名称	发布单位	主要内容	时效性
11	2007年7月25日	《国务院办公厅关于依法惩处非法集资有关问题的通知》	国务院办公厅	批准建立了由原银监会牵头的"处置非法集资部际联席会议"制度	现行有效
12	2010年5月7日	《国务院关于鼓励和引导民间投资健康发展的若干意见》①	国务院	鼓励民资进入基础产业和基础设施、市政公用事业和政策性住房建设、社会事业、金融服务、商贸流通、国防科技工业六大领域	现行有效
13	2012年9月21日（2016年8月18日进行修订）	《单用途商业预付卡管理办法(试行)》	商务部	对单用途商业预付卡的备案、发行与服务、资金管理、监督管理、法律责任等进行了规定	现行有效
14	2017年8月2日	《融资担保公司监督管理条例》	国务院	第13条：融资担保公司应当按照审慎经营原则，建立健全融资担保项目评审、担保后管理、代偿责任追偿等方面的业务规范以及风险管理等内部控制制度。政府支持的融资担保公司应当增强运用大数据等现代信息技术手段的能力，为小微企业和农业、农村、农民的融资需求服务	现行有效
15	2021年1月26日	《防范和处置非法集资条例》	国务院	首次以专门的行政法规的方式对非法集资进行规范。该条例的立法目的规定为"防范和处置非法集资，保护社会公众合法权益，防范化解金融风险，维护经济秩序和社会稳定"，将非法集资界定	现行有效

---

① 该意见被市场称为"新36条"。

续表

序号	时间	文件名称	发布单位	主要内容	时效性
				为"未经国务院金融管理部门依法许可或者违反国家金融管理规定，以许诺还本付息或者给予其他投资回报等方式，向不特定对象吸收资金的行为"	
16	2023年7月3日	《私募投资基金监督管理条例》	国务院	条例适用的范围是，以非公开方式募集资金，设立投资基金或者以进行投资活动为目的依法设立公司、合伙企业，由私募基金管理人或者普通合伙人管理，为投资者的利益进行投资活动。条例对于私募基金管理人和私募基金托管人、资金募集和投资运作、关于创业投资基金的特别规定、监督管理、法律责任等问题进行了全面的规定	现行有效
17	2023年12月9日	《非银行支付机构监督管理条例》	国务院	条例将非银行支付机构及其业务活动进一步纳入法治化轨道进行监管，促进非银行支付行业规范健康发展	现行有效

（四）中国人民银行、国家金融监督管理总局等发布的规章、规范性文件（见表2-4）

表2-4　中国人民银行、国家金融监督管理总局等发布的规章、规范性文件

序号	时间	文件名称	发布机关	主要内容	时效性
1	1950年	《人民银行区行行长会议关于几个问题的决定》	中国人民银行	大力提倡恢复与发展农村私人借贷，结合当地党政部门宣传借贷自由政策，鼓励私人借贷的恢复与发展。不限制利息率，债权应予保障	失效

续表

序号	时间	文件名称	发布机关	主要内容	时效性
2	1994年11月8日	《农业部、中国人民银行关于加强农村合作基金会管理的通知》	中国人民银行和原农业部	对农村信用合作基金会的相关问题进行了规定，特别指出农村合作基金会不是金融机构，不得办理存贷款业务。对办理存贷款业务的农村合作基金会，要限期纠正。要搞存贷款业务的，经整顿验收合格后，可转变为农村信用合作社，按国家的金融法规进行管理	现行有效
3	1996年6月28日	《贷款通则》	中国人民银行	第61条规定："……企业之间不得违反国家规定办理借贷或者变相借贷融资业务。"	现行有效
4	1997年9月15日	《农村信用合作社管理规定》	中国人民银行	对农村信用合作社的机构设立与变更、股权设置、组织机构、业务管理、财务会计管理、接管与终止等问题进行了规定	被2012年1月4日中国人民银行公告〔2012〕第1号予以废止
5	1997年11月12日	《中国证券监督管理委员会关于坚决制止以期货交易为名进行非法集资活动的通知》	证监会	要求各地证监会会同当地人民银行对本地区以期货交易为名从事非法集资的活动进行一次全面清查。一经查实，立即责令停止，限期清退所有非法集资款项，并进行处罚	被2003年11月20日《中国证券监督管理委员会关于废止部分证券期货规章的通知（第四批）》予以废止
6	1997年9月8日	《关于严禁擅自批设金融机构、非法办理金融业务的紧急通知》	中国人民银行	强调凡未经中国人民银行批准设立的金融机构，均属非法金融机构，必须坚决予以取缔。对已经擅自设立的金融机构和非法从事金融业务的机构，应进行清理，依法取缔或吊销其营业执照	被2000年8月17日《中国人民银行关于公布第六批金融规章和规范性文件废止、失效目录的通知》宣布失效

续表

序号	时间	文件名称	发布机关	主要内容	时效性
7	1998年10月25日	《关于严禁利用庄园开发进行非法集资的紧急通知》	中国人民银行	确认一些庄园利用开发名义进行的"招商"属非法集资,应予以查禁和取缔	现行有效
8	1998年3月16日	《中国人民银行关于对企业间借贷问题的答复》	中国人民银行	强调借贷属于金融业务,非金融机构的企业之间不得相互借贷	现行有效
9	1998年7月29日	《中国人民银行整顿乱集资乱批设金融机构和乱办金融业务实施方案》	中国人民银行	对乱集资、乱批设金融机构和乱办金融业务进行了界定,要求严格整顿金融"三乱"	现行有效
10	1998年10月6日	《中国证券监督管理委员会关于对拟发行上市企业改制情况进行调查的通知》	证监会	确认在规定"先改制后发行"规则之后,企业通过发行股票或类似股票的"股权卡"方式募集设立公司的行为涉嫌非法集资	被2006年5月17日中国证券监督管理委员会公布的《首次公开发行股票并上市管理办法》予以废止
11	1999年1月25日	《中国人民银行关于加强彩票市场管理的通知》	中国人民银行	规定下列行为属于非法集资:"(一)以有奖销售为名,变相发行彩票的;(二)私人擅自发行与销售彩票的;(三)在境内发行境外彩票的;(四)以传销方式发行彩票的。"	被2001年12月3日《中国人民银行关于公布〈第七批金融规章和规范性文件废止、失效目录〉的通知》宣布失效
12	1999年1月27日	《关于取缔非法金融机构和非法金融业务活动中有关问题的通知》	中国人民银行	通知规定:非法集资是指单位或个人未依照法定程序经有关部门批准,以发行股票、债券、彩票、投资基金证券或其他债权凭证的方式向社会公众筹集资金,并承诺在一定期限内以货币、实物及其他方式向	现行有效

续表

序号	时间	文件名称	发布机关	主要内容	时效性
				出资人还本付息或给予回报的行为。将非法集资的特点总结为：（1）未经有关部门依法批准，包括没有批准权限的部门批准的集资以及有审批权限的部门超越权限批准的集资；（2）承诺在一定期限内给出资人还本付息，还本付息的形式除以货币形式为主外，还包括以实物形式或其他形式；（3）向社会不特定对象即社会公众筹集资金；（4）以合法形式掩盖其非法集资的性质	
13	1999年3月12日	《中国人民银行关于取缔非法金融机构和非法金融业务活动有关问题的答复》	中国人民银行	对国务院令颁布之后设立的非法金融机构和业务活动坚决取缔，对国务院令颁布之前、经地方政府或有关部门超越职权审批设立的金融机构先清理整顿，暂不取缔	现行有效
14	1999年7月22日	《中国人民银行关于加强农林开发项目信贷管理，严禁利用土地开发和土地转让名义非法集资的通知》	中国人民银行	要求中国人民银行各分支行要加大对利用土地开发、土地转让名义非法集资行为的监管和查处力度	被2010年10月26日中国人民银行、中国银行业监督管理委员会公告〔2010〕第15号予以废止

续表

序号	时间	文件名称	发布机关	主要内容	时效性
15	2002年1月31日	《中国人民银行关于取缔地下钱庄及打击高利贷行为的通知》	中国人民银行	第2条规定：民间个人借贷中，出借人的资金必须是属于其合法收入的自有货币资金，禁止吸收他人资金转手放款；民间个人借贷利率由借贷双方协商确定，但双方协商的利率不得超过中国人民银行公布的金融机构同期、同档次贷款利率（不含浮动）的4倍。超过上述标准的，应界定为高利借贷行为	被2023年4月6日中国人民银行、中国银行保险监督管理委员会公布的《关于决定废止〈中国人民银行关于规范联名卡管理的通知〉（银发〔2002〕6号）等19件文件的公告》予以废止
16	2003年9月12日	《农村合作银行管理暂行规定》	原银监会	对农村合作银行的机构设立、股权设置、组织机构、经营管理、机构变更与终止进行了规定	被2018年3月19日《中国银监会关于规范性文件清理结果的公告》予以废止
17	2003年8月28日（2017年12月7日进行修改）	《关于规范上市公司与关联方资金往来及上市公司对外担保若干问题的通知》	证监会和国务院国资委联合发布	从公司治理角度禁止上市公司与关联方的资金拆借与委托贷款	2022年1月28日予以废止，相关内容被证监会联合公安部、国务院国资委、原银保监会公布的《上市公司监管指引第8号——上市公司资金往来、对外担保的监管要求》替代
18	2005年8月24日	《中国保险监督管理委员会关于防范保险业非法集资活动有关工作的通知》	原保监会	要求保险公司不得利用开展保险业务从事非法集资活动，不得为非法集资活动提供保险保障和其他便利	被2010年12月2日《中国保险监督管理委员会关于公布规章和规范性文件清理结果的通知》予以废止

续表

序号	时间	文件名称	发布机关	主要内容	时效性
19	2005年5月25日	《2004年中国区域金融运行报告》	中国人民银行	报告指出,民间金融具有一定的优化资源配置功能,减轻了中小民营企业对银行的信贷压力,转移和分散了银行的信贷风险,肯定民间金融"形成了与正规金融的互补效应"[①]	—
20	2006年12月20日	《中国银行监督管理委员会关于调整放宽农村地区银行业金融机构准入政策更好支持社会主义新农村建设的若干意见》	原银监会	积极支持和引导境内外银行资本、产业资本和民间资本到农村地区投资、收购、新设以下各类银行业金融机构:鼓励各类资本到农村地区新设主要为当地农户提供金融服务的村镇银行;农村地区的农民和农村小企业也可按照自愿原则,发起设立为入股社员服务、实行社员民主管理的社区性信用合作组织;鼓励境内商业银行和农村合作银行在农村地区设立专营贷款业务的全资子公司;支持各类资本参股、收购、重组现有农村地区银行业金融机构,也可将管理相对规范、业务量较大的信用代办站改造为银行业金融机构	现行有效
21	2007年1月22日	《贷款公司管理暂行规定》	原银监会	对贷款公司的机构设立、组织机构和经营管理、监督管理、机构变更与终止进行了规定,要求其注册资本不低于50万元,由原银监会批准设立并监督管理	被2011年1月5日《中国银监会关于发布银行业规章和规范性文件清理结果的公告》予以废止

---

① 该报告首次正式承认民间金融对正规金融的重要补充作用,被外界普遍认为是给民间金融"正名"的信号,预示着民间金融合法时代的到来。

续表

序号	时间	文件名称	发布机关	主要内容	时效性
22	2007年1月22日	《村镇银行管理暂行规定》	原银监会	对村镇银行的机构设立、股权设置和股东资格、公司治理、经营管理、监督检查和机构变更与终止进行了规定，要求其注册资本不低于100万～300万元，由原银监会批准设立并监管	被2014年11月26日《中国银行业监督管理委员会关于规范性文件清理结果的公告》予以废止
23	2007年1月22日	《农村资金互助社管理暂行规定》	原银监会	对农村资金互助社的机构设立、社员及股权管理、组织机构、经营管理、监督管理、合并分立、解散清算等进行了规定	现行有效
24	2008年5月4日	《中国银行监督管理委员会 中国人民银行关于小额贷款公司试点的指导意见》（以下简称《关于小额贷款公司试点的指导意见》）	原银监会和中国人民银行联合发布	指出小额贷款公司的性质为由自然人、企业法人与其他社会组织投资设立，不吸收公众存款，经营小额贷款业务的有限责任公司或股份有限公司，同时对于小额贷款公司的设立、资金来源和资金运用、监督管理以及终止等方面进行了具体明确	现行有效
25	2010年6月14日（2020年4月29日进行修正）	《非金融机构支付服务管理办法》	中国人民银行	第3条规定："非金融机构提供支付服务，应当依据本办法规定取得《支付业务许可证》，成为支付机构。支付机构依法接受中国人民银行的监督管理……"	2024年7月9日被《非银行支付机构监督管理条例实施细则》予以废止

续表

序号	时间	文件名称	发布机关	主要内容	时效性
26	2010年12月1日（2020年6月2日进行修订）	《非金融机构支付服务管理办法实施细则》	中国人民银行	对《非金融机构支付服务管理办法》进行了细化和深化的解释	2024年7月9日被《非银行支付机构监督管理条例实施细则》予以废止
27	2012年9月27日	《支付机构预付卡业务管理办法》	中国人民银行	对预付卡的发行、受理、使用、充值和赎回、监督管理等进行了规定	现行有效
28	2012年5月26日	《中国银监会关于鼓励和引导民间资本进入银行业的实施意见》	原银监会	支持符合银行业行政许可规章相关规定，公司治理结构完善，社会声誉、诚信记录和纳税记录良好，经营管理能力和资金实力较强，财务状况、资产状况良好，入股资金来源真实合法的民营企业投资银行业金融机构。民营企业可通过发起设立、认购新股、受让股权、并购重组等多种方式投资银行业金融机构	现行有效
29	2013年6月7日（2020年6月2日进行修正）	《支付机构客户备付金存管办法》	中国人民银行	对支付机构客户备付金的银行账户管理、客户备付金的使用与划转、监督管理等问题进行了规定	2021年3月1日予以废止，被中国人民银行公布的《非银行支付机构客户备付金存管办法》替代
30	2016年8月17日	《网络借贷信息中介机构业务活动管理暂行办法》	原银监会、工信部、公安部和国家互联网信息办公室	该办法强调了网贷平台的信息中介定位，要求融资标的真实有效、信息披露全面；明确银行存管的行业标配；严禁触及13条红线；要求平台保证用户信息安全；确定平台需备案准	现行有效

续表

序号	时间	文件名称	发布机关	主要内容	时效性
				入；要求投资标的小额分散。以负面清单形式划定了网络借贷信息中介机构的业务边界，明确提出不得吸收公众存款、不得归集资金设立资金池、不得自身为出借人提供任何形式的担保等	
31	2016年8月31日	《关于构建绿色金融体系的指导意见》	中国人民银行等	该意见倡导全面构建绿色金融体系，大力发展绿色信贷，推动证券市场支持绿色投资、设立绿色发展基金，通过政府和社会资本合作（PPP）模式动员社会资本、完善环境权益交易市场、丰富融资工具、防范金融风险，强化组织落实等	现行有效
32	2016年9月19日	《中国人民银行关于完善开发性银行和政策性银行金融债券发行有关事宜的通知》	中国人民银行	该通知鼓励开发性银行、政策性银行在核定的金融债券余额内，自主安排发行时间和发行品种，债券到期可滚动发行。坚持资产负债期限匹配原则，合理确定金融债券期限，优先发行长期债券，多发放长期贷款	现行有效
33	2016年9月29日	《中国人民银行办公厅关于进一步加强对涉嫌非法集资资金交易监测预警工作的指导意见》	中国人民银行	该意见提出要建立健全非法集资监测预警体系，进一步加强对涉嫌非法集资资金交易监测预警工作，要完善非法集资资金交易监测预警工作机制、妥善处理非法集资可疑交易线索、强化客户身份识别、完善内部控制制度和措施	现行有效

续表

序号	时间	文件名称	发布机关	主要内容	时效性
34	2016年9月30日	《中国人民银行关于加强支付结算管理防范电信网络新型违法犯罪有关事项的通知》	中国人民银行	该通知强调要加强账户实名制管理、转账管理、银行卡业务管理，强化可疑交易监测，健全紧急止付和快速冻结机制，加大对无证机构的打击力度，建立责任追究机制，全面防范网络新型违法犯罪行为	现行有效
35	2017年2月13日	《关于金融支持服务贸易发展的指导意见》	中国人民银行等	各部门要加强货币信贷政策引导，加大对服务贸易的金融支持力度；继续扩大服务贸易人民币跨境使用，加强金融基础设施建设；进一步扩大金融业对内对外开放，增强金融机构对服务贸易企业的支持力度；改善融资环境，提高服务贸易企业融资能力；鼓励金融产品创新，加强金融服务体系建设；加强直接融资市场建设，拓展服务贸易企业融资渠道；提升金融机构国际竞争力，促进金融服务贸易发展	现行有效
36	2017年11月13日	《中国人民银行办公厅关于进一步加强无证经营支付业务整治工作的通知》	中国人民银行	切实加强无证机构整治，加大处罚力度，坚决切断无证机构的支付业务渠道，遏制支付服务市场乱象，整肃支付服务市场的违规行为；从严惩处违规为无证机构提供支付服务的市场主体，坚决整治严重干扰支付服务市场秩序的行为，从根源上净化支付服务市场环境；持续强化中国人民银行支付结算监管工作，提高新形势下支付结算队伍的履职能力，坚持问题导向和底线思维，筑牢支付安全防线	现行有效

续表

序号	时间	文件名称	发布机关	主要内容	时效性
37	2018年1月4日	《中国人民银行关于进一步完善人民币跨境业务政策促进贸易投资便利化的通知》	中国人民银行	为促进贸易投资便利化，营造优良营商环境，服务"一带一路"倡议，推动形成全面开放新格局，各银行要支持企业使用人民币跨境结算、开展个人其他经常项目人民币跨境结算业务、开展碳排放权交易人民币跨境结算业务、便利境外投资者以人民币进行直接投资、便利企业境外募集人民币资金汇入境内使用	现行有效
38	2018年3月27日	《关于进一步做好创业担保贷款财政贴息工作的通知》	财政部、人力资源和社会保障部、中国人民银行	国家重视和大力支持就业创业工作，要加大政策力度支持，包括扩大贷款对象范围、降低贷款申请条件、放宽担保和贴息要求、健全和完善服务和担保机制，优化创业贷款申请办理程序，落实地方自主管理权限，并对贷款行为加强监督管理	现行有效
39	2018年4月16日	《关于规范民间借贷行为维护经济金融秩序有关事项的通知》	原银保监会、公安部、国家市场监督管理总局、中国人民银行	强调要严厉打击利用非法吸收公众存款、变相吸收公众存款等非法集资资金发放民间贷款；严厉打击以故意伤害、非法拘禁、侮辱、恐吓、威胁、骚扰等非法手段催收贷款；严厉打击套取金融机构信贷资金，再高利转贷；严厉打击面向在校学生非法发放贷款，发放无指定用途贷款，或以提供服务、销售商品为名，实际收取高额利息（费用）变相发放贷款行为；严禁银行业金融	现行有效

续表

序号	时间	文件名称	发布机关	主要内容	时效性
				机构从业人员作为主要成员或实际控制人，开展有组织的民间借贷	
40	2018年4月19日	《关于加强非金融企业投资金融机构监管的指导意见》	中国人民银行、原银保监会、证监会	针对存在的部分企业与所投资金融机构业务关联性不强、以非自有资金虚假注资或循环注资、不当干预金融机构经营、通过关联交易进行利益输送等问题，要实施严格的市场准入管理，限制企业过度投资金融机构，强化企业投资控股金融机构的资质要求，加强金融机构股权质押、转让和拍卖管理，同时强化投资资金来源的真实性、合规性监管	现行有效
41	2018年7月13日	《中国人民银行办公厅关于加强特定非金融机构反洗钱监管工作的通知》	中国人民银行	为预防洗钱和恐怖融资活动，遏制洗钱犯罪和相关犯罪，加强特定非金融机构反洗钱和反恐怖融资工作，特定非金融机构应当遵守法律法规等规章制度，开展反洗钱和反恐怖融资工作。如有对特定非金融机构开展反洗钱和反恐怖融资工作更为具体或者严格的规范性文件，特定非金融机构应从其规定；如没有更为具体或者严格规定的，特定非金融机构应参照适用金融机构的反洗钱和反恐怖融资规定执行	现行有效

续表

序号	时间	文件名称	发布机关	主要内容	时效性
42	2019年3月25日	《中国人民银行关于进一步加强支付结算管理防范电信网络新型违法犯罪有关事项的通知》	中国人民银行	为有效应对和防范电信网络新型违法犯罪新形势和新问题，保护人民群众财产安全和合法权益，各银行要健全紧急止付和快速冻结机制、加强账户实名制管理、加强转账管理、强化特约商户与受理终端管理、广泛宣传教育、落实责任追究机制	现行有效
43	2021年3月26日	《关于防止经营用途贷款违规流入房地产领域的通知》	原银保监会、住房和城乡建设部、中国人民银行	因一些企业和个人违规将经营用途贷款投向房地产领域问题突出，影响房地产调控政策效果，挤占支持实体经济特别是小微企业发展的信贷资源，所以防止经营用途贷款违规流入房地产领域，各银行应加强借款人资质核查、信贷需求审核、贷款期限管理、贷款抵押物管理、贷中贷后管理、银行内部管理、中介机构管理，继续支持好实体经济发展，强化协同监督检查	现行有效
44	2022年5月19日	《中国人民银行关于推动建立金融服务小微企业敢贷愿贷能贷会贷长效机制的通知》	中国人民银行	推动建立金融服务小微企业敢贷愿贷能贷会贷长效机制，着力提升金融机构服务小微企业等市场主体的意愿、能力和可持续性，助力稳市场主体、稳就业创业、稳经济增长，增强小微企业敢贷信心、激发愿贷动力、夯实能贷基础、提升会贷水平，推动长效机制建设取得实效	现行有效

续表

序号	时间	文件名称	发布机关	主要内容	时效性
45	2022年3月4日	《中国银保监会 中国人民银行关于加强新市民金融服务工作的通知》	原银保监会、中国人民银行	加强对吸纳新市民较多区域和行业的金融支持，加强对新市民创业的信贷支持，加大对吸纳新市民就业较多的小微企业的金融支持力度，提高新市民创业就业的保险保障水平	现行有效
46	2022年9月20日	《中国银保监会 中国人民银行关于推动动产和权利融资业务健康发展的指导意见》	原银保监会、中国人民银行	为进一步提高企业融资可得性，推动银行机构优化动产和权利融资业务，提升服务实体经济质效，要加大动产和权利融资服务力度，合理拓宽押品范畴，充分发挥动产和权利融资对薄弱领域的支持作用，加强动产和权利融资差异化管理；同时深化动产和权利融资业务创新、提升动产和权利融资风险管控能力、强化组织实施	现行有效
47	2023年2月13日	《关于进一步做好交通物流领域金融支持与服务的通知》	中国人民银行、交通运输部、原银保监会	该通知强调要优化交通物流领域债券融资安排，提升发债融资便利度。发挥好债券市场融资功能，有力支持符合国家发展规划重大交通物流项目投资建设；支持汽车金融公司、金融租赁公司等非银行金融机构发行货运物流主题金融债券；鼓励道路水路货物运输（含港口）、物流仓储配送（含快递）等交通物流领域企业在银行间债券市场发行公司信用类债券筹集资金	现行有效

续表

序号	时间	文件名称	发布机关	主要内容	时效性
48	2024年7月9日	《非银行支付机构监督管理条例实施细则》	中国人民银行	对于非银行支付机构的设立、变更与终止，支付业务规则，监督管理，法律责任等问题进行了全面的规定	现行有效
49	2024年9月29日	《银团贷款业务管理办法》	国家金融监督管理总局	村镇银行原则上不得参与发放银团贷款。农村商业银行、农村合作银行、农村信用社开展社团贷款业务，按照国家金融监督管理总局相关规定执行	现行有效

(五) 小结

从以上对相关法律、法规等的梳理不难看出，我国民间金融的法律制度演变是随着改革的深化、市场经济的发展而不断变化的，经历了排斥停滞、打击管制、试探放开、规范引导、分类发展的不同阶段。

第一阶段是嵌入计划经济中的"大一统"管理的初始阶段（1949—1978年）。中华人民共和国成立后一直到改革开放前的很长一段时间，民间金融处于完全被取缔、消灭的阶段，由于居民手中的剩余资金量很小，除了友情借贷，民间金融出现了阶段性的消亡。相应地，这个时期没有可能也没有必要存在有关民间金融的法律制度。此阶段金融体系以银行业为主，即以中国人民银行为单一主体的金融集中管理体制，集货币政策、金融经营和管理职能于一身。但由于中华人民共和国成立初期，农村金融制度并不能满足农村的金融需求，一些民间高利贷等民间金融仍然存在，并受到严厉打击。但打击并未根除高利贷等民间金融活动产生的土壤，反而提升了高利贷等民间金融活动的风险溢价。

第二阶段是初步建立以银行监管为主的金融监管体系的过渡阶段（1979—1991年）。在改革开放后，被长期压制的民间金融的需求和供给被释放出来，民间金融开始长足发展。从广大农村地区开始，民间金融逐渐复苏，并且在浙江、福建、广东等沿海地区逐渐形成规模。特别是有计划商品经济制度的确立,销声匿迹了数十年的民间金融在回暖的经济浪潮中逐渐复苏。有息借贷自此开始普遍出现,民间金融形式有所增多。这时的民间借贷不再限于公民之间,出现了公民与法人及非法人组织之间的借贷,民间借贷的功能也扩大到经济生活领域。此时的政府对民间金融持基本默许的态度,主要是通过1991年《最高人民法院关于人民法院审理借贷案件的若干意见》对高利贷标准进行划定,以防范高利盘剥。之后几年里,政府对民间金融采取了宽容、观望的态度,基金会、信息公司、合会、典当行等形式的民间金融纷纷出现。[①] 我国金融体制在此阶段作出了相应调整,中国人民银行被正式确立为中央银行,成为相对独立的监管机构,同时国家相继恢复或新设了几大专业银行和保险、信托及证券等行业的金融机构。但此时金融监管的地位和权力仍依托行政体系,并不是由法律明确授权和规定的。

第三阶段是实行"一行三会"[②]金融分业监管体制的发展阶段(1992—2003年)。由于缺乏法律规范,民间金融发展一度出现乱象。党的十四大提出建立社会主义市场经济体制,推动了金融体制的根本性变革,先后设立银监会、证监会和保监会等专业监管机构,分业监管体制得以确立。立法部门先后颁布了银行法和保险法等法律法规,使我国的金融监管进入法治化阶段,并确立了基本的金融法律体系。此阶段国家既出台了《商业银行法》等重要的金融法律法规,也重拳出击颁布《非法金融机构和非法金融业务活动取缔办法》《中国人民银行整顿乱集资乱批设金融机构和乱办金融业务实施方案》《金融违法行为处罚办法》等规范性文件。在这些金融政策的打压下,此后的民间金融活动彻底转入"地下"状态。1999年,由于农村基金会在运行过程中造成的金融混乱问题进一步显现,给各地金融秩序带来了很大的影响,国务院于当年1月发布3号文件,决定对农村合作基金会进行全面清理整顿,由此全国开始了大范围取缔和清理农村基金会的行动。2003年,国务院发出《国务院关于印发深化农村信用社改革试点方案的通知》,要求加快农村信用社管理体制和产权制度改革。该阶段的政策与法律制度的变迁,清晰地反映

---

① 魏敬淼:《民间金融法律治理研究》,中国政法大学出版社2016年版,第64页。
② "一行三会"是指中国人民银行、原银监会、证监会、原保监会。

出我国市场化改革过程中的金融体系带有非常明显的"严格管制"色彩。但是这一阶段的问题在于，没有看到民间金融的正面意义，包括一直以来的计划经济思维还没有完全转变，对整个金融市场都处于严格管制的阶段，因此对待民间金融也主要是强制取缔并科以严格的行政管理甚至刑事责任。

第四阶段是逐步对民间金融全面规范引导的阶段（2004—2009年）。进入21世纪之后，我国的民间金融开始进入新的发展阶段。根据2004年中央财经大学课题组对全国20个省（市、自治区）、82个市（县）、206个行政村、110家中小企业，1203个个体工商户的问卷与实地调查，初步测算全国民间金融的绝对规模为7405亿~8164亿元，占整个正规金融机构贷款业务增加额的比重近30%。而据中国人民银行调查统计司2005年对民间金融规模的推算，我国民间金融规模为9500亿元，占年度GDP的6.96%左右，占年度本外币贷款的5.92%左右。① 进入21世纪以来，我国经济快速发展和为防止流动性泛滥实施的银根紧缩政策，使得经济发展与货币流动性之间的矛盾凸显，民间金融发展势头更为迅猛。在此阶段，国家在完善相关的民间金融法律体系的同时，也进一步加大了侦办和惩处民间金融案件的力度，陆续出现大量有关民间金融风险的典型大案和要案。② 同时，在应对金融全球化机遇和金融危机挑战的背景下，我国金融监管加强了宏观审慎监管和其他改革的探索，完善金融法律体系，丰富监管内容，加强监管执法。多个文件和报告对民间金融的功能和意义进行了重新认定和分析。中央文件及中国人民银行的报告中均明确提出民间金融是正规金融的重要补充，对民间金融的态度转化为鼓励和支持。民间金融在这一阶段迎来了重要的发展机遇，一方面，政府部门对于民间金融在农村地区的发展进行了有效的尝试；另一方面，针对这一阶段引发重大社会问题的民间集资行为进行了打击和规范。国家逐渐意识到，"堵"的方式不但无法阻遏民间金融的发展，反而由于违反了民间融资的内在要求，引发了社会动荡和金融危机。

第五阶段是对于民间金融持续高度关注并更加注重规范的分类发展期

---

① 辛红：《中央财大课题组实地调查20个省——八千亿地下金融暗流涌动》，《法制日报》2005-01-05，第12版。

② 廖天虎：《论我国民间金融监管制度的演变：基于新中国成立后的相关制度变迁的分析》，《经济社会体制研究》2017年第1期，第114-117页。

(2010年—现在)。在国际金融危机后,世界各国对融资难问题持续给予高度关注,大力发展普惠金融的呼声日益高涨。在这一国际背景下,我国也加快推进包容性金融发展,适度放宽市场准入,支持小型金融机构发展,加强金融消费者权益保护,使现代金融服务更多地惠及广大人民群众和经济社会发展薄弱环节。这既有利于实现当前稳增长、保就业、调结构、促改革的总体任务,也有利于促进社会公平正义,具有积极的现实意义。① 2010年中央1号文件《中共中央　国务院关于加大统筹城乡发展力度进一步夯实农业农村发展基础的若干意见》提出,确保3年内消除基础金融服务"空白乡镇"的战略部署;2013年党的十八届三中全会《中共中央关于全面深化改革若干重大问题的决定》提出,在加强监管前提下,允许具备条件的民间资本依法发起设立中小型银行等金融机构。2023年中央金融工作会议指出,要强调坚定不移走中国特色金融发展之路,既遵循现代金融发展的客观规律,更具有适合我国国情的鲜明特色,与西方金融模式有本质区别,要切实加强对重大战略、重点领域和薄弱环节的优质金融服务。在这一阶段,为有效应对信息社会相伴而来的科技进步、出借人组织化、中介兴起、借贷标的大额化、借贷目的趋向于生产而非生活需要等新形势、新特征,对于村镇银行、农村资金互助社、小额贷款公司、预付卡、民间借贷等民间金融的重要领域先后出台了规范措施,这对民间金融的监督管理和规范发展起到了良好的作用。相比之前重打击取缔的行政法规和规章而言,这些新的法律规定更多地关注民间金融的自身发展,使其能够更好地发挥对国民经济发展的积极作用,具体条文也为民间金融大幅度松绑。在这一阶段,民间金融的法律地位更加明确,民间金融存在的外部法律环境日趋完备。

通过梳理和分析我国民间金融的法律规制历史和现状,可以发现,我国对于民间金融的法律规制态度经历了一个逐渐成熟、理性化的过程,从最初的严厉管制,到逐渐认识到民间金融顽强的生命力进而予以支持和鼓励,到发现完全自由放任的民间金融并不能自然良性发展,最后认识到必须采用适度的选择性规制对其进行引导。

---

① 周小川:《践行党的群众路线　推进包容性金融发展》,《求是》2013年第9期,第14页。

三、民间金融法律规制存在的问题

相比早先民间金融纯粹的法外野蛮生长的局面，经过数十年的努力，我国民间金融的法律制度已经初具规模。但是，尚存在以下四个方面的问题。

（一）相关法律制度效力层级低，制度之间协调性不足

民间金融本身是一个极其庞杂的领域，其囊括的金融形式多样化，同时又极具动态性。因此，想要一部专门规范所有民间金融的单行法律是不可行的，对民间金融的法律规制只能通过多部法律法规共同完成。在这种情况下，各规范之间的协调非常重要。目前的法律、司法解释、法规规章、规范性文件共同组成了对民间金融进行规范的制度体系，但是从前文的总结可以看出，这些制度规范大部分层级较低，以规章和规范性文件为主，同时分布散乱、缺乏统筹，立法理念和具体制度存在不同程度的矛盾。

之前许多部门出台的制度规范涉及民间金融，包括全国人大及其常委会、国务院及各部委、中国人民银行及原银监会等金融监管部门、最高人民法院等。其中，全国人大及其常委会发布的法律都是原则性、指导性的，基本上没有涉及民间金融的具体内容；最高人民法院的司法解释（包含就个别问题的审判答复）具有较高的权威性，但由于其发布往往源于某一问题的风险集中爆发，大量案件涌入法院，法院才进行反应，这就使得最高人民法院的解释往往是被动的，具有滞后性；国务院直接出台的行政法规数量较少；其他的规范性文件效力层次比较低且良莠不齐。根据《中华人民共和国立法法》及2009年《最高人民法院关于裁判文书引用法律、法规等规范性法律文件的规定》第3条、第4条、第5条和第6条[1]可知，法院在审理刑事和民事案件

---

[1] 《最高人民法院关于裁判文书引用法律、法规等规范性法律文件的规定》第3条规定："刑事裁判文书应当引用法律、法律解释或者司法解释。刑事附带民事诉讼裁判文书引用规范性法律文件，同时适用本规定第四条规定。"第4条规定："民事裁判文书应当引用法律、法律解释或者司法解释。对于应当适用的行政法规、地方性法规或者自治条例和单行条例，可以直接引用。"第5条规定："行政裁判文书应当引用法律、法律解释、行政法规或司法解释。对于应当适用的地方性法规、自治条例和单行条例、国务院或者国务院授权的部门公布的行政法规解释或者行政规章，可以直接引用。"第6条规定："对于本规定第三条、第四条、第五条规定之外的规范性文件，根据审理案件的需要，经审查认定为合法有效的，可以作为裁判说理的依据。"

时，其审判依据是法律、法律解释或者司法解释、行政法规、地方性法规或者自治条例和单行条例，行政规章及其他规范性文件，只能作为判案的参考。也就是说，目前关于民间金融为数众多的制度规范不能作为法院审判的依据，而只能是行政管理的指令。而之前许多对全国民间金融产生巨大影响的制度规定都来自部门发布的"通知"，这种层级较低的规范性文件作为司法、执法依据从内容到程序的合法性都存在疑问。

民间金融法律制度的政出多门还导致了制度之间的协调性不足，甚至法律、法规之间存在冲突和矛盾。举例来看，民间借贷本应是财产的合法所有人基于意思自治、与相对方缔结借贷的契约关系。《民法典》和之前的《合同法》均规定，借款合同是借款人向贷款人借款，到期返还借款并支付利息的合同。这种发生于私主体之间的借贷是有名合同，属于典型的私法自治范畴，法律一般不予干涉。《合同法》中没有对借款人和贷款人作出限制，则借贷合同的主体理应包括自然人和法人这些基本的民事主体。金融机构与其他民事主体间的借贷受到金融法的调整可以排除在外，而在《贷款通则》《中国人民银行关于对企业间借贷问题的答复》等规定中却将企业之间的借贷行为予以排除。就效力层次而言，当时的《合同法》的效力层级远高于行政规章和规范性文件，不应以这些低效力层级的特别制度规定排除适用《合同法》的一般性规定，出现矛盾时显然应当以法律为准。在最高人民法院《2015年民间借贷解释》中，终于明确认可企业间借贷。关于企业间借贷发展的规制路径，恰恰反映了我国民间金融法律制度发展的曲折性，也充分表现出多部门立法的不协调。不同部门制定的规范性文件之间也存在一定问题。由于缺乏统一的指导性法律制度，不同部门、不同地区在依据自身职能和利益考量制定规则的过程中，既无法考虑与其他法律法规的协调性问题，也不可能去考察其他部门和地区的规范性文件，这必然导致制度重叠或者矛盾冲突。

可以看出，民间金融法律规制从宏观方面来看存在的主要问题就是相关制度的效力层级低，彼此之间的协调性不够。这使得无论是民事主体的守法，还是司法，抑或行政执法，都存在较大的不确定性。

(二) 主体准入标准不尽合理，民间金融合法与非法界限不清晰

法律对民间金融的规制，必然离不开对民间金融主体的规制，其根本目的是构建起多元化、多层次的民间金融主体体系，从而实现金融资源的优化配置。对于有利于金融资源优化配置的，要通过制度予以固定；对于不利于金融资源优化配置的，要逐步完善相关制度，或者着手设计新的制度。具体而言，包括规定哪些主体是民间金融的主体，哪些民间金融主体需要进行专门的法律规制，以及这些主体的准入与退出规则。而相关法律法规对于民间金融主体的规定存在缺位和矛盾，对主体规定的混乱导致民间金融的合法与非法界限模糊不清。以民间集资为例，《民法典》肯定了民间借贷活动中资金的所有人利用个人资金进行投资并获得收益的行为，而《刑法》规定了非法吸收公众存款罪，但并未明确区分非法吸收公众存款或者变相吸收公众存款行为，个人投资和集资可能落入"非法集资"的范畴。由于法律没有对集资行为的准入设置适当的门槛，而公开募集股份或债券的门槛过高，"非法集资"入罪的门槛又过低，这使得很多社会公众普遍认可的合法融资行为被纳入打击范围。"当法律把存在于社会中的有着广泛需求支持的现象定为违法的话，不仅无法遏制违法现象，反而造成了法律的合法性危机，从而丧失权威性。"[①]

对于形成一定规模或者具有一定组织性的民间金融形式，现有规范缺乏对其合法地位的认可，也就无法对其运行进行监管，反而可能带来系统性的风险。以私人钱庄为例，自清末引入银行机构直至中华人民共和国成立初期，这种传统的金融组织与源自西方的现代银行企业并行不悖地走在各自的道路上，既互相竞争、排斥，又相互合作、支持，在长期的博弈中，它们共生共存，任何一方并未彻底战胜另一方，只不过银行略占上风，私人钱庄整体微弱。1953年，私人钱庄与私营银行一并被改造成公私合营的银行，在完全计划经济时代，国家对商品等资源实行严格管制，私人钱庄没有了生存空间，一度销声匿迹。改革开放后，随着城乡经济的日渐活跃，私人钱庄再度萌发。

[①] 朱大旗、张牧君：《论民间金融活动的法律规制》，《郑州大学学报（哲学社会科学版）》2014年第5期，第56页。

后因无法获得经营金融业务许可,或者自行关掉,或者被取缔。1986年《中华人民共和国银行管理暂行条例》中规定"个人不得设立银行或金融机构,不得经营金融业务"。因此,我国的私人钱庄一直处于"地下"状态。在此之后的《非法金融机构和非法金融业务活动取缔办法》《中华人民共和国商业银行法》等法律法规对此要求仍然十分严格。

(三) 利率规定比较粗放,欠缺灵活性和针对性

民间借贷自古有之,利率限制、谨防重利盘剥是自古以来治理民间借贷的重要方面。现行法律规范对民间借贷利息的规定最为核心的内容即利率的限制规定。1991年《最高人民法院关于人民法院审理借贷案件的若干意见》和2002年《中国人民银行关于取缔地下钱庄及打击高利贷行为的通知》都规定了民间借贷的利率,也就是被称为民间借贷"四倍利率"红线的司法解释。由于利率尚未市场化,央行公布的同期贷款利率并不能完全反映市场资金的供求关系,这导致单纯以四倍于法定利率作为借贷利率上限的规定欠缺合理性。"四倍利率"红线管制是民间金融市场发展的制度障碍,已经不再适应未来经济发展形势的需要。[①]

最高人民法院《2015年民间借贷解释》将民间借贷的利率区分为三个层次:24%以下的为法律所保护的债权;24%~36%的为自然债务;36%以上的为高利贷,不受法律保护。这一利率规定无论从数额还是层次性来说,相比于之前的"四倍利率"红线有了更大的灵活性。但是,这一利率制度仍存在僵化的问题,既没有区分生活性借贷和生产性借贷,也没有区分专门从事贷款业务的组织或机构的借贷和自然人之间的借贷。这种利率制度仍不能满足民间金融领域的多样化融资需求。《2015年民间借贷解释》很快在2020年又被修改,《2020年民间借贷解释》中将借贷利率的相关规定更改为双方约定的利率超过合同成立时一年期贷款市场报价利率(LPR)四倍的不予支持。以一年期贷款市场报价利率四倍取代确定的24%和36%作为计算民间借贷利率的措施,体现了利率市场化的方向,但仍然未针对不同情形进行区分,体

[①] 朱大旗、张牧君:《论民间金融活动的法律规制》,《郑州大学学报(哲学社会科学版)》2014年第5期,第57页。

现了刚性管制的特点。

(四) 监管职责不够明确,监管方式未进行区分

民间金融自产生以来,基于政治、经济等各方面的原因,政府对其监管存在不足。由于民间金融的自生自发性,其发展过程中难免产生各种各样的问题,加之监管的不足和缺位,导致民间金融疏于引导和规范。

民间金融的规范形式主要是行政法规、规章和规范性文件,体现出立法者和执法者重合的状态。这导致有关规定主要反映了行政主管机关自身的监管需要,而非反映市场经济主体的需要。具体来看,民间金融的监管主要存在的问题包括:第一,监管主体不明,职责划分不清,监管不到位。之前多个执法主体各自为政,监管职责不清,相互之间缺乏沟通协调,监管依据规范冲突,造成"无人监管"与"重复监管"并行的局面。① 第二,监管理念错位,重安全、轻效率,重发展、轻公平。第三,监管强度过高,对民间金融主体科以的法律责任过于严苛,监管措施简单刚性,以事后的机构取缔、刑事责任承担等惩罚性措施为主,缺乏事前的分类准入和事中的常规管理。第四,管治绩效不高,阻碍了金融业、中小企业甚至于整个社会经济的发展。根据2023年中央金融工作会议要求,要全面加强金融监管,切实提高金融监管有效性,依法将所有金融活动全部纳入监管范围,消除监管空白和盲区。在会议精神指引下,未来的民间金融监管也必将迈上新台阶。

总而言之,民间金融的法律规制尚存在一定的问题,未能适应当前经济发展的现实需要,与金融改革深化的发展目标不相吻合。民间金融的法律制度应当如何设计,是值得深入研究的问题。

第二节 其他国家和地区民间金融法律规制的研究与借鉴

民间金融在世界各国广泛存在,由于不同国家的国情民生、制度习惯、

---

① 王波、郑联盛、王兆斌:《互联网金融风险分析及监管:基于总体国家安全观的视角》,《技术经济与管理研究》2018年第1期,第77-80页。

文化背景、社会经济状况发展各异，民间金融有着不同的表现形式和特点。并且由于现实情况的普遍差异性，各国民间金融的成长发育情况参差不齐，其法律制度实施的效果也不尽相同。

一、美国

美国正规金融的体系体量庞大完备，资源配置效率较高，但也并不能完全满足所有市场主体的融资需要，多元化中小企业金融服务体系也不能解决所有的融资问题。存在融资需求的个人和企业往往会通过非主流的融资渠道来筹集满足个人生活需要或者企业发展需求的资金。

（一）美国民间金融的主要形式

民间金融在美国有广泛的存在基础和发展空间，其组织化程度较高、形式多样。主要的民间金融形式包括合作金融组织、非吸收存款类放贷人、社区银行等几类。

1. 合作金融组织

合作金融组织包括合作信用社、合作银行和储蓄贷款协会等小型民间金融组织。其中，合作信用社是政府在经济大萧条时期，为了维持社会稳定和经济正常运转的需要而成立的。美国的信用社组织发展晚于欧洲，但在20世纪20年代得到了长足发展，并组建为非营利性的民间合作金融机构。[1] 其秉持平等互利、自主自愿的原则，以互助为目的，服务对象是难以获得银行贷款的中下阶层。主要有行业性的信用合作社、职业性的信用合作社、社区信用合作社三种形式[2]，分别服务于同一职业、同一行业、同一社区或地域的社员。其中，职业性的信用合作社占比最高。信用社的会员通常来自同一社区、职业或社团组织，通过自愿申请入社并缴纳适当的股金，享有存款贷款、获得红利以及作为会员选择合作社管理者等权利。信用合作社控制了成员的范围，就可以更好地避免因信息不真实而导致的高风险贷款。在监管模式上采

---

[1] 王兰：《民间金融规制的路径选择：域外经验与启示》，《银行家》2017年第8期，第133-136页。

[2] 陈蓉：《论我国民间金融管制的重构》，西南政法大学2008年博士学位论文，第91页。

取双轨制,并成立了自律性组织和服务机构。美国政府专门成立了信用社全国管理局,同时各州设置监管机构或专职官员来施行管理。此外,还成立了"各州信用社监督专员全国协会"以协调各州监管上的冲突。

合作银行的资金来源不同于合作信用社,是由联邦政府以先出资后撤资的形式来运作的,服务于中低收入人群。相比于合作信用社,合作银行具有一定的营利性,但与纯粹营利模式的商业银行有所不同,其仍然具有一定的血缘、地域、行业人员互助合作的功能。

储蓄贷款协会的资金来源于存款人,也服务于存款人,主要是互助性质,建立在成员之间密切的社会关系基础之上。虽然没有受到类似正规金融的监管,但是需要进行注册,并参加联邦存款保险体系。[①]《联邦住房贷款银行法》将储蓄贷款协会规定为能够合法存在、从事非正式金融业务活动的机构,在此基础上将银行的规制体系引入储贷业,并就储蓄贷款协会的经营范围、设立程序、业务运作进行了规定。《联邦住房贷款银行法》与《联邦住房企业金融安全和稳健法》、《全国住宅法》、《加恩-圣杰曼存款机构法案》、《利率控制法案》,共同确立了储蓄贷款协会作为合法的民间金融服务机构的地位。[②]

2. 非吸收存款类放贷人

非吸收存款类放贷人(Non-Deposit-Taking Lenders,NDTL)不吸收公众存款,其资金源于正规金融渠道,如银行贷款、资本市场融资、股东注资等,受到《小企业投资公司法》的鼓励和规制。[③] 该法律设立了小企业投资公司(Small Business Investment Companies,SBIC)计划,为成长型小企业提供长期资金。NDTL往往定位于填补市场空缺,为那些传统银行服务不足或无法服务的领域提供资金,如为妇女、中小企业、社区等难以从传统金融机构获得贷

---

① 贺力平:《合作金融发展的国际经验及对中国的借鉴意义》,《管理世界》2002年第1期,第49页。

② 蒋晓妍:《民间金融服务机构法律规制研究:从比较法的视角》,经济科学出版社2017年版,第37页。

③ 小企业投资公司计划的建立是基于联邦储备银行于1957年进行的一项研究。该研究指出,资本市场上存在着为成长型小企业提供长期资金的缺口,这种缺口至今仍然存在。这些小企业的融资需求总是超出传统的、基于资产的信贷所能提供的资金。为了发展,这些小企业需要股权资本或具有股权资本性质的资金,即通常所称的"风险资本",小企业投资公司计划是为了满足这些需求而设立的,尤其是规模为30万~50万美元的投资。

款的特定人群,提供包括但不限于贷款、信贷、咨询和财务规划等金融产品和服务。美国虽然没有专门针对非吸收存款类放贷机构这一主体进行统一或单独立法,但有《贷款真实性法》《平等信用机会法》《公平信用报告法》《公平债务催收法》等确认非吸收存款类放贷机构为民间金融服务机构的合法组织形式,存在于这些法律中的所有规定都是在这一确认基础上作出的。《美国标准公司法》这一法律文件也确认非吸收存款类放贷人为民间金融服务机构的合法组织形式。①

3. 社区银行

社区银行是美国民间金融的另一重要代表形式,其发展与壮大也是民间金融向正规金融转型的典范。社区银行主要分布在经济比较落后的地区,服务于中小企业和农户。根据美国独立区域银行家协会(Independent Community Bankers of America,ICBA)②的定义,社区银行是典型的中小型金融机构,具体包括储蓄机构(thrifts)、商业银行(commercial banks)、互助储蓄机构(mutual savings institutions)和储备机构(stocks)。社区银行关注本地农民、家庭和企业的需求,面向社区居民,与社区关系紧密,根据综合评价放贷。美联储以及其他银行业监管者没有对社区银行进行广泛的监管,但是采取相对稳健的风险管理方式,这对于社区银行的可持续发展至关重要。③ 社区银行综合运用内部控制、政府监管、自律监管、社会监督等多层次的监管手段④,监管程序简单、监管标准宽松、材料审查简化。ICBA 是推动社区银行良性发展的自律性监管组织,不仅为社区银行提供服务,还对外代表社区银行争取利益,支持金融改革、维护金融安全,对会员单位进行民主管理。

---

① 蒋晓妍:《民间金融服务机构法律规制研究:从比较法的视角》,经济科学出版社 2017 年版,第 37 页。
② 美国独立社区银行家组织是全美最大的社区银行组织,绝大多数社区银行都是其成员。ICBA 的主要职能是为会员银行提供全面、及时的市场和行业信息,培养高级管理人员和专业性人才,不断提升协会成员的业务水平和经营管理效率。另外,ICBA 除了加强行业自律和促进内部成员发展,还作为社区银行的总代表同政府和金融监管部门进行接触,就相关政策和监管的实施展开对话和协商,从而最大限度地维护社区银行的利益。
③ 沈克彪:《基于产权结构与关系贷款视角的村镇银行监管思路研究:美国社区银行的启示》,《金融教育研究》2012 年第 2 期,第 32 页。
④ 何德旭、王卉彤:《美国社区银行的发展:评述及启示》,《新金融》2006 年第 7 期,第 41 页。

(二) 美国民间金融法律规制的借鉴意义

美国市场经济起步早,正规金融体系发展得较为完善和成熟,在市场机制的引导下,民间金融也逐步得到发展。民间金融没有阻碍和扰乱正规金融发展,反而促进了市场的良性竞争,完善了金融体系,提高了金融体系的运行效率。美国民间金融的发展可资借鉴,以下方面值得我们思考。

1. 法律政策的扶持

在民间金融的发展过程中,美国政府并没有仓促地进行立法规制,而是给予民间金融充分的空间。随后根据发展效果和现实情况进行区分规制:对于给宏观经济目标造成负面后果的民间金融给予严厉的限制;对于有利于提升金融资源配置效率的民间金融形态,积极予以引导,赋予其合法地位,并保障其稳步发展。[①]

为了解决中小企业融资难的问题,美国政府颁布了《社区再投资法案》《小企业投资法》《银行法》《税收法》等多部法律来扶持民间金融的发展。《社区再投资法案》为社区银行的运营提供了明确的技术规范限制,也为监管机构对银行的信用控制提供了基础。[②]《小企业投资法》将创业投资公司重新定义为企业开发公司,而不再是投资顾问,因此减少了对创业投资公司的报告要求,对于中小企业的科技创新起了极大的鼓舞作用,在鼓励社区银行满足社区信贷需求的同时规范社区运行。《税收法》将资本利得税的税率从49.5%降为28%,随后1981年制定的《经济复兴税法》将税率降低为20%,这两部法规为通过转让股票获得收益的行为提供了税收优惠,能够激发投资者的投资热情。[③]1981年的《股票期权鼓励法》还允许采用以股票期权为酬金的做法,并规定仅存在股票期权时不征税,只有在股票卖出后有收益才征税。随之而来的《银行法》通过按领域划分经营范围对正式金融机构进行规范,保障其在专属领域内开展经营活动。同时,《联邦信用社法案》确认信用合作社为合法存在的民间金融服务机构的组织形式,并提供特定的信用保险

[①] 赵鑫:《中国民间金融发展的制度分析与改革设计》,中共中央党校2013年博士学位论文,第117页。

[②] 汪丽丽:《非正式金融法律规制研究》,华东政法大学2013年博士学位论文,第118页。

[③] 胡盛梅:《风险投资的国际比较及借鉴意义》,《国际经济合作》2001年第10期,第58页。

机制以保障并增强其财务安全,明确了联邦信用社管理局的职责与功能、信用社股份保险等具体内容,同时完善了信用社具体运作方式的相关规定。[①] 美国法律对民间金融服务机构的形态选择展现了明确的立法态度和对自由原则的尊重。美国为不同组织形式的机构制定相应的法律法规,这些法律法规对民间金融市场准入、经营管理规则、退出等都作出了相应规定,确保民间金融有序、稳健且富有效率地运行。这种灵活而审慎的立法策略,既反映了美国民间金融服务机构多样化的实际需求,也体现了法律对促进金融市场健康发展的积极作用。

2. 差异化的监管制度和自律监管

美国民间金融的监管机构有别于正规金融的监管机构。对于不同类型的民间金融,往往成立不同的监管机构实施监督管理。1953 年专门设立美国联邦中小企业管理局,并于 1958 年确立其为"永久性联邦机构"。联邦中小企业管理局在各州设派出机构,主要服务于中小企业,为其争取平等的竞争条件,其职责范围涵盖:吸纳中小企业的需求和意见,直接对总统负责、汇报工作;对于中小企业有关权益的保护向联邦政府提出政策建议;为中小企业融资提供担保、援助、咨询与管理培训服务等。[②] 在针对信用社的监督管理体系中,由于信用社合作金融的基本属性,美国采用联邦政府和州政府分离监管的形式,在管理上也实行了有别于商业银行的优惠扶持政策。1978 年成立的美国国家信用社管理局(National Credit Union Administration, NCUA),系为负责监督信用社的财务状况,进行适当的风险管理,克服各州各自为政所产生的监管冲突与制度冲突而设立的。《联邦信用社法案》明确规定信用社可免除纳税、不交存款准备金,以及自主决定存贷款利率等,甚至为其提供特定的信合保险机制,以保障并增强其财务安全。这些专门的监管机构对于民间金融的监管采取了与正规金融不同的监管标准。对于规模低于 5 亿美元的银行实行宽松的监管,如免除银行控股公司向美联储进行报告、降低有关最低资本要求的设定、灵活运用《新巴塞尔协议》中对于社区银行不利的规定。

---

① 赵鑫:《中国民间金融发展的制度分析与改革设计》,中共中央党校 2013 年博士学位论文,第 117 页。
② 熊玉莲:《金融衍生工具法律监管问题研究:以英、美为主要分析视角》,北京大学出版社 2009 年版,第 113 页。

此外，为了保障民间金融中小型银行的持续发展，保持其资产流动性，监管机构确立了应急融资方案，对各种资产流动的不确定性进行测试，以应对紧急情况下的资金不足问题。这些差异化的监管措施是民间金融得以发展的有力保障。ICBA作为社区银行的自律性组织，对会员单位进行民主管理。由于社区银行具有内生性特征，其与所服务的社区形成了良好的共同支持与发展关系。ICBA尊重社区银行的这种内生性特征，秉持着商业惯例和道德标准对会员单位进行管理，每个会员单位在其服务的地区有发言权和表决权，积极参与制定和修改适用于本行业、本地区的自律规则。①

此外，从个体的维度来看，私人参与在监管体系中扮演着更为直接和积极的角色，主要体现在利用参与者的专业知识和行业组织资源进行监管。通过将行业规章、组织自律公约等软法规范转化为具有法律约束力的硬性规范，同时充分发挥社区组织和行业协会等非政府机构在公共监管中的功能。这种协同整合型力量的再造，并非重回分立的"命令—控制"型监管向自我规制模式的切换，而是两者深度融合的结果。这对于游弋在正式经济体制之外且亟待得到有效调控的民间金融而言，更显得意义重大。②

总之，民间金融的内生性特征是自律监管得以实施的基础，自律监管也促进了民间金融的蓬勃发展。

3. 显性存款保险制度的运用

为了给金融机构提供担保，根据1933年《格拉斯-斯蒂格尔法案》，美国设立了联邦存款保险公司（FDIC），实施"显性存款保险制度"，半强制性地将当时全国独立注册的9900家银行与储蓄机构纳入存款保险体系。存款保险制度在降低风险、保障储户利益、增强信心等方面发挥了重要作用，为民间金融构筑了风险防控屏障，保障了民间金融的良性发展。

民间金融发展的瓶颈之一是缺乏存款保险制度。普通民众对于国有大型银行有着本能的依赖与信任，对于缺乏保障的小型民间商业银行则缺乏信心，将资金存入小型民间商业银行的可能性不大。而存款保险制度虽然存在不同

---

① 汪丽丽：《非正式金融法律规制研究》，华东政法大学2013年博士学位论文，第119-120页。
② 王兰：《民间金融规制的路径选择：域外经验与启示》，《银行家》2017年第8期，第133-136页。

区域的差异性，可是仍可发现其转型的痕迹，即由单纯的保险赔付者转变为风险控制者，为小型金融机构提供了完备的危机处理机制，为小型商业银行提供了资金保障，有助于保障金融知识欠缺的存款人的权益，能够有力地加强储户的信心，进而达成稳定金融秩序之目的。

二、德国

(一) 德国民间金融的主要形式

信用社及合作银行是德国民间金融的主要形式。德国作为信用社的发源地，在100多年前就创立了信用社，并逐步完善形成了体系化的合作银行机制。19世纪50年代，德国因农业歉收引发饥荒，贺曼（Herman）成立了具有互助合作特点的面包加工店及面粉厂。随后，他又将这种模式推广到信贷领域，成立城镇信用合作社，即所谓的"人民银行"，又被称为大众银行（Volksbank）。1864年，德国的弗里德里希·莱夫艾森（Friedrich Raiffeisen）为了强化农村金融服务，在"一票制"民主管理和自愿入社的原则下，开创了第一家农村信用合作社，主要为农民购买牲畜、种子等进行资金支持，并逐渐发展为银行。其后，舒尔茨（Schulze）建立的城市信用合作社逐渐发展成为当今的大众合作银行。两者都服务于农业和小手工企业、经济发展滞后的山区和边远地区。为了促进这些地区的经济发展，防止资金匮乏导致的恶性循环，1889年德国在颁布合作社法的基础上逐步成立了独立的储贷合作社。其资金来源于社员，服务于手工业者和自由职业者，并逐步发展成中央合作银行，同时成立了全国合作银行协会。①

在德国，确认信贷合作社为民间金融服务机构的合法组织形式的法律为《经营及经济合作社法》，该法将信贷合作社规定为能够合法存在并从事非正式金融业务活动的机构，在此基础上将信贷合作社划分为信贷合作社、合作社联盟和中央合作银行三个层次；存在于该法中的所有规定都是在这一确认

---

① 王兆东：《德国合作金融的借鉴与启示：德国合作金融实践对我国合作金融的借鉴与启示》，《华北金融》2010年第8期，第39页。

基础上作出的。① 目前，信用社及合作银行已经成为德国民众生活中主要的金融形式，采用自上而下的多层级体系。中央合作银行位于金融体系的最高层级，采用股份制形式，由各地区的合作银行所有，② 最高层级对另外两个层级的合作银行没有领导和管理权限，但其功能齐全，业务范围很广。③ 三家地区合作银行组成了中间层，最底层是 2000 多家遍及全国的开展具体信用合作业务的底层合作银行，即信用合作业务的具体经营者。在德国的合作银行体系中，底层合作银行主要负责吸纳资金，而地区合作银行持有中央合作银行 80% 以上的股份，另外不超过 1% 的股份由州政府和联邦政府持有，各类企业和实业部门持有剩余股份。④ 德国民间金融区分不同层次、不同地域、不同功能，以合作银行和农村信用合作社为蓝本，构建了民间金融和谐发展的局面。

（二）德国民间金融法律规制的借鉴意义

德国有着悠久的成文法传统，在民间金融萌芽发展之初，就因应时势颁布了专门的地方储蓄银行和州立银行法。但立法上的目标并不是限制、干预其发展，而是通过对其法律地位、运行理念、组织形式予以认可，从而为民间金融的健康发展提供法律保障，促进民间金融的蓬勃发展。德国强调利用法律规范保障金融市场的稳定运行，并为此颁行了许多法律法规，如《信贷法》《抵押银行法》《住宅储蓄法》等。德国发生非法集资类、非法诈骗类金融犯罪案件的概率极低，完备的法律规范体系起到了很大的作用。德国以法律的形式对民间金融的业务前景、资金来源、从业人员信息等方面进行公示，并通过专门部门的严格审查、会计师事务所的权威审核、媒体的舆论监督等多种方式，确立了严格的审查程序，从而导致犯罪成本极高，因此很少有人会甘冒风险。

德国对民间金融有着高效的监管体系，有关法律针对民间金融服务机构

---

① 蒋晓妍：《民间金融服务机构法律规制研究：从比较法的视角》，经济科学出版社 2017 年版，第 42 页。
② 贺力平：《合作金融发展的国际经验及对中国的借鉴意义》，《管理世界》2002 年第 1 期，第 50 页。
③ 陈支农：《德国合作金融的发展特点》，《现代商业银行》2004 年第 1 期，第 37 页。
④ 赵鑫：《中国民间金融发展的制度分析与改革设计》，中共中央党校 2013 年博士学位论文，第 118 页。

确立的监管体系通常被称为"自治监管模式",即民间金融服务机构依托现代法人治理的自下而上的监管模式。[1] 在法律制度的规制下,采用自律组织与政府金融监管机构相结合的方式。适度的监管体系着眼于尽可能为金融行业特别是民间金融的发展提供灵活性。政府机构与自律组织既分工又合作。自律组织主要负责监管数据和获取信息,对风险防范水平及资本充足率进行检查。联邦金融市场监督局负责为合规的金融机构发放经营许可证,并负责调查违规人员。建立贷款担保基金制度、信贷保证基金制度,针对不同的机构予以救济,从而防止危机蔓延。[2] 德国齐备的监管体系与金融风险防范制度有力地确保了民间金融市场运行的高效、安全,并推动了合作银行在合规的基础上持续发展。[3] 值得注意的是,这种监管体系的高效和完备并非体现为严厉且广泛的监管措施,政府负责监督市场,而由市场参与者自身来执行市场管理[4],这同样是对民间金融进行法律规制的重要经验和准则。

政府对普通的民间金融更多地持包容态度,而特别重视行业组织协会等的自律监督管理功能。合作社采用民主管理,最高领导机构是社员大会。为了实现民主和平等管理的理念,预防储贷合作社转变成由大股东把控的商业银行,每位社员不论占股多寡,人均一票,并且享有退出权。[5] 同时没有将民间金融升级为商业银行的人为目的,坚持"入股社员所有、民主管理、为入股社员服务"的理念[6],这些制度设计都很好地促进了民间金融的良性发展。合作社联盟对股份的募集、信贷融资服务的开展等方面进行监督反映出合作社在德国历经几个世纪的发展,其市场和规范的成熟度较高,政府几乎放开行政管制,奉行依托现代法人治理的自下而上的监管模式,实现了对民间金融服务机构恰如其分的监管目的。

---

[1] 蒋晓妍:《民间金融服务机构法律规制研究:从比较法的视角》,经济科学出版社2017年版,第126页。
[2] 肖琼:《我国民间金融法律制度研究》,中南大学2012年博士学位论文,第106页。
[3] 张乐柱:《农村合作金融制度研究》,中国农业出版社2005年版,第121-127页。
[4] 吴志攀:《金融法的"四色定理"》,法律出版社2003年版,第148页。
[5] 丁宁:《德国金融行业发展与监管的历史:自由与监督的组合》,载吴志攀、白建军主编:《金融法路径》,北京大学出版社2004年版,第509页。
[6] 王兆东:《德国合作金融的借鉴与启示:德国合作金融实践对我国合作金融的借鉴与启示》,《华北金融》2010年第8期,第39页。

三、日本

(一) 日本民间金融的主要形式

日本的民间金融相当发达,其发展历史悠久,主要有无尽(Mujin)组织和农协合作金融组织。曾经日本最有代表性的民间金融组织是"报德社"和"赖母子"[①],"赖母子"是代表性的轮转基金组织(ROSCAS),并成为民间金融转变为正规金融的典型案例。

无尽民间金融组织相当于我国的"会",具有互助性质,主要服务于一定的地域范围和亲朋关系。1915年,日本政府颁布了专门的《无尽业法》,赋予这一民间金融组织以明确的法律地位,并要求所有的无尽组织必须以公司形式存在。第二次世界大战之后,日本国会颁布《互助银行法案》,到20世纪80年代末期,互助银行转化为商业银行。[②]

根据《农业合作金融法》,农协合作金融组织基于自愿原则,履行登记手续即可成立,依靠独特的组织和经营原则逐步发展起来。合作金融组织由三个层级构成,根据地域范围和级别的差别对职能进行分工。最底层的农业协同组合直接与农户发生金融业务关系,办理贷款、存款、保险和结算等业务;信农联处于中间层,旨在服务于底层农协,负责本地的资金流转和清算等业务;农林中央金库居于最高层,是整个农协系统的协调机构,负责调配与结算系统内资金,同时还经营证券投资和债券发行业务。[③] 此类民间金融组织适应了日本农村社会的私有化制度,同时也与日本先进的现代化农业相匹配。

(二) 日本民间金融法律规制的借鉴意义

日本民间金融组织的存在和飞速发展与较为完备的法律体系、合理的政府引导以及较为宽松的监管是密不可分的。一系列法律制度应势制定,对日

---

① 于秋芳、衣保中:《江户时期日本民间金融组织的发展及其影响》,《中国农史》2009年第3期,第40页。
② 王劲松:《非正规金融市场研究:微观结构、利率与资金配置效率》,复旦大学2004年博士学位论文,第136-137页。
③ 赵鑫:《中国民间金融发展的制度分析与改革设计》,中共中央党校2013年博士学位论文,第120页。

本民间金融的发展发挥着至关重要的作用，如《轮转储蓄和信贷协会金融法案》（即《无尽业法》）、《农协法》、《关于取缔接受出资、吸收存款及利息等的法律》（即《出资法》）、《贷款业法》、《投资顾问法》等。通过这些立法，逐步规范潜在的民间金融活动，并推动其走上合法经营之路。日本相关法律规定充分尊重民间金融组织的基本特点，对其进行了分门别类的处理。其中，有的在政府主导下转化为一般商业银行，从事规范化经营；有的作为互助合作性质的民间金融组织，保留其原有形态，充分发挥其特色优势；还有的作为非法金融形式被取缔。与其他国家相比，日本民间金融的发展主要依靠自上而下的立法，移植和实施合作金融制度，并借此转化为本国的民间金融。日本政府对民间金融的控制力很强，是民间金融演变与法治化的主要推动力，因此民间金融在日本已经半官方化，在某种意义上成了半正规金融。日本民间金融的监管模式是以政府为主导，以非政府自主合作为基础，强调职能监管为主要方式。有关法律针对民间金融服务机构确立的监管体系通常被称为"集中统一监管模式"，即政府成立专门的民间金融服务机构监管主体进行总体负责，这一监管主体具有唯一性和全权性。随着民间金融在日本的蓬勃发展，日本成立了全国金融监管厅，依据前述法律总体负责监管正规金融和民间金融机构。在金融监管厅的运营之下，对民间金融的监管逐渐转变成分类监管、事后监管、非审慎性监管。[1]

四、孟加拉国

（一）孟加拉国民间金融的典型代表

孟加拉国民间金融服务机构的典型代表是格莱珉银行，它也是世界范围内小额贷款公司的典范，为小额信贷产业模式的创新性发展作出了突出贡献。格莱珉银行于1974年由穆罕默德·尤努斯（Muhammad Yunus）教授创建，被称为"穷人的银行"，其在对贷款流程进行简化和线性化的同时提供标准化服务，在减少对贷款申请人信息量采集的同时，并未增加风险发生率及贷款成本，且将不良贷款的比例限制在较低水平，其充分运用基于同乡、亲戚、

---

[1] 蒋晓妍：《民间金融服务机构法律规制研究：从比较法的视角》，经济科学出版社2017年版，第127页。

同事、朋友等关系而构成的人际关系方面的压力，并在放贷的同时规定借款人设立储蓄账户，当存款达到一定金额时要求借款人购买银行股份，将借款人与银行捆绑为一体，大大降低了违约风险。① 格莱珉银行旨在服务穷人，主要业务为提供免担保的贷款。② 小额贷款还特别关注农村贫困妇女，这在客观上也会提高整个家庭和其子女的福利水平。③ 格莱珉银行在资金来源、贷款方式、成员捆绑、定期会议、种类灵活④等方面拥有成熟的制度设计，降低了交易费用，保障了小额贷款银行的良性运行和工作效率。

格莱珉银行的成功运作起到了示范作用，不但在孟加拉国国内有其他的小额信贷机构效仿者，在世界范围内也引起了很大的反响。"奇迹基金会"就是其创始人萝夏内·扎法尔（Roshenae Zafar）在与尤努斯深谈，并到孟加拉国学习之后在巴基斯坦建立的，"奇迹基金会"主要依靠贷款给小规模的妇女团体来运行，提供建立银行、推出保险等服务，通过几年的运行，经评估，在第三次借款之后，34%的借方的经济水平已经提升到巴基斯坦的贫困线之上，而这一商业模式的报酬率也达到了7.5%，能够实现可持续发展。⑤

（二）格莱珉银行发展的启示

孟加拉国对格莱珉银行的法律规制主要在以下两个方面具有借鉴意义：一是重视政府的参与，积极为小额信贷提供政策上的支持，包括经济、税收和财政政策；二是成立专门的官方的民间金融管理机构，规范小额信贷民间金融服务的运行，同时成立"小额信贷管理委员会"，对小额信贷的系统化监管制度和服务机构进行进一步完善。⑥

---

① 汪丽丽：《非正式金融法律规制研究》，法律出版社2013年版，第158页。
② 格莱珉银行在2000年前的一段时间曾经遭遇危机，尤努斯教授于2001年4月—2002年8月放弃了格莱珉银行当初的一些标准化做法，但仍以坚信穷人是讲信用的为基础，对格莱珉银行进行了一系列改革。以此为分界点，格莱珉银行可分为第一阶段和第二阶段。
③ 周建明：《孟加拉国乡村银行对我国建立现代农村金融制度的启示》，《新金融》2009年第2期，第48页。
④ 李薇：《孟加拉格莱珉乡村银行模式Ⅰ到模式Ⅱ的转变及其对中国扶贫的启示》，《中共济南市委党校学报》2011年第2期，第28-29页。
⑤ [美]尼可拉斯·D.克里斯多夫、雪莉·邓恩：《天空的另一半》，吴茵茵译，浙江人民出版社2014年版，第198-200页。
⑥ 蒋晓妍、左晓慧、阮素梅：《民间金融服务机构监管立法研究》，《经济问题》2014年第6期，第80页。

五、域外民间金融法律规制的经验借鉴

(一) 赋予民间金融正式的法律地位

民间金融作为一种具有内生性和补充性特征的金融活动形式,应当获得公正的认知和准确的定位。值得注意的是,在对待民间金融的态度和立场,以及民间金融规制的实践路径上,各国存在较大差异。总的来讲,发达国家和发展中国家之间存在较大差异。发达国家对民间金融的态度更加宽容,肯定民间金融对经济发展的积极意义,主要以疏导、鼓励的方式对其进行法律规制,发挥了民间金融的优势,推动了本国经济的发展;而发展中国家往往倾向于保护正规金融,对民间金融的态度较为强硬,法律措施以限制和打压为主,但收效甚微。这是因为民间金融活动的自生自发性决定了依靠政策法规难以对其进行禁止和清除。

通过对以上国家的研究比较可见,大多数国家和地区对民间金融进行法律规制的前提是承认其正式的法律地位。采用打压和抑制民间金融的做法,并没有取得明显的效果,反而使民间金融长期处于当局监管之外,对金融市场的安全造成威胁。根据麦金农和肖提出的"金融抑制"理论,"金融抑制"的解决方案应该是"金融深化"①,具体要求便是放松金融管制,进而允许金融体系的市场化发展。权利本位的内核即自由,承认和鼓励民间金融的发展是未来民间金融规制应该秉持的理念。通过制度安排,承认民间金融的合法地位,积极对其进行引导和培育,建立起多层次的金融体系。在此基础上,为民间金融的法治化进程提供必要的空间,促进民间金融服务机构实现从"堵"到"疏"的转变,从而实现金融体系的多元化和完善化。

(二) 抓住关键因素进行规制

从以上国家和地区的民间金融的研究中不难发现,其法律规制的对象往往限于几种类型,如美国、德国等的信用合作社、社区银行形式,日本的农

---

① [美] R.I.麦金农:《经济发展中的货币与资本》,卢骢译,上海三联书店、上海人民出版社1997年版,第83—89页;[美] 爱德华·肖:《经济发展中的金融深化》,邵伏军、许晓明、宋先平译,格致出版社、上海三联书店、上海人民出版社2014年版,第8—10页。

协合作金融组织形式等，而关于其他类型的民间金融的法律制度很少。由此不由地使我们进一步思考：民间金融是否有其他的形式？如果有，为什么法律没有对其进行规制？答案从前文的分析中也可以得到。经济的发展、社会的变迁必然带来大量民间金融的新形式，但是法律也好，行政监管也好，永远不可能事无巨细地侵入民间金融的所有领地。只有那些在本国经济发展中具有重要地位、可能对本国金融产生大规模影响的民间金融组织形式，才需要以专门的法律规范以及专门的监管组织加以规制，以减少其可能引发的系统性风险。而对于那些非组织性的、影响力较小的民间金融形式，主要应该以私人契约治理的方式来调整，可采用更为宽松的监管方式。可见，法律对社会的指引作用就在于对社会中最具影响力的行为和价值理念进行评价，促使其与法律要求一致，并最终使社会行为规范趋于统一、稳定、合理、有序的状态。同时，必须充分认识到建构完备的民间金融法律制度需要政府部门的支持与引导。支持和引导不能演变为干涉，而应当以规范发展为目标。

（三）采用适度的、分层次的监管措施

基于民间金融的复杂性质，很多国家都认识到应根据民间金融的不同层次和类型采取不同的策略。各国在探索有效监管制度的同时，致力于为民间金融的健康发展创造良好的制度环境。对民间金融仅采取抑制政策往往会促使其交易成本不断上升，而相关费用支出必然会转移给融资者，进而引起民间金融成本的大幅上升，对国民经济发展不利。民间金融市场并不是统一的市场，不同的民间金融活动的作用和地位都大不相同。监管当局应当根据民间金融组织的不同形态进行差别化的监督与管理。

首先，对于符合相关标准要求、与正规金融类似的民间金融形态，可通过政策上的引导和扶持规范，支持其由低级形式向高级形式转化，在保持其信息和成本优势的基础上，为中小企业、农户和家庭提供服务。非正式部门转化以及金融联系发展的潜在可能性取决于一国金融体系的发达程度，如美国社区银行的成功发展和日本无尽业组织的成功转型都可资参考。

其次，对于处于中间阶段的民间金融形式，虽不具有转化为正规金融的条件，但有保持特色优势为中小企业服务的必要性，只要其从事的不是非法的、扰乱金融秩序的活动，就允许其继续保持原来的运作机制。传统的抑制性思维在民间金融领域往往以控制风险为初衷,但实践证明,单纯的禁止和限制并不能有效减少风险,反而可能加剧风险的积累和传播。因此在监管策略上,必须平衡鼓励创新与加强规范之间的关系,确保民间金融活动在合法合规的轨道上健康发展。对此种类型的民间金融还可以辅之以登记制度,其目的在于减少民间金融的监管成本,提高监管效率。可以根据民间金融的交易类型、地域范围、参与人数规模等来决定采取自愿性登记或者强制性登记措施,从而使民间金融与正规金融处于长期共存的状态,二者可以有效联合,发挥优势互补效应。

最后,对于从事违法活动的民间金融组织,监管当局应当坚决予以取缔,严厉打击以民间金融的形式从事倒卖外汇、洗钱、高利贷等违法犯罪活动。

第三节　民间金融类型化法律规制的目标和原则

通过上文对有着发达民间金融和多层次金融体系的国家、地区的金融现状与法律规制的研究,进一步证明了民间金融的存在与发展具有客观规律性,同时也为民间金融法律体系的建构提供了宝贵的经验与启示。在此基础上,本书提出我国民间金融法律规制的目标和原则。

一、民间金融法律规制的目标

民间金融法律制度的构建,应当充分认识民间金融的复杂性,并统筹考虑民间金融市场的性质和存在的各种问题,设定科学、合理的法治目标和预期效果。民间金融法律制度的规定是运用公权力干预民间金融领域,其宽严程度的确立依据是民间金融的目标和追求的预期效果。

从宏观角度来看,这种目标效果应当体现为制定科学、合理的法律规范,促进民间金融的良性运行、健康发展、高效有序,充分发挥民间金融调节民间资金融通、活跃社会经济的功能,使民间金融成为正规金融的有益补充,进而使整个金融体系得以高速运转。

从微观角度来看,建立多层次的金融体系,将现有的民间金融区分为不同的形态。其中,将复杂形态的民间金融作为准正规金融,可以积极地促进其向规范化、阳光化、合法化的方向发展，最终纳入国家监管体系之内；对于简单形态的民间金融，以契约自治、责任自负为主；对于中间形态的民间金融形式，采用灵活的法律规制措施，力求最大化地发挥其作为正规金融补充形式的功能。通过合理、有效、完整的法律体系建设，实现金融体系的多层次、规范化发展。但是，民间金融不是一个封闭的系统，由于民间金融的自发自生性、创新性，还会不断有新的民间金融形式出现。

二、民间金融法律规制的原则

具体制度的设计离不开基本理念的指引。本书认为，民间金融法律规制应当确立以下指导原则。

（一）兼顾效率与安全

民间金融法律规制基本原则的确立应遵循其法律价值的追求。法律价值是法律制度的基本要素，正如美国法学家庞德所指出的，价值问题虽然困难，但它是法律科学研究无法回避的。[①] 民间金融法律制度的设置要遵循的首要理念就是坚持安全与效率相结合的价值目标。这两种价值目标不是孤立的，它们既存在相互抵触和冲突的情形，也能够实现相互配合与促进。

1. 安全是基石

安全价值是金融法律的基础和前提。所谓金融安全，是指金融体系不受内部或外部的破坏和侵害而处于一种抗风险、免遭危机的状态。[②] 金融安全价值是民间金融法律制度设立的依据和起点。2023年中央金融工作会议特别强调，在着力推进金融高水平开放的同时，要确保国家金融和经济安全。金融安全是一国经济安全的必要条件，金融体系的动荡会产生系统性的风险，对于整个社会经济都会有巨大影响。通过对民间金融实际运作的考察表明：一方面，民间金融在一定程度上能够促进金融安全价值的实现；另一方面，由于目前民间金融的名不正、言不顺，对其缺乏合理的规范，在各地屡屡发生

---

① ［美］庞德：《通过法律的社会控制、法律的任务》，沈宗灵、董世忠译，商务印书馆1984年版，第55页。

② 何文龙：《经济法的安全论》，《法商研究》1998年第6期，第17页。

风险，给地区的微观金融安全带来了不利影响，对全国的金融安全也构成了隐患。从金融监管角度看，加强金融监管、防范金融风险、维护金融安全与稳定，是金融监管当局的重要目标。

以安全为基本理念，就意味着对金融市场要进行一定的限制，市场准入、利率设定、信息披露、市场退出、审慎监管、稽核检查等制度都旨在降低和防范金融风险。[①] 承认大部分民间金融的合法性，对民间金融进行适度的规范，并非对金融市场完全不予限制，而是打破目前的限制竞争和自由的状态，扫除妨碍效率提升的各种障碍。这种做法往往会加大金融风险，在此种情况下，民间金融的监管应秉持安全理念，总揽全局，对民间金融可能产生的风险进行防范和规制。[②]

2. 效率是核心

效率是反映经济活动配置情况、利用社会资源的有效比率及社会经济发展成效的概念。可以说，一项法律制度的好坏，很大程度上要看其能否促进资源的有效配置。法对效率价值的引入意味着，法应当为有利于资源优化使用和配置的行为提供便利，引导和促使人们按照最有效的方式使用资源。市场经济体制下的法律制度必须奉行效率理念，并使其成为市场运行的根本法则。与之相应，如果欠缺所谓的"良法"，市场也无法实现效率的最大化。[③]

金融法作为经济法的重要组成部分，效率也是其核心价值之一。对民间金融的法律规定在维护整体金融安全的同时，要对不理性的金融行为及不公平的竞争行为进行遏制，使金融市场秩序得以恢复，以提升金融市场的效率。衡量民间金融法律治理是否在真正意义上体现了其效率理念，可以从以下三个方面加以考量：（1）是否降低了交易费用。合理的法律制度可以最大限度地使交易费用最小化，进而优化资源配置，实现效率价值。（2）是否为信息的有效传递提供了制度保障。规制不规范的金融行为发生的条件之一就是当事人的不诚实能够被及时观察到。如通过强制信息披露，可以降低信息的搜寻成本和消费成本，以较低的机会成本博取较大的边际收益，提高资本使用

[①] 张忠军：《论金融法的安全观》，《中国法学》2003年第4期，第109页。
[②] 陈蓉：《论我国民间金融管制的重构》，西南政法大学2008年博士学位论文，第110页。
[③] Curtis J. Milhaupt. Beyond Legal Origin: Rethingking Law's Relationship to the Economy-Implications for Policy. *American Journal of Comparative Law*, 2009, 57 (4), pp. 831–845.

率与产出率，培育更为成熟和完善的市场机制。（3）是否提高了民间金融监管的效率。法律规制从价值层面而言，必须以民间金融机构的规范化经营运作为归宿和落脚点，而这本身也彰显了效率价值之所在；容易忽略的是，规范化经营运作内含了市场主体的自律行为，它能有效提高专门的金融监管部门的监管绩效。此种法律规制不仅应该为贷款人提供自律标准，还应该为相关金融监管机构的监管活动提供手段和尺度。①

在民间金融法律制度的构建中坚持效率理念，要从以下三个方面着手。

首先，法律权利义务的确定性是效率的基本前提。"合法权利的初始界定会对经济制度运行的效率产生影响。"② 民间金融主体的合法性地位得以确立，就能够对未来产生稳定、可靠的预期，从而充分投入市场竞争中规范经营以获取长期利益，而非短期的投机行为。同时，权利义务制度的明晰能够使民间金融的交易成本减少，降低交易价格，实现金融市场主体利益和金融资源的优化配置。

其次，市场机制是提高效率的基本驱动力。基于"理性经济人"假说，市场机制从其天然属性来说是最富有效率的。只是缺乏监管的市场会趋于无序和滞后，反而会有损于效率。对金融市场的法律干预，其目的在于使金融市场更加有序，推动金融市场优化，使金融市场更加富有效率，而非抑制市场的发展。可以说，法律规制是手段，而金融市场的自由化是目的，法律规制是为金融效率服务的。民间金融原本就是在市场机制中自生自发而成的，其与正规金融在经营目标、机构形态和发展路径等方面均存在很大的区别，也正因为这些特点，才使其成为正规金融的有益补充。

最后，法律制度本身应当富有效率。这种效率不但要体现在宏观方面，也应体现于微观方面。目前的金融制度体系实际上造成了金融资源配给的不平衡，致使一部分金融资源被浪费的同时，另一部分潜在的对象却缺乏有效的金融配给。基于民间金融固有的内生性特征、多样化的表现形式以及参差不齐的内在组织结构，对民间金融的法律规制不能采取与正规金融相同的模式与措施，对目前不同表现形式的民间金融，也不能采取整齐划一的规定，

---

① 龙柯宇：《基于法治博弈的农村民间金融治理逻辑重塑》，《甘肃社会科学》2017年第3期，第216页。

② [美] 波斯纳：《法律的经济分析》，蒋兆康译，中国大百科全书出版社1997年版，第71页。

而是要构建多层次、分类型、有区别的法律制度体系。这样的金融监管体系，和构建多层次的金融体系、资本市场是一脉相承的。当制度本身富有效率时，不仅会提高社会整体金融资源的配置效率，而且能让每一个参与者都感觉到效率提高、成本降低，从而认可法律规制是最好的制度安排。否则，基于民间金融的自生自发性，市场主体会不断地自发寻求制度变迁。

3. 安全与效率的关系衡量

安全与效率都是民间金融法律规制的基本理念，是金融市场上相生相伴的一对恒久的矛盾，金融法对此通过在加强监管和放松监管之间寻求平衡以适时调和。① 一定程度上，二者是存在冲突的。金融安全价值要求加强金融管控，而随着各项金融监管措施的实施，难免会抑制金融业参与者的主动性、积极性，甚至扼杀金融创造性，增大金融活动的运行成本，降低了金融业的利润，削弱了金融业的国际竞争力，从而使金融效率价值受到侵蚀。②

法律规制理念似乎产生了一个误区：安全和效率二者只能选其一，就像面对困境的囚徒一样，其选择总是难以同时达到最优的组合。其实，效率与安全两种理念总是互相牵制的。从经济学角度看，金融安全是金融效率的应有之义，没有安全的经济环境，盈利只会在个别投机者身上出现，整体的效率无从实现，人们也就失去了追求效率的空间和环境。在金融发展不完善的区域，追求安全阻碍效率的取得，金融效率低下成为金融运行不安全的直接原因和现实基础，效率低下往往导致资源分配不合理，使市场价格远远偏离价值，影响市场稳定，引发系统不安全。③ 效率与安全这两种基本价值也能在一定程度上实现互补互助。一方面，安全是民间金融法律规制的基石，其含义不再是单纯的、严格的法律干预，而是通过加强民间金融的风险控制机制，化解潜在的风险隐患来维护金融体系的安全。只有在真正安全的金融环境下，效率的提高才能够持久，否则暂时的效率高涨只会给长期的金融发展带来隐患。另一方面，效率是民间金融法律规制的核心，效率不是单一的逐利性价值，而是促进整体金融可持续发展的综合效率。没有效率的安全是虚幻的、

---

① 冯果、袁康：《社会变迁与金融法的时代品格》，《当代法学》2014 年第 2 期，第 9 页。
② 张燕：《论农村民间金融监管和谐价值理念：基于当前金融生态失衡的视角》，《法学论坛》2009 年第 5 期，第 90 页。
③ 张燕：《中国农村民间金融法律规制研究》，人民出版社 2017 年版，第 97 页。

暂时性的，法律体系效率的高低直接影响着被规范对象是接受还是逃避监管。如果法律制度体系效率低下，市场主体内心出于对效率的渴望和对利益的追逐，将会自生自发地游离于法律之外的金融形式，最终会导致金融业的系统性风险，进而引发整个经济的动荡。效率和安全的和谐统一才是确立民间金融法律制度的基本理念。

（二）区分干预

不同民间金融形式的规模大小、组织化程度等有着很大的差异，如果对其设置整齐划一的法律制度，势必无法取得制度预设的效果，造成效率的低下。研究民间金融的法律制度构建要确立一个基本的原则：对民间金融进行分类，并按照民间金融的类型对其进行规制。

民间金融的区分干预要明确两个问题：一为法律干预的广度，即目前存在的民间金融中哪些需要法律的强行性干预，哪些不需要法律干预，而应以参与人私法自治为主；二为法律干预的强度，即在需要法律强行性干预的民间金融中，如何确定干预的强度和方式。本部分主要讨论对民间金融法律干预的广度问题，对其法律干预的强度问题将在"适度干预"部分加以讨论。

并非所有的金融形式都需要受到法律的强行性干预。在私法领域，法的过度控制并不能产生好的效果。自治是私法的灵魂所在，否则就会"造就一个法律更多但秩序更少的世界"[①]。可见，法律制度的强行性干预应该限制于无法通过私人契约治理的领域，因为私人治理机制能够以最低廉的成本换取最优的利益。由于民间金融在不同区域具有不同的发展形式和发展程度，其主要原因在于各地的社会习惯、经济状况和信用发展水平等存在区别。因此，应构建多元化规制体系对民间金融进行有效的差异化规制，允许各种层次和位阶的民间金融组织在一定区域和范围内共同存在。

本书第一章对民间金融进行了类型化研究，据此我们认为，对民间金融进行法律规制时要区分不同类型。

如果属于简单形态的民间金融，参与者使用的是自有资金，是社会生活

---

① Robert Ellickson, *Order without Law: How Neighbors Settle Disputes*, Harvard University Press, 1991, p.1.

中的个别性、偶发性、分散性行为，没有成为具有的组织性的行为，没有出现系统性的风险，法律可以尽量不予干预，应更多奉行意思自治和责任自负原则，只需要给其划定最高的风险控制线。例如，将高利贷行为确定为违法行为，而对其他民间借贷行为，则允许由市场供求机制自行调节。市场是资源配置的最佳方式，市场经济中的问题要尽可能通过市场的手段来解决。

如果属于中间形态的民间金融，参与者小规模地使用他人资金，完全的市场机制不足，但过度严厉的管制也没有必要。以合会为例，民间合会曾被称为互助会，并被描述为"集体储蓄和借贷机构"[①]。合会组织没有独立财产，不具有独立机构，更接近于当事人之间的一种合同行为。但是，由于合会规模的不断扩张，其不再局限于直接当事人之间，而是成为一种经常性的经济行为，很多合会的参与者实际上是利用合会这种组织形式进行转贷的经营行为。因此，对合会的规制应该介于简单形态的民间金融和复杂形态的民间金融之间。再以仅作为融资的信息和服务中介为例，它们不实施公开资金募集行为，仅是金融活动的中介机构，同时往往存在代客户理财的行为，这种经营管理行为不转移客户资金的所有权，但其对客户的资金安全也有着重要的影响。因此，对其监管的力度也应当介于简单形态的民间金融与复杂形态的民间金融之间。当这种中介机构代客户经营管理资金达到一定规模时，就可能成为潜在金融风险酝酿中心，有必要对其实施更为严格的监管。对于中间形态的民间金融，应采取部分调整和规范引导的态度，但同时应注意法律介入的程度，以求从根本上发挥民间金融的特点，满足民间投融资需求。如果一味地追求将此类型民间金融向正规金融的方向引导，则失去了该类型民间金融的特色和优势。

如果是复杂形态的民间金融，参与者大规模地吸收公众存款，集中了客户的资金并融通给货币需求主体，围绕该机构的金融行为就可能产生一系列金融风险。当客户规模和资金数量超过一定数额时，其经营行为不只会给自身带来风险，还会产生全局性、系统性的风险，因此需要对其施加较为严格的管制措施。目前，这类民间金融诱发的违法犯罪行为较多，给社会稳定和

---

① 陈正江：《论我国民间金融市场主体培育与法律规制》，《金融教育研究》2013年第3期，第15页。

经济发展带来了很大影响,是法律规范和金融监管的重要目标,以推进其规范化、阳光化和合法化的进程。对此类民间金融应当采用类似于正规金融的监管手段,但需要注意的是,对于此类民间金融的改造,不能破坏其独有的特性,要发挥其特有的优势,如社员之间的互助性、准入门槛的适当放低等,这些都是复杂形态的民间金融不完全等同于正规金融的地方。引导的目的是使其规范,而非使其与正规金融整齐划一。

值得注意的是,新的民间金融类型会随着社会经济的发展而不断地涌现。因为从概念上来说,民间金融是指在国家正规金融体系之外的、未纳入国家监管的金融形式,而一国的金融监管永远不可能囊括所有的金融形式,即使现在将所有已经出现的金融形式都分门别类地纳入国家监管的视野之中,随着经济的发展,市场肯定会产生新的金融需求,那么,新的民间金融形式就会自生自发、生根萌芽,所以正规金融监管不可能也不需要将所有民间金融形态纳入其中,使民间金融特有的优势无法发挥。那么,对于那些即将出现或者刚刚出现的民间金融形式,应当采取怎样的态度呢?这就涉及一国的金融政策是采用"积极自由"原则还是"消极自由"原则。所谓积极自由原则,就是推行"法无明文规定即为禁止"的立法观,对待民间金融的态度往往是打击和取缔;而消极自由原则,要求法律规制须对民间金融进行准确的分类,以之为基础进行适当的法律规制,其立法理念就是只要法律没有明文禁止,就可以正常存在和发展,这样就可将大量对经济发展有益或无害的民间金融纳入法律保护的范畴。消极自由更加契合民间金融的性质。

总的来看,金融体系要想良性发展,必须形成良性的竞争市场。良性的市场格局,一定是一个主体多元、力量均衡、权利义务平衡的法治化市场。法律必须有助于市场主体的培育,有利于弱势群体与强势群体之间的均衡,有利于对市场主体的权利保护,这样才能形成多元、平衡的民间金融体系。

(三) 适度干预

对民间金融的法律规制是运用公权力介入原本属于私领域的民间金融。因此在规制的过程中,要秉持适度干预的理念。对民间金融的法律规制应当实施于最能起到积极作用的领域,不能一味地采取严刑峻罚。

适度干预包括干预范围的适度性、干预强度的适度性、干预手段的适度性等。

　　首先，对民间金融的法律干预是必须的，但是这种干预必须以保证金融市场调节的自然生态为前提，不能通过强硬的法律规制措施来压制民间金融内在的竞争和发展活力。对民间金融活动的干预，应当充分尊重金融市场机制运行的规律，不是通过行政强制性手段，而是在遵循市场规律的基础上通过法律制度加以引导，通过利率、税收等手段加以调整。政府干预的效果在很大程度上取决于相应的制度是减轻还是加重了市场信息的不完全程度。[①] 因此，国家对民间金融进行适度规制，法律是当然的选择。法律由于其公开性、稳定性，有利于减轻市场信息的不完全程度。同时，我们在进行法律规制时，也应当以减轻市场信息的不完全程度为总的原则，即促进信息对称原则。

　　其次，要注意对民间金融的法律规制应当采取什么样的策略和路径，不能简单地把对正规金融机构的管理办法全部套用到民间金融中。对民间金融的适度干预要遵循"比例原则"[②]。多种形态的民间金融具有不同的法律性质，对其法律干预措施的选择不能一概而论，要根据民间金融的存在形态和法律性质选择适当的干预手段。无视民间金融的特点，对民间金融要求过高、规制过严，采用一成不变的运作模式，会抹杀民间金融在金融体系发展中的特有优势，抑制民间金融的发展。在适度性原则的指导下，国家对民间金融进行法律干预以及制定和实施法律政策应具有适当性、必要性和法益相称性。具体来说，民间金融的自由发展与国家监管应互相协调；法律强制和意思自治应互相配合；自律与他律应互为辅助。应当尽量避免对民间金融具体事务的直接管理和控制，为各类金融机构设置安全稳健和防范风险的指标体系，使民间金融机构的经营者对自身的风险状况有把握的依据，从而能够有效地提高其抵抗风险、增强安全性的意识和能力。之前针对假定的"金融无序"情况，刑事政策体现了"乱世用重典"的果断与策略，高度重视金融秩序、

　　[①] [美] 丹尼尔·F.史普博：《管制与市场》，余晖等译，格致出版社、上海三联书店、上海人民出版社2008年版，第11页。
　　[②] 比例原则原是行政法上的概念，是指行政权力的行使除了有法律依据这一前提，行政主体还必须选择对人民侵害最小的方式进行。德国学者的"三阶理论"（也称三项"构成原则"）将比例原则分为三个具体原则：适当性原则、必要性原则和法益相称性原则（狭义比例原则）。参见余凌云：《论行政法上的比例原则》，《法学家》2002年第2期，第33-34页。

有形利益、分配秩序。① 但是实践证明，这种对待民间金融的严刑峻法，并没有起到预想的良好效果，反而一方面造成民间金融市场无法可依、野蛮生长的状况，另一方面对于一些民间金融形式的配刑过于严苛，引发了社会争议。之前民间金融规制多依赖负激励工具而忽视正激励工具，未来的规制应该注重正激励与负激励两种工具的并用，形成激励与约束相容的良好机制，具体可以侧重于传统工具的优化和改进。民间金融的内生性决定了其存续的合理性，过度采用负激励工具只会引发事与愿违的"意外后果"：民间金融为了规避规制成了名副其实的"地下金融"，所谓的风险管控无从下手，随着风险的聚集和传导，反而会愈发危及金融安全和破坏金融秩序。② 显然，无论是选择性法治化抑或赋权性正规化，单一硬法规制均无法回应正规市场监管对资本充足率和流动性的要求，也无法完全顾及资产安全运营的审慎指标。这也在深层逻辑上无法彻底纾解民间金融与硬法规制的疏离，甚至进一步强化了其地下化发展的趋势。事实上，脱离硬法规制的民间金融，依托诸如熟人关系、乡规民约、社群控制等低廉的社会资本及其伴生的软法规制体系，已构筑了声誉传递压力和可置信的履约威胁下的规范化秩序。

最后，对民间金融的法律规制是为了避免民间金融处于无法可依的状态。民间金融长期游离于监管体系之外，导致监管部门很难获取其活动情况及数据资料，监管只能是在事后而非事前。没有事前的指导和规划，只是在问题暴露出来时，才予以刑事制裁和行政取缔。只有放松对民间金融的整体管制，民间金融才能以合法的身份出现，发挥其在经济发展中的重要作用。放开金融市场的基本前提之一是明确金融犯罪和正当民间金融的界限，应当允许那些具备了基本规模、运作比较规范的民间金融转入地上。这就要求相关部门尽快出台相关法律法规，对各类民间金融组织的设立程序、组织机构、业务范围、变更终止、监督管理等问题予以明确规定，使其活动公开和规范。

总的来看，为了优化金融资源配置，解决融资难、投资难的问题，积极应对金融风险，防范金融危机，确保社会稳定，应当建立起民间金融法律体

---

① 张建伟：《法律、民间金融与麦克米伦"融资缺口"治理：中国经验及其法律与金融含义》，《北京大学学报（哲学社会科学版）》2013年第1期，第138页。

② 余艳清：《新时代国家治理视野下的民间金融规制转型》，《税务与经济》2021年第6期，第100页。

系，并就有关问题进行重点法律规制。根据我国法律的现状和存在的问题，为了促进金融结构的完善，提高金融效率，推动实体经济良性发展，重点应当对民间金融的主体准入和退出、民间金融的利率激励与管制、民间金融的监管体制选择与权责等要素分别进行法律规制。

第三章

民间金融主体的法律规制研究

金融的最终目标就是把储蓄者的资源送到借款者手中①,进而达到金融资源供需的平衡与优化。无论金融主体的形态如何丰富多样,无论是债券市场、股票市场、银行、共同基金,还是养老基金、信用社、保险公司,虽然它们之间有着许多的不同,但在目标上却是一致的。在民间金融运行的全过程中,民间金融的主体都承担着实现民间金融资源流转的具体任务。法律对于民间金融的规范,必然离不开对民间金融主体的规范,其根本的目的就是构建起多元化、多层次的民间金融主体体系,实现金融资源的优化配置。

民间金融主体是民间金融活动的发起者和组织者,是民间金融的核心要素。对民间金融现状进行总结,了解其发展状况并进行理论分析,把握各种民间金融主体活动的特点,对其进行有针对性的规制,是保证民间金融健康发展的关键工作。民间金融得以存续和发展的外部环境决定了民间金融处于一种复杂的风险环境之中,现实的风险失去控制会反噬民间金融的发展,相关风险的控制能力是有效治理的直接体现,并决定了民间金融能够走多远。②但也应当认识到,民间金融具有一定的信息优势、社会资本优势、交易成本优势,不能因为对其进行法律规制,而抹杀了民间金融的这些优势,必须重视正式法律、可选制度安排与非正式规则的兼容与相互作用。③虽然存在风险溢价所导致的利率偏高等缺陷,民间金融主体非正式契约的自我实施仍

---

① [美]曼昆:《经济学原理》(下册),梁小民译,生活·读书·新知三联书店、北京大学出版社2001年版,第176页。
② 余艳清:《新时代国家治理视野下的民间金融规制转型》,《税务与经济》2021年第6期,第96页。
③ 陈正江:《浙江民间金融规范与创新发展的法制保障》,浙江工商大学出版社2014年版,第39页。

然能够有效地降低交易成本，提高民间金融的融资效率。因此，在进行法律规制时，必须考虑其必要性。制度是通过一系列规则规制人们的选择空间，约束人们的相互关系，从而减少环境中的不确定性，并形成对经济活动的稳定性预期，降低交易成本。[①]一般来讲，交易成本的降低是制度变迁的最大动力。因此，制度的设计也要遵循这一规律，实现交易费用的降低和资源的优化配置；否则，会造成资源的更大浪费，同时民间金融主体不会遵循政策的规定，只会选择规避，使制度安排流于形式。市场机制可以很好地降低交易成本，而要形成市场机制，就需要多元化、多层次的民间金融主体，通过民间金融主体的竞争和重复博弈，将有效地提升信息对称性、降低交易成本。因此，在制度的设计上应坚持问题导向，依照不同的标准对各类民间金融主体进行区别对待，培育出多元化、多层次的民间金融主体体系，降低交易成本，优化金融资源配置，化解系统性风险。对于有利于金融资源优化配置的民间金融主体，要明确认可其法律地位，通过制度予以固定；对于不利于金融资源优化配置的民间金融主体，要对相关制度进行完善，或者进行新的制度设计；对于危害经济利益和社会关系的民间金融主体，要坚决予以取缔。具体而言，包括界定哪些主体属于合法的民间金融主体，哪些民间金融主体需要进行专门的法律规制，如何确定其准入和退出制度等。

基于之前对我国民间金融法律规制状况的分析，以及对其他国家和地区的民间金融法律规制的比较借鉴，民间金融的法律制度建设应当首先把握现有民间金融主体的基本情况，对民间金融主体进行类型划分，并进行有针对性的分别规制，从而构建起多元化、多层次的民间金融主体体系。具体来看，应根据民间金融风险的大小，对民间金融主体的组织形式、业务范围、从业人员资质和资信信息等进行规定。

---

① 燕小青：《民间金融发展的理论与实证：基于宁波中小企业和农户的视角》，中国社会科学出版社2013年版，第89页。

第一节 民间金融主体的类型化分析

一、民间金融主体的定义

对于民间金融主体的定义,学者们进行的理论研究较少,但是已有部分学者从民间金融主体着手开展对民间金融的研究。任何一项活动的开展,都是由主体贯穿其中,从主体的角度进行研究,有利于明确法律规制的对象。许多国家和地区对民间金融的规制,均始于对民间金融主体地位的认可。通过划分民间金融主体的类型,进行有针对性的法律规制,避免抹杀差异性的"一刀切"的方式,不仅是具体问题具体分析的需要,也是构建多元化民间金融主体体系、实现金融资源优化配置、防范金融系统性风险的前提。

有学者认为,可以从法理角度和经济角度对民间金融主体进行研究分析。从经济角度来看,民间金融主体是民间金融市场中的基本经营单位,具有独立的经济自由人格,享有经济权利并履行经济义务,依据自身偏好和意愿进行交易,不受他人非交易因素的干预和干扰;从法理角度来看,民间金融主体是依据相关法律设立的,以民间资本和融资项目为交易标的,进行实际的融资交易活动的当事人。[①]

以上学者的研究都承认民间金融的主体包括自然人和法人,但在具体内容上有所不同。有的认为民间金融主体只包含借贷双方;有的则认为除了借贷双方,还应包括金融活动中的一切经济组织和从业人员。本书认为,民间金融主体是参与民间金融活动的一切经济组织和自然人,不仅限于借贷的双方,还应当包括为民间金融提供平台和特定服务的经济组织和专业服务人员,如金融经纪人、中介机构、交易平台等。

从各个民间金融主体在民间金融活动中发挥的不同作用来看,民间金融主体可以区分为融资方、出资方、金融中介方,其中金融中介方可进一步划

[①] 陈正江:《论我国民间金融市场主体培育与法律规制》,《金融教育研究》2013年第3期,第13页。

分为专业性的民间金融中介和兼营性的民间金融中介。但是，在具体的民间金融运行过程中，这三者有时候是很难区分的。例如，合会的参加者，既会作为融资方出现，也会作为出资方出现，会首还会以金融中介方的身份出现。再如，第三方支付的经营者主要提供资金融通的中介服务，但是由于拥有对资金的占有和使用的便利，实际上也成了融资方。因此，以这种分类方式构建民间金融主体的法律制度不具有可操作性。

二、民间金融主体的类型划分

随着时代的发展和社会的进步，民间金融不断涌现出新的类型和形态，相应地，民间金融主体也随之发展壮大。根据第一章对民间金融的类型化分析，本书将对民间金融主体进行同样的类型化分析。根据是使用自有资金还是经营他人资金、是偶发性行为还是经营性行为、是否会引起系统性风险，本书将民间金融区分为简单形态、中间形态和复杂形态的民间金融。相应地，可以将民间金融主体区分为三大类：一是简单形态的民间金融主体；二是中间形态的民间金融主体，即不吸收公众资金的民间金融主体；三是复杂形态的民间金融主体，即吸收公众资金的民间金融主体。三者之间的区别，并非自然人与组织之间的区别，而是取决于主体能力、从事业务范围、资金属性和资金链的复杂程度。简单形态的民间金融主体也有可能是经济组织或者法人，如企业间的借贷行为，因其资金属于自有资金，且不是专门用于资金融通，其行为亦是偶发性的。中间形态的民间金融主体不向公众吸收资金，其使用的资金是自有的或者是在小规模范围内筹集的，其金融行为不是偶发的而是经常的。不吸收公众资金的民间金融主体还可以进一步区分为互助型和营利型。吸收公众资金的民间金融主体可以根据是否发放贷款进行区分。不同类型的民间金融可能引发的系统性风险有很大的区别。系统性风险虽牵涉心理因素，但最关键的还是在于关联性和杠杆率，否则，无论民众如何恐慌和挤兑，也不会引发系统性风险。因此，根据民间金融主体的能力引起的资金的关联性程度和杠杆率高低对民间金融主体进行分类，并以此为基础进行法律规制，有着现实的针对性和实效性。

（一）简单形态的民间金融主体

简单形态的民间金融的典型代表是民间借贷。从主体身份来看，民间借贷分为企业间的借贷、自然人之间的借贷以及自然人和企业之间的借贷。根据各主体在民间借贷中发挥的作用不同，可以分为借方、贷方和中间人。

（二）中间形态的民间金融主体

此类民间金融主体的形态要庞大得多，根据其经营业务的不同，包括典当行、融资担保公司、合会等。其中既有职业从事民间金融业务的主体，也有偶尔开展民间金融业务的主体，不仅有借贷双方，还有为借贷双方提供服务的中介平台。下面分别予以介绍。

相对于其他各类型的民间金融而言，民间民事借贷是民间金融的最简单形态。早期的民间民事借贷主要为偶发于亲友之间的无息借贷。自改革开放以来，随着市场经济体制的逐步建立，民间金融主体的活动日益活跃，其风险特征也由传统的违约风险转变为具有区域性、系统性、传染性、交叉性、集中性等复杂特点。在民间融资需求增加、市场资金供求信息不对称的矛盾下，民间借贷的利息不断走高，在借贷高利息回报的刺激下，市民社会中出现了专门从事民间放贷业务的"食利阶层"，包括小额贷款公司与其他职业放贷人。在民事审判实践中，时常出现同一债权人因民间借贷纠纷起诉数十个甚至上百个不同的债务人的情况，此类主体通常以寄售行、投资公司等为依托，但以自然人名义进行放贷活动。中国人民银行发布的《2023年小额贷款公司统计数据报告》指出，截至2023年12月末，全国共有小额贷款公司5500家，贷款余额7629亿元。①

典当行是以发放质押贷款为主要特征，主要从事货币借贷，同时进行商品销售的中介机构。其业务范围主要包括动产质押典当业务、财产权利质押典当业务、房地产抵押典当业务，同时也包括限额内绝当物品的变卖、鉴定评估及咨询服务等。根据中研普华研究院撰写的《2024—2029年典当产业现

---

① 《2023年小额贷款公司统计数据报告》，中国人民银行官网，http://www.pbc.gov.cn/diaocha-tongjisi/116219/116225/5220352/index.html，2024-01-26，最后访问时间：2024-09-07。

状及未来发展趋势分析报告》，截至2022年，中国的典当企业数量已达到7783家，外加115家分支机构，全行业的注册资本高达946亿元，典当总额达到11794.6亿元。这一数字显示了典当行业在金融市场中的重要地位，有效弥补了主流金融业的不足。预计未来几年，典当行业的市场规模将保持稳定增长。全球范围内，典当服务市场同样展现出稳步扩张的态势，预计全球典当服务市场规模2030年有望达到3358.5亿元。① 典当行业随着各地的经济繁荣而发展，现阶段典当行业区域分布不均衡，相对集中在具有一定经济基础、资金需求较高的发达地区，而在欠发达地区，典当行业的市场渗透率仍然较低。一线城市典当行的集中分布在为客户带来便利的同时，也加剧了行业内的优胜劣汰，如在北京，经营典当的在业公司超过500家，白热化的竞争将对典当行从业人员的素质、客户资源、资金实力以及产品的创新能力提出新的挑战。②

融资担保公司是经营融资性担保业务的公司，以提供担保作为营利的手段，收取担保服务费用并承担项目的风险。其经营业务范围广泛，包括贷款担保、票据承兑担保、贸易融资担保、项目融资担保、信用证担保和其他融资性担保业务。③ 截至2019年末，全国融资担保行业共有法人机构5562家，实收资本11745亿元，融资担保在保余额27017亿元，促进了资金融通，发挥了普惠金融作用。④ 根据Wind统计，2021—2023年末，金融担保机构金融产品担保余额分别为8812.09亿元、9642.07亿元和9642.27亿元，先增后稳。截至2023年末，前十大金融担保机构市场份额为63.37%，较2022年末下降0.20个百分点，行业集中度仍较高。从被担保金融产品省份分布来看，截至2023年末，金融产品担保余额最高的三个省份依次为江苏省（占17.39%）、四川省（占13.75%）和安徽省（占9.96%），占比均较2022年末有

---

① 《2025典当行业市场发展现状及竞争格局、未来趋势分析》，https://www.chinairn.com/hyzx/20241205/160133839.shtml，2024-11-14，最后访问时间：2025-07-07。
② 陈观秋：《2023年中国典当行业发展状况及行业相关政策梳理》，中研网，https://www.chinairn.com/hyzx/20230613/174117305.shtml，2023-06-13，最后访问日期：2024-10-30。
③ 参见《融资性担保公司管理暂行办法》第2条、第7条、第18~21条等的规定。
④ 《银保监会等七部门：我国将开展政府性融资担保机构确认工作》，环球网，https://baijiahao.baidu.com/s?id=1674727103325334337&wfr=spider&for=pc，2020-08-11，最后访问日期：2024-10-30。

所下降。①

合会是一种历史年代久远的民间金融形式，它是成员之间的共同储蓄活动，也是一种轮番提供信贷的活动。合会具有互助性、地缘性与亲缘性、自发盲目性等基本特点。根据得会方法的不同，民间合会可以分为轮会、摇会、标会。正规的合会组织应当是小范围的会员之间的借贷行为，是会员互助活动，虽然会有一定的储蓄和信贷服务，但是未大规模地吸收公众存款，其主要目的是互助，因此属于系统性风险较小的民间金融主体。虽然有出现倒会的情况，如发生于2011年的福建福鼎标会"倒会"事件，涉及会众超过6000人，资金规模近两亿元。但这并不是合会本身的组织和内容导致的，而是不法分子以合法形式行非法集资之实导致的后果，不能说明合会的系统性风险高。

（三）复杂形态的民间金融主体

此类民间金融主体主要包括互联网金融平台、预付款业务人、第三方支付机构、民间集资人、私人钱庄、互助合作性质的金融组织、私募投资基金等。

融资中介平台包括实体或网络融资中介公司，之前迅速发展的主要是互联网融资中介公司。融资中介公司通常提供金融中介服务，既非借方也非贷方，但有些平台公司以贷款人或担保人的身份提供实质性金融服务，其潜在风险非常大。特别是当这种中介服务通过互联网方式来实现时，其扩散性强、传播范围广，可能诱发较大的风险。P2P网络借贷平台（Peer to Peer lending）是将网络借贷和P2P借贷结合起来的网络金融服务网站，P2P借贷即个人之间的借贷，网络借贷指的是以网络媒介运作的借贷。P2P网络借贷平台在我国一度发展非常活跃，后多个平台因逾期兑付问题或经营不善而停业，其中部分爆雷的机构已因涉嫌非法吸收公众存款被公安机关立案侦查。目前仍有一些P2P网络借贷平台在隐秘运行。

预付款业务是指企业要求相对人先在其发行的消费卡中存入预付款，待

---

① 联合资信：《2024年担保行业分析》，东方财富网，https://caifuhao.eastmoney.com/news/20240805173427781220760，2024-08-05，最后访问日期：2024-10-30。

消费实际发生时再从预付款中扣除相应金额的一种融资业务。预付款业务人是指通过预付款业务融入资金的企业。预付款业务人可以分为两种：一种是单用途的商业预付款业务，是指仅限于在本企业或本企业所属集团或同一品牌特许经营体系内兑付货物或服务的预付款业务；另一种是专门从事预付款融资业务的人，此类预付卡的使用范围不限于发卡机构自身经营的商品，而是可以在发卡机构之外、在支付机构拓展的特约商户范围内购买商品或服务的预付卡，由于其使用范围广，几乎不受行业限制，具有普遍适用性，功能接近于电子货币。预付款消费模式实质上是一种融资消费，[1] 事实上预付款消费企业的融资规模往往难以控制，甚至可能因此而形成非法吸收公众存款和经营金融业务。中国商业联合会发布的《2023单用途商业预付卡市场发展报告》指出，截至2023年底，全国共有7472家备案发卡企业，较上年增长3.69%，备案企业全年累计发卡159442.28万张，较2022年增加39.37%；累计发卡金额7391.13亿元，较2022年增加15.13%。从典型餐饮企业来看，2023年，预付卡收入占到总收入的11.96%，每年预付卡发卡金额占比基本保持在10%~15%。[2]

互联网支付机构是客户为购买特定商品或服务，通过计算机等设备，依托互联网发起支付指令，实现货币资金转移的行为。互联网支付是一种网上交易形式，主要表现形式为网银、第三方支付、移动支付。以第三方支付为例，其与传统支付不同，第三方支付是分步支付，第三方是买卖双方在缺乏信用保障的情况下的资金支付"中间平台"，第三方支付的运作实质是在收付款人之间设立中间过渡账户，使汇转款项实现可控性停顿，只有双方意见达成一致才能决定资金去向，所以确切地说，这是一种支付托管行为，通过支付托管实现支付保证。事实上，第三方支付平台经营的业务受到了特许经营的限制，但其实际功能已不再是单一的支付功能，究竟应当如何对其进行定位，是值得深思的问题。[3] 2010年中国人民银行颁布了《非金融机构支付服务管理办法》，提出了针对非金融机构提供支付服务的准入批准、监督管理、

---

[1] 参见《单用途商业预付卡管理办法（试行）》第2~4条、第24条、第26条、第28条等的规定。
[2] 李和英：《第十四届中国商业预付卡行业论坛在广州举办》，中国商报，https://baijiahao.baidu.com/s?id=1800990355090913318&wfr=spider&for=pc，2024-06-05，最后访问日期：2024-10-30。
[3] 魏敬淼：《民间金融法律治理研究》，中国政法大学出版社2016年版，第62-63页。

处分处罚等管理措施，使第三方支付企业有了明确的身份定位。2023年国务院出台《非银行支付机构监督管理条例》，根据该规定，设立非银行支付机构，应当经中国人民银行批准，取得支付业务许可。非银行支付机构的名称中应当标明"支付"字样。未经依法批准，任何单位和个人不得从事或者变相从事支付业务，不得在单位名称和经营范围中使用"支付"字样，法律、行政法规和国家另有规定的除外。设立非银行支付机构的注册资本最低限额为人民币1亿元，且应当为实缴货币资本。鉴于目前非银行支付机构的规定完善、监管力度大，其已经更趋于正规金融而非民间金融。

民间集资实质是民间借贷的复杂形态，是民间借贷向专业化、规模化形态演变过程中的一种中间形态，相比私募基金、私人钱庄等民间金融组织形式，民间集资的专业化程度要弱一些，但同样具有极大的风险性。民间集资人是面向特定或不特定的社会公众进行筹集资金行为的主体。目前广泛存在的"众筹"实际上也属于民间集资，众筹是指向不特定公众募资，常常通过网络平台实现赞助者与提案者的互动沟通。网络上兴起诸多"众筹"公司，包括债权型众筹、股权型众筹、回报型众筹和公益型众筹等。需要强调的是，因为众筹行为中涉及融资方、投资方和中介服务方，如果是仅提供中介服务的众筹平台，其性质为融资中介平台，其行为属于中间形态的民间金融；但大多数众筹平台实际上同时从事着面向公众融资和贷款的业务，其行为属于复杂形态的民间金融行为。

私人钱庄是指未经国家主管部门批准，擅自从事跨境汇款、买卖外汇、资金储贷等活动的组织。私人钱庄的经营范围几乎覆盖了银行的所有业务，是最为贴近银行的"准金融机构"，其潜在的风险可能给社会造成的负面影响也是最大的。按照私人钱庄的业务种类，可以分为存贷型、结算型和汇兑型。存贷型钱庄专司流转资本、放贷逐利，此类钱庄于改革开放后萌生于东南沿海地区，现已扩展至广大内陆地区；结算型钱庄是近年来发展起来的，主要业务是单位账户提现、信用卡套现和票据兑现；汇兑型钱庄主要从事跨境资金转移和外汇兑换，相当于国外所谓的替代性汇款体系（alternative remittance system）或非正规价值转移体系（informal value transfer system），汇兑型钱庄还可进一步分为家族作坊式、壳公司掩护式和网络经营式。① 由于私人钱庄游离于金融监管体系之外，因此又被称为"地下钱庄"。私人钱庄的非法经营活动较为隐蔽，在2014年底，由浙江省金华市公安机关破获的全国范围内首例通过非居民账户非法跨境转移资金的"地下钱庄"案件，已查明涉案金额高达4100余亿元。②

合作金融组织是具有互助合作性、服务区域定位主要为农村或者其他边远地区、服务目的是促进当地人民生活水平提高和当地经济发展的金融组织，如信用合作社、农村信用基金、社区或村镇银行等。在我国，信用社的实收资本由合作社社员股金和企业股金构成，实践中，它们有的属于国有金融（仍由国家控制），有的属于民间金融（实际被民间接管），有的处于二者之间的模糊地带。农村合作基金会是合作制集体经济组织，从本质上看，农村合作基金会并非真正意义上的金融机构，而是一个社区性金融系统的补充形式。③ 自2006年《中华人民共和国农民专业合作社法》（以下简称《农民专业合作社法》）出台以来，农民专业合作社数量急剧上升，在增加农民收入、加快新农村建设方面起着不可替代的重要作用。2017年该法得到修订，丰富了农民出资形式，取消了同类产品限制，确立了农民专业合作社的法律地位。从国际上来看，社区银行指的是独立的、不属于正规金融监管体系内的、经营银行业务的机构，参见本书第二章对美国、德国、孟加拉国等国家社区银行的相关介绍可知，社区银行主要分布在经济比较落后的地区，服务于中小企业和农户，在一国金融和经济发展中发挥着特殊的作用。但我国目前的村镇银行不符合民间金融的基本特征，不属于真正意义上的社区村镇银行。

私募投资基金（Private Equity，PE）有广义和狭义之分。广义的私募股权投资包括对任何一种既不能自由在公开交易所进行交易，也不能公开对外出售的代表被投资资产权益的证券的股权投资。这里的权益资本包括普通股、

---

① 魏敬淼：《民间金融法律治理研究》，中国政法大学出版社2016年版，第128-129页。
② 《全国规模最大地下钱庄案告破　涉案逾4000亿》，中国基金报，https://www.chnfund.com/article/AR12483601，2015-11-20，最后访问时间：2024-10-30。
③ 陈柳钦：《我国农村民间金融的运行形式、存在的问题及其规范发展》，《经济研究参考》2006年第72期，第35页。

可转换优先股、可转换债券以及股票期权等。广义的私募股权投资涵盖了企业首次公开发行前各阶段的权益投资,包括种子期、初创期、发展期、扩展期、成熟期和 Pre-IPO 各个时期企业所进行的投资。狭义的私募股权投资主要是指对已经形成一定规模,并产生稳定现金流的成熟企业的股权投资,一般是指创业投资后期的私募股权投资。在我国实务中所称的"PE"主要是指这一类投资。广义的私募股权投资和创业投资基本上是同一概念。私募股权投资业最初起源于创业投资,在发展初期主要以中小企业的创业和扩张融资为主,因此创业投资在很长一段时间里成为私募股权投资的同义词。但是后来在发展过程中,私募股权投资出现了投资阶段的后移,目前从国际实践来看,大多数私募股权投资基金的投资目标主要针对企业的初创后期和发展前期这一阶段。处于这一时期的企业经营前景较为明朗,投资风险较小,更容易获得私募股权投资基金的关注。①

第二节 简单形态民间金融主体的法律规制研究

一、简单形态民间金融主体的法律规制现状及问题

目前,对于简单形态的民间金融主体的法律规制散见于民商法、最高人民法院的司法解释、行政法规之中。1982 年《宪法》首次明确了个体经济的法律地位,规定"在法律规定范围内的城乡劳动者个体经济,是社会主义公有制经济的补充"。法律地位的明确,推动了个体、民营经济的快速发展,民间经济主体对资金的需求空前高涨。《中华人民共和国民法通则》② 第 90 条规定:"合法的借贷关系受法律保护。"表明借贷双方在订立、变更和终止借贷合同时,只要形式和内容符合法律规定,国家就对债权人的合法权益予以法律保护。这是我国首次在法律层面承认并确认合法民间借贷关系,为民间借

---

① 王磊:《我国私募股权投资的融资研究:基于中美比较的视角》,西北大学 2009 年博士学位论文,第 24-25 页。
② 《中华人民共和国民法通则》已于 2021 年 1 月 1 日废止。

贷的发展提供了法律基础。①《合同法》② 第 196 条规定："借款合同是借款人向贷款人借款，到期返还借款并支付利息的合同。"《中华人民共和国公司法》、《中华人民共和国担保法》③、《民事诉讼法》也有对民事主体借贷的相关规定。以上民商法律基本都坚持了一个立场：民事主体之间的借贷关系属于私法领域，应当以民事主体的意思自治为主。《合同法》还规定，只要没有违反国家关于限制借款利率的强制性规定，就应当是受法律保护的借贷关系。《合同法》没有对借款人和贷款人作出限制，那么借贷合同的主体理应包括自然人和法人这些基本的民事主体。金融机构与其他民事主体间的借贷由于受到金融法的调整可以排除在外。

但是，1996 年中国人民银行颁布的《贷款通则》第 21 条规定："贷款人必须经中国人民银行批准经营贷款业务，持有中国人民银行颁发的《金融机构法人许可证》或《金融机构营业许可证》，并经工商行政管理部门核准登记。"第 61 条规定："……企业之间不得违反国家规定办理借贷或者变相借贷融资业务。"据此，企业不能作为借贷合同的一方当事人。就效力层次而言，《合同法》的效力层次远高于行政规章和规范性文件，不应以这些低效力层级的特别制度规定排除适用《合同法》的一般性规定，出现矛盾时显然应当以法律为准。同时，对企业借贷的禁止显然也违反了民商法的私法自治原则和民事立法的基本精神。

直到在最高人民法院《2015 年民间借贷解释》中，才明确了企业之间借贷的合法性。该司法解释第 11 条规定："法人之间、其他组织之间以及它们相互之间为生产、经营需要订立的民间借贷合同，除存在合同法第五十二条、本规定第十四条④规定的情形外，当事人主张民间借贷合同有效的，人民法院应予支持。"第 12 条规定："法人或者其他组织在本单位内部通过借

---

① 常宇豪：《民间借贷法律规制三十年进程与衍变》，《南方金融》2017 年第 2 期，第 70-80 页。
② 《合同法》已于 2021 年 1 月 1 日废止。
③ 《中华人民共和国担保法》已于 2021 年 1 月 1 日废止。
④ 《2015 年民间借贷解释》第 14 条规定："具有下列情形之一，人民法院应当认定民间借贷合同无效：（一）套取金融机构信贷资金又高利转贷给借款人，且借款人事先知道或者应当知道的；（二）以向其他企业借贷或者向本单位职工集资取得的资金又转贷给借款人牟利，且借款人事先知道或者应当知道的；（三）出借人事先知道或者应当知道借款人借款用于违法犯罪活动仍然提供借款的；（四）违背社会公序良俗的；（五）其他违反法律、行政法规效力性强制性规定的。"

款形式向职工筹集资金，用于本单位生产、经营，且不存在合同法第五十二条、本规定第十四条规定的情形，当事人主张民间借贷合同有效的，人民法院应予支持。"据此，民间借贷的主体应为所有的民事主体，包括自然人和法人。

二、简单形态民间金融主体法律规制的完善建议

简单形态的民间金融主体，应当坚持"契约自治"的规制原则。简单形态的民间金融本来就具有内生性、地域性、关系性的特点，不是经营他人的资金，不具有较大的规模，也不会产生系统性的风险。民事融资活动应当属于民法规制的范畴，应该主要通过民事法律予以调整。一旦发生违法行为，应主要以民事责任予以处理，将行政责任与刑事责任作为辅助手段。在刑事立法与刑事责任追究上，要考虑该行为的社会危害性，只有在严重侵犯他人或公共权益时才加以适用。[①]

民间借贷可以分为以下六种基本情形：（1）自然人之间进行的资金融通性借贷行为；（2）法人之间、其他组织之间以及其相互之间为生产、经营需要而实施的资金融通性借贷行为；（3）法人、其他组织在本单位内部通过借款形式向职工筹集资金的行为；（4）法人、其他组织为本单位职工提供福利性无息或低息，用于买房、装修、治疗等特定生活需求贷款的行为；（5）法人、其他组织为生产、经营需要而向股东等出资者及其他自然人借款的行为；（6）法人、其他组织为股东等出资者及其他自然人提供资金融通性贷款的行为。[②] 以上情形中，既有基于亲友关系而提供无息或低息借款的情形，也有自然人作为出借人以营利为主要目的（获取高额利息）而提供的，或者法人、其他组织之间为生产、经营需要而实施的资金融通性借贷行为；还有特殊情况下，法人、其他组织为职工提供救助或者职工帮助单位纾困的目的；甚或还有法人等组织为股东等特殊群体提供无息或低息贷款进而损害其他人利益的行为。但这些简单形态的民间金融具有点对点、一对一的共性特征，是资金的提供方和需求方在经过协商后形成的法律关系，无论其交易形式是口头

[①] 谭志哲：《逻辑与现实：中国民间融资的生成与法律规制》，《求索》2012年第4期，第219页。
[②] 王建文：《论我国民间借贷合同法律适用的民商区分》，《现代法学》2020年第1期，第139-140页。

协议、书面或其他形式，这一法律关系的实质都是合同关系。因此，对于该种形态的民间金融，以《民法典》等基本民事法律规则进行调整即可。对于企业成为民间借贷活动的主体，特别是借贷中的贷方时需要注意的是，如果企业的贷款活动是为其生产经营需要而偶发的、互助性质的借贷活动，那么其行为不会产生系统性的风险，应当属于纯粹的私法自治的范畴，应适用民法规定；而如果企业的贷款活动成为经营性的、职业性的活动，即企业以贷款为其主营业务，就属于金融法规制的范畴，则不属于简单形态的民间金融。

同时，从以上民间借贷的各种情形也可以看出，根据借贷目的的不同，可以分为生产性的借贷和生活性的借贷，目的不同不会影响对其主体的规范，但其利率的限定应该有所区分。这一问题将在下一章予以深入讨论。

第三节 中间形态民间金融主体的法律规制研究

一、中间形态民间金融主体的法律规制现状

中间形态的民间金融主体的数量比较大，对其法律规制必须根据风险性的大小作出不同的法律安排。互助型的民间金融主体明显比营利型的民间金融主体所产生的系统性风险要小。因为营利型的民间金融主体的营利动机明确，其希望规模不断扩大以增加利润空间，所以更有可能提升资金的关联性和杠杆率，也就更有产生系统性风险的可能。

之前对于此类民间金融形式的正面意义的认识不足，对其或者采取打压抑制的做法，或者完全忽视而缺乏任何法律法规的规定，直到这些民间金融形式不断涌现、生长，成为经济发展中不可小觑的一股力量时，相关主管部门才对其立法规制予以重视，各种规范意见、管理规定陆续出台。所以这一形态的民间金融从之前的无法可依状态逐渐走向规范化发展的道路。值得注意的是，其中大多数的行政法规或规章尚处于征求意见稿的状态，严格来说不能算是相关金融形式的立法现状的内容，但如果不对这些征求意见

稿进行介绍和分析,该部分金融形式的立法都属于空白状态,这些征求意见稿实际上也代表了相关主管机关对该领域的法律规制的基本态度。在复杂形态的民间金融主体法律规制的讨论中同样存在这一问题。所以本书接下来就比较有代表性的四类中间形态的民间金融主体的法律规制现状进行介绍,同时对相关的已公开的征求意见稿的正面意义和存在的问题一并进行讨论。

(一) 小额贷款公司等职业放贷机构

2008年5月,原中国银监会、中国人民银行联合颁布了《关于小额贷款公司试点的指导意见》,明确规定了小额贷款公司的组织形式是有限责任公司和股份有限公司,其投资人可以是企业法人、自然人与其他社会组织,小额贷款公司的主要业务是小额贷款,不吸收公众存款。可以采用有限责任公司的形式,其注册资本不得低于500万元;如果采用股份有限公司形式,其注册资本不低于1000万元。小额贷款公司的资金来源包括股东缴纳的资本金,还可以包括捐赠资金以及不超过两个银行业金融机构的融入资金,但融入的资金余额不得高于公司资本净额的50%。小额贷款公司发放贷款的基本原则是小额和分散。同一借款人的贷款余额不得高于小额贷款公司资本净额的5%。对小额贷款公司的监管体现为,其设立须经省主管部门批准,并到工商机关办理注册,同时还要向公安部门、银监部门、中国人民银行等机关报送材料,接受相应的监督检查。不难看出,目前立法对于小额贷款公司的法律管控是比较严格的。

关于职业放贷人的立法规制历程比较曲折。在2007年初,就有相关部门负责人表示《放贷人条例》正在研讨中,该条例重在保障有资金者的放贷权利,对其私有财产使用权予以尊重,将使民间借贷的合法性得到确定,使民间借贷从此走上阳光化路径。2008年央行将该条例代拟稿提交原国务院法制办,2008年11月,央行研究局有关负责人表示,将尽快制定《放贷人条例》,开放信贷市场。2009年《放贷人条例》被列入原国务院法制办的立法计划,但此后一直被搁置。同年,根据国务院领导的批示精神,由中国人民银行会同原银监会、财政部、原国务院法制办等部门组成立法工作小组,研究全面修订《贷款通则》,尝试将《放贷人条例(代拟稿)》的主要内容引入

《贷款通则（修订）》中。2010年1月，中国人民银行主导的《贷款通则（征求意见稿）》形成，并于2010年1月底进入实质性的征求意见阶段。该征求意见稿首次将非金融机构贷款人纳入其规制范围，将"非金融机构类贷款人"定义为依法向省级人民政府确定的监管部门申请，在工商行政管理部门登记并取得营业执照，不吸收公众存款，专业经营贷款业务的企业法人。对未经批准设立为贷款人的非金融企业和个人，该征求意见稿在第14条中规定："在年度贷款总额不超过100万元人民币、年度交易笔数不超过100笔、年贷款利息收入不超过其年总收入5%的前提下，未经批准设立为贷款人的非金融企业和个人可依据《民法通则》《合同法》等法律、法规从事放贷行为。"未经批准设立为贷款人的非金融企业和个人从事贷款活动受到贷款总额、笔数和利息收入的限制，实质上仅被允许从事民间民事借贷活动。同时该征求意见稿规定，非金融机构类贷款人必须为企业法人，这表明监管机构对民间信贷主体范围扩大至个人持否定态度。但该征求意见稿最终未予颁行。

直到2014年，原国务院法制办宣布原定的《放贷人条例》更名为《非存款类放贷组织条例》。2015年8月，原国务院法制办正式发布《非存款类放贷组织条例（征求意见稿）》。该征求意见稿将非存款类放贷组织界定为："在工商行政管理部门注册登记，并经省级人民政府监督管理部门批准取得经营放贷业务许可，经营放贷业务但不吸收公众存款的机构。"这里的放贷不但包含贷方明确地向借方出借本金并按约定收回本金和获取收益的行为，也包括其他各种名义支付款项或具有放贷实质的行为。该征求意见稿对于非存款类放贷组织的业务经营规则、设立与终止、监督管理、法律责任等问题进行了比较详细、完整的规定。其明确提出，将对经营放贷业务实行许可制度，也就是颁发牌照制度，除了获得监管部门放贷许可的组织，其他任何组织和个人不得从事放贷业务。可见，我国将把民间放贷公司纳入正规监管范畴，推进民间借贷阳光化；征求意见稿对非存款类放贷组织的注册资本与对一般公司组织的注册资本要求不同，明确规定其注册资本必须是实缴资本，其中有限责任公司应当高于500万元，股份有限公司应当高于1000万元；对于担任非存款类放贷组织的董事、监事、高级管理人员提出任职资格的要求。但遗憾的是，该征求意见稿同样没有后续进展。

2019年《全国法院民商事审判工作会议纪要》第53条规定："未依法取得放贷资格的以民间借贷为业的法人，以及以民间借贷为业的非法人组织或者自然人从事的民间借贷行为，应当依法认定无效。同一出借人在一定期间内多次反复从事有偿民间借贷行为的，一般可以认定为是职业放贷人。"该纪要明确了当前的司法态度，对于未依法取得放贷资格而进行职业放贷的民间借贷合同一律认定无效，同时纪要特别阐述了该规定的意义在于形成依法惩治非法放贷行为的合力。

（二）典当行

典当，既是我国封建社会最早形成的民间信用组织，也是一种长期存在的高利贷信用形式。① 典当行在发展初期缺乏行业立法，甚至其法律性质也存在分歧。1996年中国人民银行颁布的《典当行管理暂行办法》将典当行规定为"特殊金融企业"，要求典当业务必须取得许可，由当地人民银行颁发《金融营业许可证》和公安部门颁发《特种行业许可证》②，典当行被正式纳入国家规范管理。2000年6月，典当行的监管权从中国人民银行移交给当时的国家经贸委，后由商务部和公安部共同行使监管权力，典当行的法律性质也演变为"特殊工商企业"③。这实际上反映了政府管理层对典当业的性质认定尚未达成稳定的共识。2005年，商务部、公安部公布了《典当管理办法》，该办法对典当行的性质、主管部门、设立及变更和终止程序、经营范围、经营方式以及法则等进行了全面的规定，④ 由商务主管部门对典当业实施监督管理，公安机关对典当业进行治安管理。在当时的《中华人民共和国物权法（草案）》审议过程中，有关"典权"的规定两次被写入又两次被拿掉，说明立法机关和法学界关于典当的立法争议还是很大，因此典当业未能纳入法律的高度进行调整。于是，当典当业务与上游的银行担保业务、下游的寄卖业务因混同而产生争议时，现有的管理办法效力不足，不能完全满足实践的需

---

① 傅为群：《近代民间金融图志》，上海书店出版社2007年版，第2页。
② 参见《典当行管理暂行办法》第2条、第3条、第8条、第9条、第16条等的规定。
③ 参见《典当管理办法》第2条、第5条、第11条、第15~17条，以及《典当行业监管规定》第2条、第3条、第6条等规定。
④ 《典当管理办法》规定，典当行注册资本最低限额为300万元；从事房地产抵押典当业务的，注册资本最低限额为500万元；从事财产权利质押典当业务的，注册资本最低限额为1000万元。

求。此外,《典当管理办法》还存在部分重要规范过于抽象、缺乏可操作性的问题。如关于典当行的分支机构的法律地位如何确定,对于赃物或有赃物嫌疑的当物应当如何处理,当物毁损应当如何进行赔偿,绝当车辆办理过户手续时当户不予配合如何处理等问题在实践中均不好操作。为了促进典当业的发展,商务部于2010年和2011年又分别出台了《商务部办公厅关于做好典当业人才培养工作的指导意见》和《商务部关于"十二五"期间促进典当业发展的指导意见》。

(三) 融资担保公司

原银监会等七部门于2010年3月颁行《融资性担保公司管理暂行办法》,促进了融资担保公司的健康发展和规范经营。该办法从设立、业务范围、变更和终止、监督管理、经营规则和风险控制、法律责任等若干方面对融资性担保公司进行了规定。2011年6月,原银监会等八部委联合发布了《关于促进融资性担保行业规范发展的意见》。以上行政规章和规范性文件发布以来,融资性担保行业快速发展,之前暂行办法的修改迫在眉睫,其原因有主、客观各方面的,如有些经营规则和风险控制要求已经跟不上行业发展需要、八部委联合监管的模式存在权责不清的"监管真空"现象、中央和地方协调监管的模式和责任有待明确与落实等。

原国务院法制办于2015年8月发布了《融资担保公司管理条例(征求意见稿)》,该征求意见稿对融资担保公司的设立、经营规则、变更和终止、监督管理等问题做了比较详细的规定。有关融资担保公司的主体问题的规定包括:设立融资担保公司以及跨省设立分支机构须经监管部门依法批准,并规定了审批的条件和程序(第8~13条);提高了注册资本最低限额等设立条件(第9条);对融资担保公司变更名称、注册资本,变更持股5%以上的股东,以及变更董事、监事和高级管理人员等事项实行备案制度(第15条);对于融资担保公司的市场退出和终止,规定"自取得融资担保业务经营许可证之日起无正当理由连续1年以上未经营融资担保业务的,由监管部门缴回其融资担保业务经营许可证"(第16条);等等。

(四) 合会

我国目前尚无国家层面专门规制合会的法律法规或规范性文件，甚至鲜有与合会直接相关的条文条款。2014 年颁布的《温州市民间融资管理条例实施细则》第 9 条简单规定了合会、农村资金互助会的资金互助、企业内部集资等属于民间借贷，将合会及农村资金互助会的资金互助活动纳入了民间借贷的范畴。合会作为私法范畴的民间融资活动，应当遵从"法无禁止即允许"的基本规则。

一方面，根据《民法通则》、《合同法》及《民法典》的一贯规定，合法的借贷关系受法律保护。早在 1988 年《最高人民法院关于贯彻执行〈中华人民共和国民法通则〉若干问题的意见（试行）》中就规定："公民之间的生产经营性借贷的利率，可以适当高于生活性借贷利率。如因利率发生纠纷，应本着保护合法借贷关系，考虑当地实际情况，有利于生产和稳定经济秩序的原则处理。"合会组织下的金融活动是一种互惠性的集体金融合约安排，但司法实践中长期将合会会单认定为合会合同，将合会金融活动下的法律关系简单地视为借贷关系，暂不论司法实践对合会金融下的法律关系定性的正确性，至少可以判断正常的合会金融活动在司法实践中是可被认定为合法的借贷关系而予以保护的。

另一方面，1998 年国务院发布的《非法金融机构和非法金融业务活动取缔办法》第 29 条规定："本办法施行前设立的各类基金会、互助会、储金会、资金服务部、股金服务部、结算中心、投资公司等机构，超越国家政策范围，从事非法金融业务活动的，应当按照国务院的规定，限期清理整顿。超过规定期限继续从事非法金融业务活动的，依照本办法予以取缔；情节严重，构成犯罪的，依法追究刑事责任。"在刑事责任方面，针对非法集资类犯罪活动，《刑法》规定了"非法吸收公众存款罪""集资诈骗罪""擅自发行股票，公司、企业债券罪""诈骗罪"等；针对经营性的高利贷犯罪活动，目前司法实践中仅能勉强适用《刑法》第 225 条的"口袋罪""非法经营罪"予以打击；针对非法设立金融机构的犯罪活动，《刑法》还规定了"擅自设立金融机构罪"。

可见，正常的合会金融活动受到法律的认可和保护，而如果合会活动超越法律界限，触犯了其他禁止性的强行法律规定，就可能转化为非法吸收公众存款、非法集资、非法发放贷款、诈骗、经营性高利贷、非法设立金融机构等违法犯罪行为，将受到法律的制裁。对民间合会的严厉禁止，虽然扼杀了其在法律上的生存空间，但现实生活中，民间合会从未消亡，反而顽强地根植于民间土壤中。由于组织结构的内在缺陷，集体金融合约的持续性与履行能力时常受到考验。历史上发生过多起合会"倒会"案例，诸如1986年浙江乐清、1987年福建平潭、2004年福建福安、2010年浙江宁海、2010年江苏黄桥、2011年福建福鼎点头镇等都发生过倒会案。[①] 鉴于发生的多起合会倒会事件引发的巨大风险，应当对合会的主体制度进行规定，如对合会的组织形式、人员构成、资金规模等问题进行明确，使合会组织的组建和运行都在法律的规范引导下进行。

二、中间形态民间金融主体法律规制的完善

对于这类民间金融主体的法律规制，原则上不应对其采用与正规金融同样的标准和规则。而是应根据其具有互助性还是营利性作出区别，在组织形式、资本充足率、业务范围、从业资格、资信体系等方面作出不同严格程度的规定，避免出现所谓的"玻璃门"和"弹簧门"现象，即看得见却进不去的"玻璃门"和进去了又不得不在非市场因素干扰下被迫退出的"弹簧门"。[②] 对于此类民间金融主体，法律规制的作用重在引导，以充分发挥其作为正规金融有益补充的作用；同时设立必要的、审慎的制度门槛，适度地进行强制干预，其作用不是严格管制，而是规范。

中间形态的民间金融主体涵盖范围很广，类型多样，而且基于民间金融外延的非封闭性特征，其具体的主体类型还在不断地变化和扩展中，限于篇幅，本书不能对此类民间金融主体的法律规制问题一一提出完善建议。在此，以有代表性和典型性意义的中间形态的民间金融主体——小额贷款公司和合会为例，讨论其法律规制的完善建议。

---

① 刘道云：《法律视域下的民间金融及其规制》，法律出版社2017年版，第120-121页。
② 燕小青：《民间金融发展的理论与实证》，中国社会科学出版社2013年版，第206页。

(一) 小额贷款公司法律规制的完善建议

小额贷款公司是由法人、自然人或其他社会组织投资设立的,主要业务为小额贷款,且不吸收公众存款的有限责任公司或者股份有限公司。2008年,中国银行业监督管理委员会和中国人民银行积极推出小额贷款公司服务中小企业的制度,并发布了《关于小额贷款公司试点的指导意见》。

央行相关负责人在2011年曾表示:"随着小额贷款公司等机构的发展,应将这类经批准从事专业放贷业务的机构或组织从一般意义的民间借贷主体中分离出来,作为专业放贷人对待。"① 也就是说,小额贷款公司实际上是在职业放贷人相关立法出台之前的一种试点形式,其产生之初主要是为了解决农村贷款需求问题。当然,目前小额贷款公司的业务对象并不一定是农户,但其核心业务对象还是小额资金的需求者。政策和制度出发点及目标预期是美好的,但小额贷款公司实际上并没有解决民营企业的融资难题。在政策出台之初,小额贷款公司的业务数量和贷款余额都出现了快速增长。但是到了2013年,小额贷款公司的新增贷款规模缩小,而到了2015年,小额贷款公司的新增贷款额度甚至出现了负增长,2016年新增贷款额更是同比减少了131亿元,同时公司数量也在一年之内减少了1900家。② 以民营经济最活跃的广东、江苏和浙江为例,2014—2019年,三省六年共新增小额贷款公司1822家,各省每年新增仅100家左右。③ 近两年小额贷款公司数量一直在减少。可见小额贷款公司的力量非常微薄,难以发挥其对民间借贷需求的满足作用和对高利贷的抑制作用。目前,小额贷款公司存在准入门槛过高、管理水平不足、放贷审核标准过严的问题,必须对其功能定位和业务范围予以明确。对于小额贷款公司下一步的改革和发展,本书提出以下建议。

首先,应当准确定位小额贷款公司。小额贷款公司在设立之时,是想满足小额的民间资金需求,解决小微企业和个人生活资金不足的问题。小额贷

---

① 《央行:应视小贷为专业放贷人》,第一财经日报,https://www.yicai.com/news/1190447.html,2011-11-11,最后访问日期:2024-10-30。
② 刘卫平:《社会信任:民间金融与经济转型》,中国人民大学出版社2021年版,第110页。
③ 叶斌、熊秉元:《民间借贷法律规制对犯罪的影响:基于利率上限调整和高利贷入罪的实证研究》,《财经问题研究》2023年第5期,第37页。

款公司与银行和民间借贷相比有其特点和优势。相对于银行，小额贷款公司的贷款手续简便、批贷时间较短，能够较好地满足中小企业的资金需求；相对于民间借贷，小额贷款公司获得国家许可，操作比较规范。小额贷款公司的服务对象应当是小微企业、居民个人和特殊弱势群体。在《关于小额贷款公司试点的指导意见》中明确规定，小额贷款公司应"坚持为农民、农业和农村经济发展服务的原则下自主选择贷款对象……同一借款人的贷款余额不得超过小额贷款公司资本净额的5%"。在小额贷款公司的发展改革过程中，其服务领域可以不局限于农村地区，但其公益性、互助性的基本性质不能改变，因此要将小额贷款公司发放贷款的地域范围限制于本经济区域，其服务对象限于本区域内的个人或中小企业，其贷款规模应当坚持分散、小额的特点，以确保其基本性质和功能的发挥。

其次，应当鼓励小额贷款公司的发展，降低对其准入门槛的要求。既然已经将小额贷款机构定位为互助性、具有一定公益性的机构，那么对其设立态度应该是支持而非压制，对其设立标准应当予以降低。2008年《关于小额贷款公司试点的指导意见》规定的准入门槛偏高[①]，因为小额贷款公司同样是只贷不存，其自身经营存在风险，但是对于整个社会的金融秩序没有风险，这种情况下规定过高的注册资本和准入门槛必要性不大。由于这些限制性的规定，对于一般手中有闲置资金的人而言，无法介入小额贷款公司中，过高的注册资本要求显然会阻碍民间资本融入这一民间金融领域。同时，由于小额贷款公司不是纯商业化运作，基于小额贷款公司不吸收公众存款同时具有互助性的特征，国家和地方还应予以一定的财政支持和税收优惠；此外，还应鼓励社会各界提供捐赠，以弥补其长期发展资金的不足，鼓励各种公益性非政府组织同这些贷款机构合作。

再次，关于小额贷款公司管理人员的问题。因为从小额贷款公司产生之初，其性质定位于商业性和公益性并存的机构，鼓励其服务农户、中小企业，尤其是微型企业的需求，因此小额贷款公司相比于一般的放贷人，具有更强的互助、公益性质，其经营管理需要水平较高的人才。只有对其经营管理提

[①] 《关于小额贷款公司试点的指导意见》规定，小额贷款公司的注册资本全部为实收货币资本，要求一次性足额缴纳；注册资本区分有限责任公司与股份有限公司，前者不得低于500万元，后者不得低于1000万元；单一股东及其关联方的持股份额限于10%以内。

出更高的要求,才能使其更好地为小微企业和个人提供优质便利的服务。而目前小额贷款公司的经营能力与金融专业人员的差距也成为其进一步规范化发展的障碍之一。小额贷款公司的多数高层管理人员是从银行退出的相关管理人员,这种现状对于大型金融机构与小额贷款公司的合作而言是有利的,但也引发了其他问题。例如,银行资金通过非正常途径流向了小额贷款公司,从而引发谋求高利转贷的现象。而普通的管理人员则存在业务水平不高、专业性不强的问题,专业人员匮乏,由此造成这些新型金融形态的运营水平参差不齐。所以应当持续提升小额贷款公司的专业水准,提高对其管理人员的资质要求,对小额贷款公司的监管应当重点放在加强其日常经营管理、提高管理水平上。

又次,小额贷款公司的实际运行与其立法初衷不相吻合。国际小额贷款组织并不认可我国的小额贷款公司,认为其并不是真正意义上的小额金融服务机构。与孟加拉国的小额贷款银行等进行对比,不难发现我国的小额贷款服务很难实现其立法目的,其严格的"人品、押品"等条件的审查,没有体现民间金融应有的优势,无法满足微型企业与生活暂时急需资金人员的资金融通需求。对小额贷款公司的业务流程要求较为僵化,等同于银行等正规金融机构的管理,是目前立法中的缺憾。小额贷款公司的贷款审核标准应当予以调整。

最后,小额贷款公司只贷不存的现状,决定了其资金的可持续性问题成为其发展瓶颈。这一方面要依靠国家政策对小额贷款公司的财政和税收方面的扶持;另一方面,部分小额贷款公司可以进行转型,对于经营成熟的小额贷款公司,也可以向互助性银行转化,成为可以吸收成员存款的金融机构。如果想要实现这种转型,就要满足标准更高的准入要求,接受更加严格的监督管理。

(二)合会法律规制的完善建议

合会是民间借贷的一种"升级版"形式,其典型特征是互助性。合会一般没有运营机构,其结构简单、存续期限灵活。合会根据会员彼此之间是否存在合同关系,可以分为单线性合会和团体性合会。单线性合会是指会员彼此之间不存在借贷合同关系,借贷合同关系仅存在于会首与会员之间;团体性合会是指会首与会员之间、会员彼此之间均存在权利义务关系。从合会主体的规范上，相比于偶发性的民间借贷具有更广泛的辐射网络，因此可能引发更大的风险。如果合会限于一定的规模，相比于吸收存款的高级形态的民间金融，则风险要小；但是如果对合会不做准入要求，不对其规模和范围作出限定，很有可能衍生为非法集资行为。我国目前尚缺乏对合会的规范制度，立法部门应当对此予以重视。

对于合会的组织形式，不必做硬性要求，不必有固定的组织或机构，更不必以法人的形式存在。合会的本质就是契约，并不具有团体人格，但是对其进行登记注册还是很有必要的。地方政府应当指定主管部门，专门负责合会的登记备案。

在邀会方式上应严格限定于一定区域和规模，禁止向不特定社会公众进行邀会，从而避免其转化为非法吸收公众存款、非法集资行为。此外，还应禁止复式会式、禁止广告宣传和公众集资、禁止注册合会业务公司等。

对成员资格及其权利义务的规定是合会法律规制的重点内容。首先，合会的参与者只能是自然人，政府部门和企业等不应成为合会的成员，具有特定身份的自然人，如政府工作人员、金融行业工作人员也不应成为合会成员。其次，为避免合会规模过大、战线太长所产生的系统性风险，可以对每个自然人参加合会的数量进行限制，必须等一个合会解散之后，才能再发起或者参加其他的合会；同时，参加合会的资金应当属于会员的自有资金，这样就可以避免以合法的形式实施非法集资的违法行为。再次，对于合会人数和每个会员的会款金额进行限制，如人数不应超过100人等。最后，对于合会会首的资格、权利和义务要作出特别的规定。在合会参加人员的准入方面，应重点审查会首的信用信息。会首必须是具有良好信用记录和雄厚资金实力的人员，会首与会员之间要有一定的信赖利益关联性，等等。会首不得利用合会获得除首次会金外的其他任何利益，会首承担对会员的给付会金义务、代为履行偿还义务，以及相关附随义务，包括如期依约发起合会，并负责及时通知会员；会首和会员不得同时参加2个以上的合会；等等。[1]

---

[1] 肖琼：《我国民间金融法律制度研究》，中南大学2012年博士学位论文，第132-134页。

合会应当订立书面合同,合同中应载有以下主要信息:合会规模(会员人数、合会金总额)限制、会期跨度限制、参加合会的人员名单、会份、合会存续的期限、会金的缴纳、合会的会息、标会的方式、会金的报关方式、开会日期和地点、会首及会员的权利义务、标得合会金的担保方法、倒会及损失处理、退会等相关事项。

合会在业务准入上应保持互助性质,不得以营利为目的。根据发起合会目的的不同,目前存在性质不同的四类合会:(1)纯经济互助性质的民事合会;(2)具有互助、营利双重性质的民事合会;(3)具有储蓄和社会保险、保障性质的非法合会;(4)具有非法经营性质的合会。① 这些合会覆盖了民间金融的多种形态,但随着金融管制和行业准入限制的实施,目前得到法律认可的合会组织主要是第二类。标得会款的用途应当与合会发起成立时的目的相一致,以会员的特定资金需求为内容,如果是以生活消费为目的,就应当用于自身和家人消费品的购买;如果是以生产经营为目的,就应当用于添置生产资料、促进生产、市场销售等方面。禁止将会款用于参加其他合会组织,也不能用于放贷等目的。

在资信体系的建设上,合会会首应当及时向负责登记备案的政府部门报告合会中失信的会员,将其纳入资信体系,从而防止失信人员再次参加其他合会。自律行业协会则负责及时对参加合会人员的信息进行公示,包括财产资信与个人社会信用情况。

对于退会、让会和倒会应予以限制。退会是指合会当事人退出合会组织,让会是指合会当事人将自己的会份(即权利、义务)转让给他人。对于一般会员的退会和让会可以允许,但如果是会首退会和让会则需要加强规制。会首的退会将实际造成合会组织的终止,因而应禁止会首退会。同时,对会首的让会应谨慎对待,未经全体会员一致同意,其不得将权利、义务移转于他人。倒会是指会首或会员因无法履行交纳会款的义务致使合会无法继续运行的一种情况,倒会如同一场经济地震摇撼着整个参会会员涉及的区域,必须对其严加规制。在单线性合会中,不论是会首倒会还是会员倒会,会首均应对倒会负责,应建立会首的责任担保机制,允许合会会员视合会规模确定会

---

① 刘道云:《法律视域下的民间金融及其规制》,法律出版社2017年版,第131页。

首担保的方式与比例；在团体性合会中，倒会的责任应由会首、死会会员共同承担。①

第四节　复杂形态民间金融主体的法律规制研究

一、复杂形态民间金融主体的法律规制现状

（一）互联网金融平台的法律规制现状

2014年12月，中国证监会发布《私募股权众筹融资管理办法（试行）（征求意见稿）》。该办法旨在规范私募股权众筹融资，并将其界定为融资者以非公开发行方式通过股权众筹融资互联网平台进行的股权融资活动。该征求意见稿首先明确了互联网平台的定义，规定股权众筹平台要在证券业协会备案登记，并申请成为证券业协会会员。不得兼营P2P或网络小额贷款业务，为其风险防范构筑防火墙。同时，监管层提升了对股权众筹投资者的准入门槛，要求投资者为金融资产不低于300万元人民币或最近三年个人年均收入不低于50万元人民币的个人，此规定是为了预防普通投资者负担与其实力不相匹配的风险，同时为企业引入合格、优质的投资者；明确规定证券机构可以直接提供股权众筹融资服务，并对其净资产、专业人员配备等提出了相应的要求；列举了平台的职责和禁止性行为；对融资者与投资者的权利义务职责、众筹平台的备案登记、信息报送、自律管理等问题进行了规定。

该征求意见稿有着较多创新之处，如P2P公司和股权众筹不能兼营、股权众筹平台不可以自融等，体现了监管部门对股权众筹的态度是审慎监管。该征求意见稿中多处仍然体现了金融监管部门对于民间金融以管理为主、支持为辅的理念，对投资者个人的资产实力也有比较高的门槛限制。在监管和持续管理方面，没有对未来股权众筹平台进行责任划分。但是，

---

① 魏敬淼：《民间金融法律治理研究》，中国政法大学出版社2016年版，第160-162页。

这一征求意见稿未能转化为规章予以颁布，我国在众筹平台领域的立法仍然处于空白。

关于 P2P 网络借贷平台，之前一直处于野蛮生长但无法可依阶段。《2015 年民间借贷解释》第 22 条①对网络贷款平台的责任进行了一定的明确。2016 年 8 月原银监会等单位发布《网络借贷信息中介机构业务活动管理暂行办法》，该办法采用负面清单的方式明晰了网络借贷信息中介机构的业务边界，明确指出禁止其为自身或变相为自身融资，直接或间接接受、归集出借人的资金，直接或变相向出借人提供担保或者承诺保本保息，从事股权众筹等业务。其旨在打击和阻止凭借网贷之名从事非法集资等行为。

(二) 预付款业务人的法律规制现状

根据前文所述，预付款业务人分为单用途的商业预付款业务人和多用途的预付款业务人。目前出台了两部相应的部门规章用于规范这两种预付款业务人，其监管机构也相应地有所区别。

商务部于 2012 年 9 月颁行了《单用途商业预付卡管理办法（试行）》(2016 年修订)，将单用途商业预付卡界定为：从事零售业、住宿和餐饮业、居民服务业的企业法人发行的，仅限于在本企业或本企业所属集团或同一品牌特许经营体系内兑付货物或服务的预付凭证。该规章对单用途商业预付卡的备案、发行与服务、资金管理、监督管理、法律责任进行了详细的规定。同月，中国人民银行颁行《支付机构预付卡业务管理办法》，规定支付机构是指"取得《支付业务许可证》，获准办理'预付卡发行与受理'业务的发卡机构和获准办理预付卡受理业务的受理机构"。这种支付机构预付卡又被称为"多用途预付卡"。规章对此种预付卡的发行、受理、使用、充值和赎回、监督管理等进行了规定。

对两类预付卡的法律规范进行比较研究，可以发现其规制的不同点在于：

首先，监管机构有所不同。商务部负责单用途预付卡的管理，中国人民

---

① 《2015 年民间借贷解释》第 22 条规定："借贷双方通过网络贷款平台形成借贷关系，网络贷款平台的提供者仅提供媒介服务，当事人请求其承担担保责任的，人民法院不予支持。网络贷款平台的提供者通过网页、广告或者其他媒介明示或者有其他证据证明其为借贷提供担保，出借人请求网络贷款平台的提供者承担担保责任的，人民法院应予支持。"

银行负责支付机构预付卡的管理。

其次,两类预付卡业务的风险有所不同。对于单用途预付卡,其吸收的公众存款只用于自身的业务发展,不会从事高风险业务。《单用途商业预付卡管理办法(试行)》第24条规定:"发卡企业应对预收资金进行严格管理。预收资金只能用于发卡企业主营业务,不得用于不动产、股权、证券等投资及借贷。"可见其用途已经被限定,相对而言产生系统性风险的可能性较小。而多用途的预付卡业务相当于普通工商企业的融资业务,其发行的预付卡使用范围广泛,几乎有类似电子现金的作用,其发行和经营可能会构成非法吸收公众存款和非法经营金融业务。因此,对多用途预付卡业务人的法律规制标准和要求与单用途预付卡业务人不同。

再次,单用途预付卡采用备案制,多用途预付卡采用核准制。《单用途商业预付卡管理办法(试行)》第7条规定发卡企业应在开展单用途预付卡业务之日起30日内办理备案;而发行多用途预付卡的支付机构应当是取得《支付业务许可证》的专门机构,《支付业务许可证》需依照《非金融机构支付服务管理办法》的规定取得,并且支付机构应当严格按照核准的业务类型和业务覆盖范围从事预付卡业务。

最后,对于单用途预付卡,主要从公示章程和签订协议、留存客户信息并保密、预收资金金额不得超过主营业务一定比例、实行资金存管制度、建立业务信息系统等方面加强了对其管理和监督。① 基于多用途预付卡可能产生较大的金融风险,《支付机构预付卡业务管理办法》中对多用途预付卡作出了较多的特殊管理规定,包括对发卡机构的安全处理系统和应急处置机制的要求、业务范围的要求、风险防控的要求、行业自律机构的规定等。②

(三) 民间集资的法律规制现状

民间集资一直是金融监管机构重点关注和防范的民间金融领域。1995年之前,我国的金融市场处于刚刚发育阶段,一方面,金融活动主要由国家垄

---

① 参见《单用途商业预付卡管理办法(试行)》第14条、第16条、第25条、第26条、第34条。

② 参见《支付机构预付卡业务管理办法》第18条、第19条、第20条、第21~28条、第44条。

断；另一方面，民间资金有限，非公有制经济成分少、不活跃，民间资金需求也不旺盛。民间时而发生的集资行为一般被称为"乱集资"，主要采用行政制止的治理模式。尽管在1993年前后发生了几起集资大案，但当时刑事法律中不存在与非法集资相关的罪名，对集资案件中的主要负责人员以投机倒把罪或诈骗罪定罪量刑。其后，立法者对集中资金搞建设、加强民间集资行为管制达成共识，于1995年通过《中华人民共和国商业银行法》首次提出了"非法吸收公众存款"的概念，确立了行政取缔与刑事惩罚的双重规制模式。此后，全国人大通过了《全国人民代表大会常务委员会关于惩治破坏金融秩序犯罪的决定》，1997年又修订《刑法》增设"破坏金融管理秩序罪"，明确了民间非法集资的三宗罪：非法吸收公众存款罪，集资诈骗罪和擅自发行股票、公司、企业债券罪。其间，政府出台了大批关于民间集资的法律规范，力求将各种形式的民间集资纳入管制范围，如1996年国务院办公厅发布的《国务院办公厅关于立即停止利用发行会员证进行非法集资等活动的通知》，1997年证监会颁布的《中国证券监督管理委员会关于坚决制止以期货交易为名进行非法集资活动的通知》，1998年颁行的《中国人民银行关于严禁利用庄园开发进行非法集资的紧急通知》，1998年颁布的《国家工商行政管理局关于查处企业以招商等名义非法集资有关问题的紧急通知》及中国人民银行、国家工商管理局发布的《会员卡管理试行办法》，1999年颁布的《中国人民银行关于加强农林开发项目信贷管理，严禁利用土地开发和土地转让名义非法集资的通知》以及《中国人民银行关于加强彩票市场管理的通知》等，分别规定禁止以期货交易、庄园开发、企业招商、土地开发和转让等名义进行非法集资。

其后，1999年国务院颁行《非法金融机构和非法金融业务活动取缔办法》，中国人民银行颁行《关于取缔非法金融机构和非法金融业务活动中有关问题的通知》《整顿乱集资乱批设金融机构和乱办金融业务的实施方案》等部门规章，进一步加大了对非法集资的打击力度，要求对乱集资行为进行坚决取缔。

2004年，最高人民法院颁行的《最高人民法院关于依法严厉打击集资诈骗和非法吸收公众存款犯罪活动的通知》要求坚决贯彻依法严惩集资诈骗和非法吸收公众存款犯罪的方针，加大打击力度。2007年《国务院办公厅关于依法惩处非法集资有关问题的通知》批准建立了由原银监会牵头的"处置非法集资部际联席会议"制度，并针对集资向多领域和职业化发展的趋势，又将非法集资活动总结为主要包括债权、股权、商品营销、生产经营4大类、12种类型，对非法集资活动进行严厉打击。

在之后一段时间，立法部门、理论界、实务界对民间金融包括民间集资的研究和探讨逐步深化，对于民间集资现实意义的认识更加理性和客观，相关法律法规对待民间集资的态度由之前的极度严厉转为谨慎。2010年发布的《最高人民法院关于审理非法集资刑事案件具体应用法律若干问题的解释》规定，"非法集资"是指违反国家金融管理法律规定，向社会公众（包括单位和个人）吸收资金的行为。"非法集资"的法律界定涉及了三个关键词："违反金融法律"、"社会公众"和"吸收资金"，而民间集资仅有两个关键词："社会公众"和"吸收资金"。由此看来，民间集资作为一种涉众型的民间金融，认定其是否属于非法集资，主要标准为是否违反金融法律制度。最高人民法院的上述司法解释虽然对"非法集资"的概念作出了界定，但在具体认定民间集资是否构成非法集资进行刑事责任追究时，还要在概念界定的基础上附加其他相关要素，主要有是否公开、是否对公众进行了利益诱惑、是否具有非法占有的意图与行为。同年印发的《最高人民法院关于贯彻宽严相济刑事政策的若干意见》将刑事打击重点对象指向了集资诈骗。[1] 2010年底颁布的《最高人民法院关于审理非法集资刑事案件具体应用法律若干问题的解释》从法律要件和实体要件两个方面对非法集资进行了界定，同时强调非法吸收公众存款罪是非法集资犯罪的基础罪名，并细化了非法集资要件的具体特征。该解释详细列举了非法吸收存款行为的11种形态，明确了8种以"非法占有为目的"的形态，对构成非法吸收公众存款的出资人数量与存款额作出明确说明。在增加"非法经营罪"使民间集资类犯罪扩张的同时，又将落入非法集资范围之内却对社会经济并无危害的新型融资活动加以策略化，软化了其违法性，折射出司法机关在民间集资法律治理上的因势转向。同时说明"未向社会公开宣传"及"在亲友或者单位内部针对特定对象吸收资金"两种形态不同于刑法中规定的非法吸收或者变相吸收公众存款。这一司法解释比较

---

[1] 魏敬淼：《民间金融法律治理研究》，中国政法大学出版社2016年版，第223-229页。

清楚地划定了民间集资活动合法与非法、罪与非罪的界限。

2014年最高人民法院、最高人民检察院、公安部联合出台《关于办理非法集资刑事案件适用法律若干问题的意见》，针对非法集资刑事案件适用法律相关问题提出具体意见，对行政认定的问题、"向社会公开宣传"的认定问题、"社会公众"的认定问题、共同犯罪的处理问题、涉案财物的追缴和处置问题、证据的收集问题、涉及民事案件的处理问题、跨区域案件的处理问题等进行了明确。该意见是对2010年司法解释和相关法律法规的进一步细化，在犯罪认定上呈现出一定程度的扩张，进一步体现了从严打击非法集资活动的趋势。

2015年中国人民银行等十部门联合发布《关于促进互联网金融健康发展的指导意见》，对于借助互联网发生的民间集资行为，展现出包括最高金融监管当局在内的众多官方机构对众筹、P2P等新型民间集资行为的宽容态度。同年，人大常委会通过的《刑法修正案（九）》取消了集资诈骗罪的死刑，显现出立法机关对民间集资汹涌民意的顺应之势。

2021年国务院发布《防范和处置非法集资条例》，首次以专门的行政法规的方式对非法集资进行规范。该条例的立法目的规定为"防范和处置非法集资，保护社会公众合法权益，防范化解金融风险，维护经济秩序和社会稳定"，将非法集资界定为"未经国务院金融管理部门依法许可或者违反国家金融管理规定，以许诺还本付息或者给予其他投资回报等方式，向不特定对象吸收资金的行为"。条例的立法宗旨是"国家禁止任何形式的非法集资，对非法集资坚持防范为主、打早打小、综合治理、稳妥处置的原则"，要求"地方各级人民政府应当建立非法集资监测预警机制，纳入社会治安综合治理体系"，"行业主管部门、监管部门应当强化日常监督管理，负责本行业、领域非法集资的风险排查和监测预警"。同时，条例特别强调"未经依法许可或者违反国家金融管理规定，擅自从事发放贷款、支付结算、票据贴现等金融业务活动的，由国务院金融管理部门或者地方金融管理部门按照监督管理职责分工进行处置"。

由民间集资法律治理演进可以看出，我国对民间集资的法律治理是以维护法定的金融秩序为首要目标。在法律治理的每一阶段无不存在对民间合理集资的忽视及对民间集资引发社会动荡的担心，20余年的法律治理使体制内金融大受裨益，带来了现有金融机构资源垄断的实际结果。① 从非法集资行为规制规范的源流嬗变来看，其规制逻辑是对非法集资行为采取事后认定的规制策略，一经发现即刻取缔，并给予严厉的刑事处罚，不给正规金融之外的所有集资行为留有任何合法存在的空间，以保证金融的垄断性与金融秩序的稳定性。目前，既有的刑法规制体系是建立在《商业银行法》《证券法》对间接融资行为与直接融资行为进行规制的基础上而进行的形式性对应，本质上缺乏对非法集资行为以及"存款""证券"本身的内涵与本质属性的有效把握与回应，从而导致非法吸收公众存款罪适用范围过于宽泛，将不纯粹属于"存款"抑或"证券"但处于两者之间的集资行为类型定性为"存款"；同时，在集资诈骗罪的认定中，对非法集资行为人募集资金的用途究竟是"使用性"还是"侵占性"缺乏合理、有效的区分。总之，目前既有非法集资行为规制规范虽然随着监管实践的发展有所进步或者缓和，但无论是在规制理念层面，还是在具体的认定标准层面，均存在规制较严、滞后于实践、方式不合理等问题。②

（四）私人钱庄的法律规制现状

1982年，《宪法》首次明确了个体经济是社会主义公有制的补充。法律地位的明确，推动了个体、民营经济的快速发展，民间经济主体对资金的需求空前高涨。但国有金融机构主要以国家效用的满足和利益偏好为导向，加之金融机构与个体企业、私营企业之间存在信息不对称的情况，大多数个体企业和私营企业无法从正规金融渠道获得发展资金，于是转向各种形式的民间借贷。以温州方兴钱庄开办为标志，各种私人钱庄、排会、抬会在南方部分地区迅速发展。为了应对南方局部地区的金融混乱局面，维护社会稳定和金融秩序，国务院于1986年1月7日发布《中华人民共和国银行管理暂行条例》，提出"禁止非金融机构经营金融业务"，"个人不得设立银行或其他金融机构，不得经营金融业务"，同时明确了金融机构和金融业务范围。该条例规定，金融机构包括专业银行、信托投资公司、农村信用合作社、城市信用

---

① 魏敬淼：《民间金融法律治理研究》，中国政法大学出版社2016年版，第230页。
② 张明玖、李树：《民间借贷行为规制的偏失与矫正：以非法集资规制为例》，《社会科学家》2017年第8期，第116-117页。

合作社，以及经中国人民银行批准设立的其他金融组织。该条例的出台对平息南方局部地区金融混乱起到了关键作用，但"一刀切"的政策客观上也抑制了民间借贷的发展。1986 年 11 月 7 日，方兴钱庄停业，民间借贷转入地下隐蔽经营。

中国人民银行于 1997 年发布《关于严禁擅自批设金融机构、非法办理金融业务的紧急通知》，国务院于 1999 年颁行《非法金融机构和非法金融业务活动取缔办法》，中国人民银行颁行《关于取缔非法金融机构和非法金融业务活动中有关问题的通知》《整顿乱集资乱批设金融机构和乱办金融业务的实施方案》等部门规章，明确指出任何单位和个人未经中国人民银行依法批准，不得擅自设立金融机构或者擅自从事金融业务活动，严格禁止私人钱庄这类民间金融行为。私人钱庄在未经国家银行业监管机构批准设立的情况下私自从事银行业务，属于法律严格禁止的行为，是被严厉打击的对象。

2002 年下发的《中国人民银行关于取缔地下钱庄及打击高利贷行为的通知》要求下属分行和部门组织力量摸清当地地下钱庄和高利借贷活动的情况；对非法设立金融机构的行为，在调查、核实、初步认定后，提请公安机关立案侦查；对调查认定的各类形式的地下钱庄和高利借贷活动，要坚决取缔，予以公告，没收非法所得，并处以罚款；构成犯罪的，由司法机关依法追究刑事责任；发现金融机构为非法金融机构和非法金融业务开立账户、办理结算和提供贷款的，责令立即停止有关业务活动，并依法给予处罚。可见，目前我国对于私人钱庄的态度仍然是坚决否定的。

（五）互助金融组织的法律规制现状

互助金融组织在我国一直处于探索中，其最初的出发点主要是为了解决农村资金需求问题，因此存在的互助金融组织主要是农村领域的。

中国人民银行和原农业部于 1994 年联合发布《关于加强农村合作基金会管理的通知》，详细规定了农村信用合作基金会的有关问题。从实质上看，农村合作基金会是合作制集体经济组织，而非金融机构，是社区性金融系统的补充。1983—1995 年，农村合作基金会逐步发展，其筹集资金渠道主要包括集体积累资金、农户入股资金、农业发展资金、代管资金等，资金主要用于农用基本建设、乡（镇）村办企业、农户生活困难救济等。"农村基金会在一定程度上缓解了正式金融体制安排下资金供给不足的矛盾，有利于农村经济的发展，但大多数农村基金会的运作都违背了合作基金会的互助宗旨，把农村基金会办成了办理存贷业务的第二个农村信用社，由于普遍的高息吸存和内部管理混乱，农村基金户很快出现了大面积的兑付风险。"[1] 1999年1月，国务院发布文件宣布取缔农村合作基金会。

中国人民银行于1997年发布《农村信用合作社管理规定》，1998年发布《农村信用合作社机构管理暂行办法》，对农村信用合作社的机构设立与变更、股权设置、组织机构、业务管理、财务会计管理、接管与终止等问题进行了规定。根据相关规定，农村信用合作社是指经中国人民银行批准设立的农村信用社、农村信用社联合社、农村信用社分社和农村信用社储蓄所，性质上是受中国人民银行及其分支机构监管的农村合作金融机构法人，对具有法人资格的农村信用社和联合社颁发《农村合作金融机构法人许可证》，对不具备法人资格的分社和储蓄所颁发《农村合作金融机构营业许可证》，其中，农村信用社及其分社、储蓄所的经营业务范围包括办理存贷款和个人储蓄，吸收公众存款，属于银行业金融机构，而农村信用合作社县级联合社的性质是依照规定设立并接受中国人民银行监督管理的企业法人，经营业务范围不包括吸收公众存款，因而属于非银行业金融机构。[2]

2003年修正的《中华人民共和国人民银行法》第52条明确规定在我国境内设立的商业银行、城市信用合作社、农村信用合作社等吸收公众存款的金融机构以及政策性银行属于银行业金融机构。2003年，原银监会发布《农村合作银行管理暂行规定》，对农村合作银行的机构设立、股权设置、组织机构、经营管理、机构变更与终止进行了规定。2007年，原银监会发布《农村资金互助社管理暂行规定》，对农村资金互助社的机构设立、社员及股权管理、组织机构、经营管理、监督管理、合并分立及解散清算等进行了规定。2007年原银监会发布《村镇银行管理暂行规定》，对村镇银行的机构设立、股权设置和股东资格、公司治理、经营管理、监督检查和机构变更与终止进

---

[1] 陈柳钦：《我国农村民间金融的运行形式、存在的问题及其规范发展》，《经济研究参考》2006年第72期，第35页。

[2] 刘道云：《法律视域下的民间金融及其规制》，法律出版社2017年版，第118页。

行了规定，要求其注册资本不低于100万~300万元。以上组织均由原银监会批准设立并监管。所以目前在我国，农村合作银行、村镇银行、农村资金互助社等都属于正规金融而非民间金融。

（六）私募投资基金的法律规制现状

我国私募股权投资起步于20世纪80年代中后期，但由于相关政策、法律制度不配套，发展较为缓慢。近年来，随着《中华人民共和国公司法》《中华人民共和国合伙企业法》的修改，以及《中华人民共和国中小企业促进法》等法律的出台，私募投资领域在法律制度的扶持下得到迅速的发展。为了鼓励和规范创业投资活动，保障创业投资当事人的合法权益，提高创业投资水平，优化科技创业创新环境，国家发展和改革委员会等于2005年发布《创业投资企业管理办法》。该办法规定了创业投资企业享受国家政策扶持的条件和程序，主要有三个方面：一是运用税收政策扶持创业投资企业发展，并引导其增加对中小企业特别是科技创新类中小企业的投资；二是国家和地方政府可以设立政策性创业投资引导基金，通过参股和提供融资担保的方式，促进民间资金设立创业投资基金；三是积极推进多层次资本市场发展，包括通过扶持发展产权市场交易等方式，拓宽创业投资退出渠道。此外，国务院、各部委也发布了多项规范性文件对创业投资进行扶持和鼓励，如2008年人力资源社会保障部等发布的《关于促进以创业带动就业工作的指导意见的通知》、发展改革委等发布的《关于创业投资引导基金规范设立与运作指导意见的通知》，2014年《科技部办公厅　财政部办公厅关于2014年度科技型中小企业创业投资引导基金项目申报工作的通知》《国家发展改革委办公厅关于进一步做好支持创业投资企业发展相关工作的通知》，2015年《国务院办公厅关于发展众创空间推进大众创新创业的指导意见》等。

2012年《中华人民共和国证券投资基金法》的修订，对于私募投资基金的规范具有重要意义：一方面，使基金合同成为有名合同；另一方面，明确了非公开募集基金参与方之间的关系依然主要依靠基金合同来规范。同时，对于非公开募集基金的监管较为宽松，例如，对非公开募集基金的设立实施"基金管理人向基金行业协会登记备案制"，无须国务院证券监督管理机构审批，放开了非公开募集基金管理人从事公开募集基金管理业务的限制。这样的制度安排有利于促进私募基金的发展和规模扩大。2023年7月，国务院发布《私募投资基金监督管理条例》，重点规定以下内容：一是明确适用范围。将契约型、公司型、合伙型等不同组织形式的私募投资基金均纳入适用范围。二是明确私募基金管理人和托管人的义务要求。明确不得成为私募基金管理人及其控股股东、实际控制人、董事、监事、高级管理人员等相关主体的情形，明确从业人员应当按照规定接受合规和专业能力培训；规定私募基金管理人应当依法向国务院证券监督管理机构委托的机构履行登记手续，明确注销登记的情形；列举私募基金管理人的股东、实际控制人、合伙人禁止实施的行为，明确私募基金管理人应当持续符合的要求。三是规范资金募集和投资运作。应当向合格投资者募集或者转让，单只私募投资基金的投资者累计不得超过法律规定的人数；私募基金管理人应当根据投资者的风险识别能力和风险承担能力匹配不同风险等级的私募投资基金产品；加强私募投资基金募集完毕后的监管监测；明确私募投资基金财产投资的范围以及不得经营的业务，规定私募投资基金的投资层级；规范私募基金管理人及其从业人员的行为。四是对创业投资基金作出特别规定。国家对创业投资基金给予政策支持，鼓励和引导其投资成长型、创新型创业企业；对创业投资基金实施区别于其他私募投资基金的差异化监督管理和自律管理。五是强化监督管理和法律责任。规定私募投资基金业务活动的监督管理应当贯彻党和国家路线方针政策、决策部署；明确国务院证券监督管理机构的监管职责及监管措施等。

从私募投资基金的法律规制历程可见，我国私募投资基金从一开始具有浓厚的民间金融属性，通过专门的法律规范已将其正规化、阳光化，成为正规金融的一部分。

二、复杂形态民间金融主体法律规制的完善

（一）规制原则

复杂形态的民间金融主体目前已经成为民间金融活动中的重要力量，但是，此类民间金融存在较大的系统性风险，因此对其法律规制比较复杂。立法和行政监管措施不当，就会收到"过犹不及"的效果，使很多现实的社会

需求难寻出路。有学者认为,对于此类民间金融,应当促使其向正规金融转化,以正规金融的方式进行规制,坚持整体的金融公平、金融效率、金融秩序和金融安全四项基本原则。①

本书认为,一律将复杂形态的民间金融转化为正规金融并非合适的途径。全部转化为正规金融,对金融市场而言并不是深化,而是退化,不利于形成自由竞争的多元化市场格局。一方面,对于此类民间金融不能完全禁止,而应秉持"宜疏不宜堵"的原则。此前,日本在这方面有着较为深刻的经验教训。日本之前的私人钱庄都是强迫性、诱骗式的地下钱庄,现如今比较典型的是软性友好型私人钱庄,这种私人钱庄解决了从正规渠道无法贷款的消费者的借贷需求②,并且有着良好的群众基础,成为正规金融的有益补充。另一方面,对于此类民间金融应当加强管理,因为风险是客观存在的,法律如果缺位,就会导致风险愈演愈烈。

因此,对于复杂形态的民间金融主体,必须分情况进行规制。对于那些能够成长为正规金融的有益补充的民间金融形式,应当确认其合法地位,辅之以具体的管理制度。这是因为当常规的金融通道不能满足普通消费者的融资需求时,他们就会另寻他途。当政府取缔消费金融公司时,人们就开始求助于私人钱庄。如果全面取缔私人钱庄,可能又会出现新的民间金融类型。但是,这种规制又必须是注重发挥原金融形式特色的、审慎的方式,而非与正规金融适用同等标准以强行促使其向正规金融发展。应区别其组织形态和发展形态,主要采取规范和促进发展的态度和措施,通过金融体制改革,提升金融市场化程度。而对于异常形态的民间金融,应区别其可改造性,将能够实施阳光化、合法化和规范化改造的引导改造为可民营的正规金融,对涉嫌违法犯罪的则采取严厉取缔和打击态度。

限于篇幅,本书无法对所有复杂形态的民间金融主体形式一一进行讨论。接下来选取以营利性为主的民间集资和以互助性为主的合作金融组织为典型,研究对复杂形态的民间金融主体进行法律规制的基本路径。

---

① 刘少军:《金融法学》,中国政法大学出版社2008年版,第7-9页。
② 陈景善、王萍:《日本非法民间金融防范的法律分析》,《中国政法大学学报》2012年第5期,第44页。

(二) 复杂形态民间金融主体法律规制的完善建议

1. 民间集资法律规制的完善建议

民间集资就是民间筹集资金的行为。对民间集资的法律规制是立法司法中的难点。多年来对民间集资的打击力度不可谓不大，但民间集资却屡禁不止，甚至愈演愈烈。

在提出民间集资法律规制策略前，需要先分析非法集资行为为何难以根除。其原因可归纳为以下方面：一是认知上的偏差，压制型的非法集资规制策略缺乏对民间集资行为的合理引导，未给正规金融以外的集资行为提供合法运营的空间；二是标准笼统，简单的非法集资认定标准缺乏差异性，并未结合正规金融以外集资行为的本质属性对非法直接集资和非法间接融资、为经营而非法集资与为非法占有而诈骗集资等进行有效区分。具体来看，一方面，目前对非法集资行为的规制，主要是借助刑法的威慑力量事后处置非法集资行为，而非事前、事中的规范性治理。在从垄断型的国家金融体制向满足市场需求的市场型金融体制转变的过程中，民间资本的积累和资本的需求同步激增，可狭窄的正规融资渠道阻断了资本供需主体间的有效对接，使其不得不游离于正规金融体系之外，形成民间资本的金融体系外循环。另一方面，无论从民间集资的概念，还是从民间集资特征的表述来看，目前所有对"非法集资"进行规范的文件对其描述没有本质上的差异，更多是对表层问题进行简单的修正；同时，相关文件没有针对正规金融以外的所有集资行为的不同表现形式、集资目的，采取差异化、层次化、类型化的规制策略。[①]

可见，对民间集资进行有效的法律规制，应从以下方面入手。

第一，关键是区分合法的集资行为与非法的集资行为。

2021年《防范和处置非法集资条例》将非法集资界定为"未经国务院金融管理部门依法许可或者违反国家金融管理规定，以许诺还本付息或者给予其他投资回报等方式，向不特定对象吸收资金的行为"。同时，该条例第19条列举了以下行为涉嫌非法集资："（一）设立互联网企业、投资及投资咨询

[①] 张明玫、李树：《民间借贷行为规制的偏失与矫正：以非法集资规制为例》，《社会科学家》2018年第7期，第117-118页。

类企业、各类交易场所或者平台、农民专业合作社、资金互助组织以及其他组织吸收资金；（二）以发行或者转让股权、债权，募集基金，销售保险产品，或者以从事各类资产管理、虚拟货币、融资租赁业务等名义吸收资金；（三）在销售商品、提供服务、投资项目等商业活动中，以承诺给付货币、股权、实物等回报的形式吸收资金；（四）违反法律、行政法规或者国家有关规定，通过大众传播媒介、即时通信工具或者其他方式公开传播吸收资金信息；（五）其他涉嫌非法集资的行为。"对条例确定的非法集资概念进行研究，可以发现认定构成非法集资有三个条件：一是未经国务院金融管理部门依法许可或者违反国家金融管理规定，二是以许诺还本付息或者给予其他投资回报等方式，三是向不特定对象吸收资金的行为。相较于2010年《最高人民法院关于审理非法集资刑事案件具体应用法律若干问题的解释》的规定，非法性标准、投资性标准、公开性标准基本保留，但是用词更为精确。非法性标准强调非法集资未经特定主管部门批准；投资性标准说明这种行为不是一种商品交易行为，而是一种投资性行为。其中第一个要件的判定是比较直观的，是否经过有权机关的批准一目了然，但是未获得批准的集资行为不一定都是非法集资，因此重要的还是判断这种集资行为是否具有投资性和公开性。下面具体对这两个特征的认定展开讨论。

  首先，对于出资方来说，其目的应当是投资而非商品交易。实务中非法集资手段多样，但大部分非法集资活动不会采用显而易见的方式，而是使用各种交易模式来伪装其交易性质，以掩饰其非法集资目的，对这一特征进行区分就是难点所在。

  商品交易行为和投资行为从理论上来说性质完全不同，但是从形式上来看，其共同点在于一方要付出货币资金，另一方则提供商品或者投资凭证。这一点被一些集资者利用，他们以一定的商品作为伪装，而以投资为其实质。对于商品交易而言，其出资者能够及时获得作为对价的商品，其公平性由合同法、产品质量法、消费者保护法等法律予以保障。对集资采取比一般商品交易更为严格的监管措施，是因为资金提供者并未获取任何实质的商品和服务，而是想要获得某种未来的收益，由于其提供资金的对价的特殊性，不受合同法和产品质量法一般性规定的保护。① 美国联邦最高法院曾在 SEC v. W. J. Howey Co. 一案中确立了以下四个标准来界定是否是投资合同：（1）以获取未来的收益为目的；（2）投入资金；（3）资金投向为共同事业；（4）该利润获取主要依靠他人的努力。② 正是由于这种利润的获得需要他人的努力，而购买者无法直接监督或者存在监督困难，法律才有对其进行干预的必要。

其次，这种集资行为必须是面对不特定对象的。集资行为其实就是多个民间借贷活动的集合。为什么本书将单个的民间借贷或者少量的民间借贷行为归入简单形态的民间金融形式，而民间集资行为就成为复杂形态的民间金融形式呢？其关键在于，一对一的民间借贷行为中的双方当事人可以经过利弊权衡，并通过谈判、协商来明确风险的控制和分担，而集资面对的是社会公众，数量众多的投资者加入进来，其资金被混合使用，这些投资者无法直接监督或者存在监督上的障碍，因此投资者和集资方存在严重的信息不对称，进而需要法律的特别干预，加强对集资方的监管和对投资者的保护。为此，法律应对集资者作出一定的资质要求和充分的披露信息要求。

关键的问题就是如何判断是否是向不特定对象集资。此前立法中规定向"社会公众"集资，由于"社会公众"的表述过于模糊，而采用了"不特定对象"的说法，排除了之前的"200 人以上"这一标准。但是，"不特定对象"同样难以认定。如何区分特定人与不特定人，如何特定化，立法没有给出具体的标准。2014 年最高人民法院等印发的《关于办理非法集资刑事案件适用法律若干问题的意见》中强调了两种情形不属于"针对特定对象吸收资金"：一是在向亲友或者单位内部人员吸收资金的过程中，明知亲友或者单位内部人员向不特定对象吸收资金而予以放任的；二是以吸收资金为目的，将社会人员吸收为单位内部人员，并向其吸收资金的。但是，对特定人和非特定人的判断不能仅依靠列举，因为现实的情形很难列举穷尽，必须有一定的判断标准。这就需要回到对民间集资行为的法律规制目的上来看。民间集资的立法目的是保护弱势的、信息不对称的投资者，这也说明，如果投资者是

---

① 彭冰：《非法集资活动规制研究》，《中国法学》2008 年第 4 期，第 52 页。
② SEC v. W. J. Howey Co., 328 U. S. 293 (1946).

强势的，是有充分信息的，就无须特别保护。美国最高法院在 SEC v. Ralston Purina Co. 一案中曾确立一项私募的标准：如果是向那些能够自己保护自己的人融资，就不涉及公众，就属于私募。① 具体来说，能够保护自己的投资者包括两种：一是有丰富投资经验的人；二是和发行人有特殊关系的人，如发行人的直系亲属。这两个标准很有道理，但是同样存在不易辨认的问题，需要依个案来判断。因此，后来美国证券交易委员会（SEC）在 1982 年颁布条例，创造了一个新的概念——"合格投资人"，即家庭年收入连续两年在 20 万美元以上，家庭净资产在 100 万美元以上的投资人，规定如果向合格投资人集资，无论人数多少，都不属于向公众集资。这一规定实际上是给集资行为提供了"安全港"，即明确说明只要投资人属于"合格投资人"的范畴，那么集资行为就是合法的；其他标准都具有不确定性。尽管"合格投资人"标准在国内外都存在一定的争议，但本书认为，在界定民间集资的合法性与否的问题上，引入该标准是有必要的。当前正规的金融机构无法充分满足民间融资的需求，而大量的民间闲散资金又难以找到正规的投资渠道，立法无法划出准确的界线，导致集资者和投资人都在灰色地带摸索。在这种情况下，立法划定一个明确的界线，可以为集资人提供一个比较安全和确定的非正规融资渠道，为一部分民间集资行为提供稳定的预期。

第二，对非法民间集资适用非法吸收公众存款罪来定罪量刑存在不当。

目前的非法集资问题主要由《刑法》来规定。与非法集资相关的罪名包括变相吸收公众存款罪、非法吸收公众存款罪以及集资诈骗罪。其中集资用于诈骗的，构成集资诈骗罪，当无疑义。需要探讨的是其他的非法集资行为，依据《最高人民法院关于审理非法集资刑事案件具体应用法律若干问题的解释》第 1 条的规定，应当一律被认定为《刑法》第 176 条规定的"非法吸收公众存款或者变相吸收公众存款"，其妥当性值得怀疑。

想明确这个问题，首先要辨析非法吸收公众存款与非法集资的区别。从字面逻辑来看，非法吸收公众存款、变相吸收公众存款和非法集资行为是不一样的，非法吸收公众存款是指"以存款形式吸收公众资金的行为"，变相吸收公众存款是"不以存款名义，但其权利义务内容实质上与吸收公众存款类

---

① SEC v. Ralston Purina Co., 346 U.S. 119, 124 (1953).

似的行为"；在这两者之外的集资活动才属于非法集资。而从本质内容来看，非法吸收存款和非法集资也是存在区别的。

存款与资金并非同义，吸收存款和吸收资金（集资）也不是一个含义。吸收存款是商业银行的核心业务，除了经国家特许设立的商业银行，禁止任何单位和个人从事吸收公众存款的业务。究其原因，无论是活期存款还是定期存款，都具有流动性和安全性的特征。一方面，存款一般可以随时支取，即使是定期存款，在放弃期限利益的前提下也可以随时支取；另一方面，存款的投资属性很弱，也就是说，存款既没有很高的预期利益，也几乎没有风险，存款人选择去存款更多是为了让银行进行保管而非从银行营利，数额很少的利息只是其附加功能而已。基于存款的这种特殊性，国家常常会对存款进行特别的保护，如大部分国家强制实施商业银行存款保险制度，而我国对于银行存款也有国家信用的隐形保障。银行存款系统的崩溃，往往会给经济带来巨大的震荡影响。由于存款的这些特性，会使存款人对于存款的安全性有着特别的预期。民间集资行为显然与吸收存款不同，民间集资的集资方在募集和提供资金时也会作出还本付息的承诺，投资方也是由于这种确信才进行投资的，但是基于投资行为必然伴随风险，投资方不可能对风险没有任何预期，换句话说，对于集资行为所承诺的高于银行利息数倍的预期利益，投资者没有理由相信其不伴有任何风险。因此，法律不应当对民间集资中的投资者给予与存款人同样的保护；同样地，也不应对民间集资的集资者科以与非法吸收公众存款的违法人员同样的处罚。

可见，以变相吸收公众存款罪或者非法吸收公众存款罪处理非法集资活动，是失之偏颇的。其后果是对于本来没有那么大社会危害性和主观恶性的非法集资行为适用非法吸收存款的罪名，造成对非法集资惩处过严的后果。对于一般的非法集资行为，应当一方面以民事责任为主、刑事责任为辅；另一方面，当适用刑事责任时，其量刑应当轻于非法吸收公众存款罪。

第三，将集资行为区分为直接融资和间接融资两种情况加以规制。

根据集资者身份、集资方式和目的的不同，可以将民间集资区分为直接融资和间接融资。直接融资就是由资金的实际需求方进行融资并直接用于生产和经营；而间接融资是由金融中介机构进行融资，融资后再将资金转交给资金的需求方。对于直接融资来说，其资金的供求双方可以直接接触，资金的提供方出于对需求方的信任而愿意提供资金，更接近于意思自治，因此风险也更多地由自身承担；而对于间接融资，提供资金的人并不知道其资金的去向，中介机构向资金的需求方提供资金时，其经营的是客户的资金，难免就会出现代理成本的问题。因此，在金融市场发达的美国，对于直接融资和间接融资，适用不同的法律制度。

对于直接融资，主要是强制性的披露信息制度，应当要求集资者通过注册，真实、准确、完整地披露有关信息，由投资者自行作出投资判断。与此相配套的还有严格的反欺诈制度和诉讼程序。在特殊情况下，如果法律判断不需要进行特别监管时，可以对强制性信息披露进行豁免。[①] 对于间接融资，则特别强调金融中介机构的安全性和健康性，对中介机构的主要法律规制方式为审慎经营和风险控制。例如，对金融中介机构采用特许制，对其资本充足率、净资产比例等作出特殊要求。

现有制度没有区分直接融资和间接融资，将不符合法律规定的特许制要求的集资行为一律归为非法集资。事实上，正如前文所分析的，对直接融资没有必要适用如此严苛的制度规范。将直接融资和间接融资同等对待，其后果是所有的资金募集者必须经过特许才能进行集资，而这显然具有不可实现性，大量的民间融资机构难以满足特许制设立的要求，而且对于直接将募集资金用于自身经营的集资者和能够在一定程度上认识到自己出资行为风险性的投资人来说，这种特许也没有必要。

因此，应将集资活动分为直接融资和间接融资，对于其中属于直接融资的集资行为，可以获得特许制的豁免，允许中小企业在充分、及时、准确地披露信息的前提下，无须有权机关批准就可以进行融资。随着投资者的日渐成熟和市场环境的不断优化，应当逐步减少对直接融资的限制，合理的资金需求和投资愿望就更容易得到满足。对于间接融资行为，即集资后再放贷的行为，其经营的是类似银行的业务，对其要适用更为严格的法律制度，包括在成立时的特许和经营过程中的严格监管。

2. 合作金融组织法律规制的完善建议

在面向农村的合作金融组织领域已经出台了不少的规章制度，先后出现

[①] 郭雳：《美国证券私募发行法律问题研究》，北京大学出版社2004年版，第209-213页。

的合作金融组织类型包括农村合作基金会、农村信用合作社、农村合作银行、农村资金互助社、村镇银行等，这些合作金融组织的监督管理机构均为原银监会。按理说，这些农村合作组织有了相应的制度规范，也有监管机构，已经成为名副其实的"正规金融"，为什么还要放在民间金融里讨论呢？本书认为，目前这些合作金融组织可谓名不副实，其产生和发展与设立初衷不符。政府在设立这些机构时，绝不是想让其成为正规金融机构的分支，而是有其独特的定位和发展思路。但是由于各方面的原因，这些组织的发展都没能满足设立者的愿望，没能实现其设立时的目的。由于这种合作金融组织在美国、德国等国家都是较为典型的民间金融，本书认为对于这类金融组织应当更多地"去行政化"，更多地体现其互助合作的基本特征，因此也放在民间金融部分来讨论。

从农村合作基金会的发展历史可以明显看出农村合作金融组织的制度缺陷。农村合作基金会在其存在的历史阶段，其主要业务是服务于小农户的小额信贷，通过较为灵活的金融活动来弥补银行业务的不足，曾经填补了基层农村金融体制断层。事实证明，那些农村合作基金会获得较好发展的地方，高利贷也会不同程度地被削弱。但是，在农村合作基金会发展进程中，政府进行了过多的行政干预，使其运作违背了最初的互助宗旨，而成为办理存贷业务的第二个农村信用社。同时，由于缺乏完善的监管机制，其功能被扭曲，出现了大规模的兑付风险。1999年，国务院发布文件取缔农村合作基金会。通过对农村合作基金会从产生到发展再到灭亡过程的分析，可以吸取很多经验和教训。

我国农村信用合作社是深耕县域金融市场的主力军，在服务城乡居民和发展普惠金融方面发挥着重要作用，但也面临着诸多挑战。随着国有银行和股份制银行将业务下沉，县域金融市场竞争加剧。与大型银行相比，农村信用合作社资金和技术实力薄弱，专业技术人员缺乏，农信社金融产品与服务创新能力不足，难以满足多元化金融需求。特别是治理机制一直较为尴尬，虽搭建了"三会一层"治理架构，但治理有效性仍与改革目标有差距。社员代表大会、理事会、监事会难以充分发挥作用，存在被控制或流于形式的问题，未能有效保障股东和社员权益。

原银监会于2007年出台的《村镇银行管理暂行规定》明确规定："村镇

银行最大股东或唯一股东必须是银行业金融机构。最大银行业金融机构股东持股比例不得低于村镇银行股本总额的20%。"因此，银行业金融机构成为村镇银行的控股股东，村镇银行成为其下属分行或支行。① 恐怕在立法本意上，无论是农村信用合作社、农村合作银行，还是农村资金互助社、村镇银行，都不是为了在农村再设立一个商业银行的分支机构。

可见，农村金融制度变迁属于自上而下的强制性制度变迁，在该过程中，由于金融抑制论的影响，保障金融安全和严格管控金融风险始终居于政府职责前列，而农村民间金融则在一定程度上被排挤，不断边缘化，致使自下而上的诱致性农村金融制度变迁无从发生。② 在这种受政府管制的二元金融结构分割的农村金融下，相应的法律制度必然也体现出对农村民间金融严厉抑制的特征。由此会产生两个结果：一方面，扭曲市场供求关系，加剧供给短缺；另一方面，偏离均衡价格，导致供给高价。实际出现的结果是，管制越严，地下金融越活跃，农村金融市场的秩序就越混乱。行政性管制力的过于强大使民间金融只能龟缩于地域范围的狭小空间里生存，农村金融市场也丧失了其原本具有的向外的生长性。③

因此，理解正式金融机制和法律制度与农村社会内生规则之间的相互关系，对于设计农村金融法律规范和评估其社会效用具有重要的理论价值，可以使法律规范设计的初衷与实际效果相符，从而避免目标和实际效果不一致所造成的成本浪费。2020年发布的《中共中央关于制定国民经济和社会发展第十四个五年规划和二〇三五年远景目标的建议》（以下简称"十四五"规划纲要）明确提出："深化国有商业银行改革，支持中小银行和农村信用社持续健康发展，改革优化政策性金融。"对农村合作金融组织进行改造的关键，是要摒弃用正规金融统一农村金融的构想。应当认识到，只有实现正规金融与民间金融相互支持、相互补充，才能推动农村经济发展。有条件地准许民间金融合法化，将合作金融组织改造成真正的民间金融。一方面，要坚持入门门槛不能过高；另一方面，必须有相应的制度约束，以免重蹈农村合作基

---

① 陈海兵：《"新36条"能否撬动浙江民资》，《观察与思考》2010年第9期，第17页。
② 龙柯宇：《基于法治博弈的农村民间金融治理逻辑重塑》，《甘肃社会科学》2017年第3期，第215页。
③ 张燕：《中国农村民间金融法律规制研究》，人民出版社2017年版，第186-187页。

金的覆辙。在制度设计上,可以参考德国的合作社以及孟加拉国的格莱珉银行等成功的合作金融组织范例。

首先,设立组织的资金来源不应是大的商业银行,因为商业银行以营利为其天然属性,不应强制要求其介入以互助性为基本属性的合作金融组织。此类组织的资金来源应当主要为两类:一是国际组织或者政府的资金支持;二是组织成员的储蓄。例如,格莱珉银行在成立之初主要由国际社会和国际农业发展银行以及一些基金组织提供资金,后来则逐渐开始市场化运作,由社员来提供储蓄以维持项目的持续有效经营。

其次,合作金融组织的服务对象主要为穷人,服务内容是为其提供灵活、便捷的贷款,其利息的设定应当低于商业银行的基准利息,贷款期限一般较短,如消费性的小额借贷为一年。如果贷款者未能还清之前的贷款,只要再次贷款的额度不超过前半年已经偿还的额度,也可以获取银行的新贷款。贷款种类也应随着借款人的偿还能力不同而进行不同的设置。更为灵活的贷款计划不仅可以帮助遭遇自然灾害的穷人偿还贷款,还可以通过新的贷款使其获得新的商机。[1]

再次,合作金融组织为督促还款,应当有效利用私人治理机制,并设置特殊的保障制度。由于合作金融组织的服务范围限定于特定的区域,因此其中基于亲戚、同乡、朋友、同事等关系而形成的人际关系以及由此带来的压力会成为还款的有力保障机制。如组成贷款小组,小组内的成员通过互相帮助选择项目、协同申请贷款、互相监督并承担连带责任,由此可以有效地减少信息不对称所带来的成本,降低违约率。

又次,合作金融组织的内部管理必须是自由的和民主制的,由社员大会或者全体股东作为最高领导机构。如果是社员制的,应当采用一人一票的决策机制。此外,合作金融组织还应开展各种综合服务项目,如吸收存款、办理保险、进行投资培训与技术咨询等,以提高贷款人的还款能力。

最后,政府金融监管机构不应主动将此类区域性的合作金融组织整合为

---

[1] 李薇:《孟加拉格莱珉乡村银行模式Ⅰ到模式Ⅱ的转变及其对中国扶贫的启示》,《中共济南市委党校学报》2011年第2期,第28-29页。

商业银行。① 应当进行有选择、分层次、适度的法律规制，而并非严苛的、普遍的管制，从法律上确认民间金融形式的优势。当然，立法规制对于合作民间金融并非放任自流。在降低准入门槛的同时，必须加强对其宏观调控，无论是对利率的分情况限制，还是对其过程的特殊监管，都要既区别于一般的民间借贷，也区别于商业银行。关于对过程的法律规制，本书将在第四章、第五章做深入的阐述，此处不再赘述。

通过对民间金融主体的研究，明晰有关主体的组织形式、业务范围、从业条件、资信体系，逐步培育起多元化和多层次的民间金融主体体系，有利于民间金融的健康发展和防范系统性风险，促进金融市场化进程，确保金融安全、金融秩序，提升金融效率。

---

① 王兆东：《德国合作金融的借鉴与启示：德国合作金融实践对我国合作金融的借鉴与启示》，《华北金融》2010 年第 8 期，第 39 页。

第四章

民间金融利率的法律规制研究

利率是金融制度的核心问题之一。利率市场化是金融改革的必然趋势[①]，也已经为西方许多国家金融发展的实践所证明。[②] 但是，利率市场化绝对不是利率完全自由化。如果不对利率加以适当的规制，就会物极必反，导致系统性风险，破坏金融秩序，影响经济发展，产生社会问题。对于利率的适当干预，自产生利率以来已经有了悠久的历史，在国内外的法治实践中，也有着较为丰富的经验以资借鉴。

民间金融利率的法律规制需要针对不同类别的民间金融区别进行。对于简单形态的民间金融给予高度的自由，充分尊重市场的需求，放松利率规制；对于中间形态和复杂形态的民间金融，要进行适度的利率规制甚至严格规制，确保经济的良性发展和社会的安全稳定。因此，在规制的原则上呈现一种反向的情形，民间金融形态越简单、越初级，利率限制越松，实际利率水平越高；民间金融形态越复杂、越高级，利率限制越严，实际利率水平越低。对于每种民间金融形态，还要考虑多种因素进行更为深入的区分，如营利性、时长区间、信用记录等，通过合理的制度安排平衡和保护各方的合法权益，从而让贷出方有足够的激励乐于贷出，让借入方能获得周转资金而不必背负额外的负担，进而合理配置金融资源，促进经济繁荣。

[①] 2020 年发布的"十四五"规划纲要中明确提出"健全市场化利率形成和传导机制"。表明利率市场化改革将成为不可逆转的历史潮流。国家将继续以健全市场化利率形成、传导和调控机制为核心，深入推进利率市场化改革。

[②] 强力：《我国民间融资利率规制的法律问题》，《中国政法大学学报》2012 年第 5 期，第 63 页。

第一节 民间金融利率概述

一、民间金融利率的定义

利率,又被称为利息率,是指借贷期满形成的利息额与贷出的本金额的比率,西方经济著作中也称之为到期的回报率、报酬率。[1] 利率的本质是实体经济的资本收益,利率是资金的借贷双方对收益预期以及不确定性风险的市场定价。从借款人与贷款人的不同角度,利率能够反映和评价的内容有所不同。对借款人而言,利率反映的是融资成本的高低,是借款人使用他人货币资本而支付的价格;对贷款人而言,利率反映出贷款人出借货币资本获得的报酬水平的高低。风险的高低决定利率的高低,民间利率对同类风险的定价基本一致,利率根据资金的供求关系和动态平衡而波动。

民间金融利率就是民间金融主体在民间金融活动中所使用的利率,与正规金融利率相比具有层次性、区域性、对象性、高利性四个特征。首先,民间金融利率有较为明显的层次,可划分为零利率、中间利率、高利率三个层次。完善、发达的民间金融不可能是僵化的、统一的利率,一定是因应不同需求而设置多层次的利率区间。

其次,民间金融利率与地区经济发达与否有着较为密切的关系,这与正规金融的存贷款基准利率在全国范围内统一适用有着明显的差别。一般来说,经济欠发达地区的利率较高,经济发达地区的利率较低。

再次,民间金融利率还与交易对象和用途密切关联。相对而言,如果贷款被用于商业用途,具有鲜明的营利性,则利率较高;如果被用于生活消费,具有一定的互助、公益性质,则利率较低。

最后,与正规金融利率相比较,民间金融利率处于较高水平。美国有的州甚至允许发薪日贷款(payday lending)的年利息达到390%~1950%。[2] 由

---

[1] 黄达:《金融学》,中国人民大学出版社2003年版,第117页。
[2] 王绍旺:《论民间高利贷域外法律规制及其对我国的法律启示》,《求索》2012年第2期,第139页。

于民间金融的高利表征，一些学者将民间金融与高利贷混为一谈，这种看法是存在误区的。一方面，要看到民间金融往往是针对在正规金融中无法贷到款项的主体的融资需求，因此一般会设定比正规金融高的利率标准；另一方面，也要看到还有很多的民间金融形式是具有互助性甚至公益性的，这类民间金融的利率并不比正规金融的利率高。同时，"高利贷"作为一种已经具有特定含义的民间金融形式，其内涵是设定利率明显违反一般社会正义的民间借贷，因此法律所许可的高于正规金融利率设定的民间借贷不能一概被称为高利贷。将民间金融与高利贷画等号是一个逻辑性错误。当然，对民间金融的高利性应当予以足够的关注，因为这一特征一方面能够激励民间资本进入市场，满足不同行业和主体对资金融通的需要；另一方面，也容易诱使人们无视风险和法律，引发一系列经济和社会问题。

利率自由浮动是基于其天然的市场属性。民间金融中的自由利率有四个前提：一是借贷双方可以进行平等谈判，价格在市场均衡价格范围内自由协商；二是借贷双方能够认同和接受一定的利率水平；三是借贷双方提供的信息真实有效，没有刻意隐瞒或恶意欺诈；四是借贷双方在没有其他压力的情况下确立借贷关系。[①]

二、民间金融利率的种类

通过不同的标准对民间金融利率进行分类，可以从不同方面加深对民间金融利率的认识。从利率的计算方式，可以划分为单利和复利；从利率的实际成本，可以划分为约定利率和综合利率；从利率的设定机制，可以划分为市场利率、官定利率和行业利率；从利率的高低层次，可以划分为零利率、低利率、中间利率、高利率。

（一）单利与复利

单利是指对于已过计息日而未支取的利息不予计算利息的利率计算方式。复利是指将已过计息日的利息并入本金一并计算利息的利率计算方式。复利反映了利息的本质特征。无论是单利抑或复利，都仅仅是利息的一种计算方

---

① 周霖：《民间金融内生发展模式研究》，浙江大学出版社2019年版，第115页。

法。利息的存在,就是承认了资本可以只依其所有权取得一部分社会产品的分配权利,这也是资本的基本特性。如果我们一方面对利息存在表示肯定,而另一方面又否认复利存在的正当性,这就显得自相矛盾。

(二) 约定利率与综合利率

约定利率是交易双方明确约定就本金的使用需支付的对价。综合利率不仅包含约定利率,还包括其他一切费用,如成本。例如,友情借贷中包括因借贷而送礼的费用,再如其他借贷中的手续费等。

(三) 市场利率、官定利率、行业利率

市场利率是指完全受市场影响,随市场变化自由变动的利率。官定利率是由国家金融监管部门或者中央银行规定的基准利率,即法定利率,是政府为了进行宏观调控而运用的一种经济手段,反映了非市场的强制利率对利率形成的干扰。行业利率是由非政府部门的行业组织为了维护公平竞争所确定的利率。行业利率对行业内的成员是具有一定约束力的。官定利率与行业利率常常只规定利率的上限或下限,在上限之下、下限之上的由市场来调节。[①]

(四) 零利率、低利率、中间利率、高利率

零利率和低利率主要存在于互助性的民间借贷之中,即没有营利性的目的,是偶然性、互助性、生活性的民间借贷(如季节性的生产资金调剂、建房、婚丧嫁娶等),其形式主要包括友情借贷、合会、农村合作基金会等。高利率是指高于国家规定的利率上限的利率。在高利率与零利率之间的,即中间利率。2015年《最高人民法院关于审理民间借贷案件适用法律若干问题的规定》中对于民间借贷采用了三级利率划分的方式,将高于36%年利率水平的借贷视为高利贷,不予保护;低于24%年利率的依法获得保护;年利率为24%~36%的为自然债务。

---

① 黄达:《金融学》,中国人民大学出版社2003年版,第123-124页。

三、民间金融利率规制的必要性

利率的作用相当广泛，无论是从微观的角度还是宏观的角度，无论是对于正规金融还是民间金融，利率都是非常重要的经济杠杆。利率作为整个经济之圆的圆心，其高低变化会引起这个圆圈的扩大或收缩，受到这种变化影响最大的首先是那些离圆心较远的低效企业。[1] 基于当前的国情，需要国家进行较大力度的宏观调控，调控的手段不能是简单的行政手段，而应当尊重经济规律，采用市场的方式。金融是经济发展的关键环节，利率又是金融体系产生实效的核心因素，通过利率的调整调节资金的流向，从而为经济发展提供财力支持。

民间金融利率是民间金融法律规制的重要环节。民间融资存在着法律地位不确定、交易隐蔽、监管缺位、风险不易监控，以及容易滋生非法融资、洗钱、暴力追债、恶意追债等问题；民间金融利率规制，影响宏观调控和产业政策。鉴于民间金融的盲目性和内生性，如果不予以正确的引导，将会与国家的宏观调控或者产业政策相违背；民间金融利率法律规制不当，容易破坏金融秩序，累积金融风险。高利率并没有起到调节金融供需之间平衡的作用，而是加大了供需之间的不平衡程度；没有实行金融资源的优化配置，而是积累了更多的金融风险。有学者通过总结20世纪80年代以来温州民间借贷的利率水平，证实了高利率与金融高风险之间的正比例关系。[2] 民间借贷的合法性与借贷利率水平密切相关，对民间借贷利率的规制决定了民间借贷市场的开放程度以及对民间借贷的保护程度。[3] 起源于契约自由原则下的高利贷意思自治，在遭遇金融管制理论后，利率自由面临着公序良俗等社会现实的强烈冲击，契约正义理论逐步修正了契约自由理论的偏差，支持了利率管制。经济学学者研究表明，应对利率上限予以管制的正当性基础在于，民事主体在借贷利率衡量过程中会陷入非理性境地。一是借贷低估，即人们难以克服在借款时自身对将来还款的侥幸心理，具体包括：自利偏见，明显低估生老病死对其经济上的冲击；时间贴现，人们容易在乎眼前利益而忽略长期规划；

---

[1] 肖俊、罗斌、陈敏：《利率功能的制约条件》，《财经科学》1992年第2期，第63页。
[2] 诸葛隽：《民间金融：基于温州的探索》，中国经济出版社2007年版，第179页。
[3] 岳彩申：《民间借贷规制的重点及立法建议》，《中国法学》2011年第5期，第88页。

外部困境,在面临自身经济压力时,会第一时间凭直觉而非理性选择接受理解难度最小的方案;支付意愿,在面对失去时,绝大多数人会更珍惜已有的东西,导致不理性地面对损失。二是信息劣势,即贷方会将自身的信息优势植入合约谈判与执行过程中,具体包括:信息瀑布效应,即消费者在面临过多的信息比较和抉择时,倾向于简化考虑最明确的几个因素;证实偏差,人们会寻找支持自己观点的证据,有意屏蔽反对意见,并将模棱两可的信息向着自身立场进行解释而非理性评估;锚定偏差,在分析收益时很大程度上会依赖第一印象,这种心理锁定导致其缺乏对后来持续信息的进一步分析;债务循环,高利贷产品会导致借方产生心理依赖效应,陷入恶性循环。①

考察域外国家和地区对利率问题的规制,多数国家和地区没有规定唯一的利率限制标准,而是根据借款类型采用多样化的利率限制方式;南非《国家信贷法》规定年利率上限分别不得超过28.1%、33.1%和43.1%。英国在1854年废除了《高利贷法》,1974年《消费者信贷法》也取消了对消费者借贷利率48%上限的管制。②《消费者信贷法》没有规定利率上限,对利率高低的判断根据借贷的具体情况确定,但金融行为监管机构有权对"不公平行为"作出行政决定,司法机关也有权对"不公平行为"作出司法裁判,从而影响消费信贷交易的法律效力。如果法院发现信贷交易存在高利率现象,其有权要求当事人重新协商,直至达到比较公平的要求。法院判断是否存在高利率时,会考虑一般利率水平、当事人年龄和商业能力、签订合同时的财务情况等一般因素。美国各州对贷款利率管理大致分成两类:一些州主张自由放任,认为市场竞争会使利率趋于合理,利率管制将减少资金供给;另一些州认为不可完全依赖市场竞争,贷款人在竞争中处于劣势,应当进行适度管制。但整体上看,目前美国大部分州规定了贷款的利率上限,部分州采用固定利率模式,多数贷款利率上限在10%左右;部分州采用相对贷款利率上限,即挂钩联邦储备银行贴现率或国债收益率等;也有一些州同时采用两种利率设置方式,取其中的较高值或较低值。从实践效果来看,多样化利率作为激励性

---

① 宋洋、赵海程:《英美法系利率上限管制的历史变迁考察及对我国相关立法精细化的启示》,高晋康、汪蕾主编:《中国民间金融的规范化发展(2019)》,法律出版社2020年版,第171-173页。

② Peterson C. L., *Usury Law, Payday Loans, and Statutory Sleight of Hand: Salience Distortion of American Credit Pricing Limits*, Minnesota Law Review, 2008, 92 (4), pp. 1138-1140.

规制工具之一，有利于引导民间资金合理流动和防范民间借贷风险。① 但值得注意的是，从1965年起，美国各州法律均对借贷年利率予以限制，到2007年，至少7个州完全放开管制，35个州则允许发薪日贷款收取超过300%的年利息。②

综上，基于利率在经济生活中的重要作用、在民间金融法律制度中的核心作用，需要对民间金融利率进行适度的规制。这种规制必须充分考虑民间金融的复杂性和各种因素，在区分民间金融类别的基础上，设定不同类型的利率水平，建立科学、合理的民间金融利率法律规制体系。

第二节　民间金融利率法律规制的溯源与不足

一、民间金融利率法律规制的历史脉络和现状

1986年《民法通则》第90条规定：合法的借贷关系受法律保护。《民法通则》中仅有此条文对民间借贷问题作出了一般原则性的规定，但对于何为条文所指的"合法""非法"，并没有明确地进行说明，缺乏实践操作性，更没有涉及利率问题。

1999年《合同法》第12章专章规定了借款合同，但由于之前对企业间借贷的限制，《合同法》中未涉及企业间借款的问题，仅对自然人之间的借款合同予以规定，同时采用了无息推定，即借款合同中未提及利率的推定为无利率借款。《合同法》第211条还规定了借款合同约定的利率水平不得违反国家相关限制性规定。

2020年《民法典》规定，禁止高利放贷，借款利率不得违反国家有关规定。借款合同对支付利息没有约定的，视为没有利息。借款合同对支付利息约定不明确，当事人不能达成补充协议的，按照当地或者当事人的交易方式、交易习惯、市场利率等因素确定利息；自然人之间借款的，视为没有利息。

---

① 岳彩申：《民间借贷风险治理的转型及法律机制的创新》，《政法论丛》2018年第1期，第9页。
② 宋洋、赵海程：《英美法系利率上限管制的历史变迁考察及对我国相关立法精细化的启示》，高晋康、汪蕾主编：《中国民间金融的规范化发展（2019）》，法律出版社2020年版，第169页。

《民法典》对于利率的规定较为笼统，没有对于利率的具体限制。

最高人民法院于 1988 年颁行的《关于贯彻执行〈中华人民共和国民法通则〉若干问题的意见（试行）》对民间借贷的利率问题进行了相对详细的规定，包括第 122 条、第 123 条、第 124 条、第 125 条等。但是，最高人民法院《2015 年民间借贷解释》已经明确，最高人民法院以前发布的司法解释与本规定不一致的，不再适用。故这些规定现已不再适用。

最高人民法院于 1991 年颁行的《最高人民法院关于人民法院审理借贷案件的若干意见》第 6 条明确规定："民间借贷的利率可以适当高于银行的利率……但最高不得超过银行同类贷款利率的四倍（包含利率本数），超出此限度的，超出部分的利息不予保护。"这一对利率的强制性规定在很长一段时间内主导了我国民间金融的运行，成为区分民间金融活动合法与非法的重要界限。2002 年 1 月发布的《中国人民银行关于取缔地下钱庄及打击高利贷行为的通知》中也有同样的规定，并将超过四倍利率标准的界定为高利借贷行为。这些民间金融利率方面的法律文件曾经在民间金融法律规制领域发挥了极其重要的作用。

最高人民法院《2015 年民间借贷解释》规定了民间借贷的利率、本金、复利、逾期利息、利息约定不明等问题。第 26 条规定："借贷双方约定的利率未超过年利率 24%，出借人请求借款人按照约定的利率支付利息的，人民法院应予以支持。借贷双方约定的利率超过年利率 36%，超过部分的利息约定无效。借款人请求出借人返还已支付的超过年利率 36% 部分的利息的，人民法院应予支持。"第 27 条规定了本金的认定，第 28 条规定了复利率，第 29 条规定了逾期利率，第 30 条规定了出借人可主张的利息和费用，第 31 条规定了自然债务，第 32 条规定了提前偿还的利息，等等。

2020 年，最高人民法院两次对《最高人民法院关于审理民间借贷案件适用法律若干问题的规定》进行修正（以下简称《2020 年民间借贷解释》），将民间借贷利率上限规则由 2015 年司法解释规定的"两线三区"规则，变更为"出借人请求借款人按照合同约定利率支付利息的，人民法院应予支持，但是双方约定的利率超过合同成立时一年期贷款市场报价利率四倍的除外"。贷款市场报价利率（LPR），是指中国人民银行授权全国银行间同业拆借中心自 2019 年 8 月 20 日起每月发布的一年期贷款市场报价利率。此举在时间选择、内容表达等方面，都显示了司法对民间借贷利率确定市场化导向的支持。①

《2015年民间借贷解释》的背景是从2013年起，中国人民银行全面放开对金融机构贷款的利率管制，预期不再公布贷款基准利率，因此，该司法解释按照当时基准利率6%左右的4倍确定了24%的利率。《2020年民间借贷解释》的背景是2019年中国人民银行LPR机制正式形成，LPR成为金融机构确定贷款利率的主要标准。因此，该版司法解释依据LPR确定司法保护利率上限。但是，由此又引发了许多新的问题，后文将进行进一步的探讨。

同时，在2020年第二次修正时，对于实践中引发广泛争议的前后利率不同规定的司法适用问题进行明确："2020年8月20日之后新受理的一审民间借贷案件，借贷合同成立于2020年8月20日之前，当事人请求适用当时的司法解释计算自合同成立到2020年8月19日的利息部分的，人民法院应予支持；对于自2020年8月20日到借款返还之日的利息部分，适用起诉时本规定的利率保护标准计算。"

二、民间金融利率法律规制的不足

（一）对民间金融利率未区分类型，规定较为僵化

早先的《关于贯彻执行〈中华人民共和国民法通则〉若干问题的意见（试行）》就利率区分了生产经营性借贷和生活性借贷，但是没有进一步的划分和界定；《民法典》规定了利息约定不明的情形下，如果属于自然人间借款，视为没有利息，其他借款则按照交易方式、交易习惯、市场利率等因素确定利息，对民事借贷和商事借贷进行了一定的区分。在过去的民间借贷案件中，借款的用途往往是生活性消费或"救急"，侧重于解决个人生活困难，互助性质居多；而当前发展得如火如荼的民间借贷则以经营性用途为主，营利性成为民间借贷的主要特征。立法有必要对不同性质民间借贷的利率问题进行区分规制。

当前《2020年民间借贷解释》的施行效果有待实践的检验。一方面，民

---

① 姚海放：《论民间借贷利率的法律调整》，《社会科学》2021年第4期，第108页。

间金融的发展目标，是要建成多层次、多元平衡的民间金融市场体系。民间金融包含多种形式，且各具特点，就民间借贷关系而言，也要根据其目的的不同区分为生产性借贷和生活性借贷，根据贷方的身份不同区分为一般性、偶发性的民间借贷（即简单形态的民间借贷）与职业贷款人经营的民间借贷（即中间形态或复杂形态的民间借贷），其具体利率都应有所不同。不对民间借贷的类型进行区分，统一规定相同的利率水平，显然不能适应现实需要。另一方面，强行适用"一刀切"的法定利率标准，忽视了民间融资"短、快、灵"的特性，掩盖了真实的资金需求状况，也取消了资金遵循市场规律的自由配置，与市场经济的天性相左。① 因此，还是要通过法律规制，建立分类引导、动态调整的民间利率管制体系。

（二）民间借贷与其他金融借贷利率存在冲突

《2020年民间借贷解释》第1条第2款是《2015年民间借贷解释》第1条第2款的原样移植，但后者只是为了规范民间借贷行为这一颇具中国特色的金融现象②，区分金融借贷行为和民间借贷行为，并无金融借贷利率可以高于民间借贷的含义和作用。在《2015年民间借贷解释》时期，金融借贷与民间借贷共享"两线三区"的利率上限，金融借贷与民间借贷受同等的司法保护。司法实践从未将金融借贷利率上限排除于民间借贷利率上限之外，没有出现金融借贷利率上限高于民间借贷利率上限的案例。相反，最高人民法院（2017）最高法民终927号民事判决书确定金融借贷利率上限不能超过民间借贷利率上限，依据是最高人民法院于2017年8月4日印发的《关于进一步加强金融审判工作的若干意见》第2条第2点：金融借款合同的借款人以贷款人同时主张的利息、复利、罚息、违约金和其他费用过高，显著背离实际损失为由，请求对总计超过年利率24%的部分予以调减的，应予支持，以有效降低实体经济的融资成本。③

在《2020年民间借贷解释》颁布后不久，平安银行股份有限公司温州分

---

① 强力：《我国民间融资利率规制的法律问题》，《中国政法大学学报》2012年第5期，第58页。
② 刘中杰：《论民间借贷的组织模式与法律规制》，《河北法学》2014年第4期，第164页。
③ 孟睿偲、张江洪：《借贷债权应有平等的司法保护：以民间借贷司法解释为样本》，《河北法学》2021年第11期，第135页。

行诉洪某道案中，法院认为原告主张按合同约定月利率2%计算借款期内的利息、本金罚息、复利，其总和已超过LPR四倍的保护限度，遂参照原告起诉时LPR四倍调整利息。① 在该案判决宣布的第三天（2020年9月4日），小额贷款公司协会发布《关于开展小额贷款公司行业贷款利率定价大讨论活动的通知》认为，小额贷款公司属于金融机构而不适用一年期市场贷款报价利率四倍的利率上限。2020年12月，最高人民法院审判委员会专门发布《最高人民法院关于新民间借贷司法解释适用范围问题的批复》（法释〔2020〕27号），对《2020年民间借贷解释》的适用范围作出了进一步的规定："经征求金融监管部门意见，由地方金融监管部门监管的小额贷款公司、融资担保公司、区域性股权市场、典当行、融资租赁公司、商业保理公司、地方资产管理公司等七类地方金融组织，属于经金融监管部门批准设立的金融机构，其因从事相关金融业务引发的纠纷，不适用新民间借贷司法解释。"随后，温州中级人民法院亦推翻了一审判决。② 通过以上司法解释，目前针对民间金融利率问题形成了一条基本思路，即对于民间一般借贷和金融借贷区分处理。但是，该规定对金融借贷高度信任，却对民间借贷高度戒备。然而，民间借贷是实体经济融资成本过高的主要原因吗？降低了民间借贷利率和本息总和就能降低实体经济融资成本吗？衡量民间借贷对实体经济融资成本高低的影响，至少需要两个指标：一是民间借贷资金规模占社会总融资量的比例，二是民间借贷利率在实体经济成本中的比例。在这两个指标未出来之前，就将民间借贷与实体经济融资成本过高联系在一起，是一种偏见。③

允许金融借贷利率上限高于民间借贷利率上限的解释与判决引发争议：一方面，其违背了形式上的主体平等要求；另一方面，从实质平等的角度，只有在金融机构是借贷市场中的弱势群体的情况下，金融借贷才可以享有利率上限高于民间借贷的优惠待遇，正如《劳动合同法》规定了许多劳动者的特殊权利。然而，现实正好相反，金融借贷一直是借贷市场中的强者。金融

---

① 浙江省温州市瓯海区人民法院（2020）浙0304民初3808号民事判决书。
② 段久惠：《温州中院终审判决：民间借贷利率上限不适用金融机构》，《证券时报》2020-11-13，第5版。
③ 孟睿偲、张江洪：《借贷债权应有平等的司法保护：以民间借贷司法解释为样本》，《河北法学》2021年第11期，第139页。

市场是现代市场经济的枢纽,金融借贷和民间借贷是实体经济融资的两大源泉,但金融借贷是主流,民间借贷只是拾遗补阙,为那些不符合金融借贷条件或金融机构不愿、不能借贷的资金需求者提供资金。金融借贷具有规模性、持续性、专业性的明显优势。相比之下,民间借贷资金量小,单笔资金超过千万元的很少;民间借贷在朋友圈内流转,资金需要和供应以一次性居多;民间借贷常是短期救急,没有抵押或质押担保;民间借贷极少有严谨的贷前调查和贷后跟踪,几乎无风险防控。民间借贷的本金损失风险远远高于金融借贷,作为高风险的合理对冲,民间借贷利率必然高于金融借贷。司法实践形成的民间借贷利率的四倍概念,其实就是实质平等的逻辑,即民间借贷的高风险与高收益。因而,金融借贷利率上限只能低于,至多等于民间借贷利率,不应该出现金融借贷利率上限高于民间借贷利率上限的情形。[①]

(三) 四倍 LPR 合理性受到质疑

以 LPR 取代确定的 24%、36% 等数字作为计算民间借贷利率的措施,体现了利率市场化的方向,但四倍仍然体现了刚性管制的意味,因而司法解释对利率上限的规定仍带有较强的管制属性。利率管制存在一定的支持理由。从经济层面考虑,发达市场经济国家存有利率管制,多数发展中国家的利率主要为管制利率,原因是:第一,经济贫困和资金不足,迫使政府实行管制利率,期望促进经济发展和防止过高利率给经济带来不良影响;第二,抑制比较严重的通货膨胀;第三,配合全面的经济控制而实施利率管制。[②]

伴随利率市场化改革的推进,贷款市场报价利率成为金融机构确定贷款利率的主要参考标准。与存款准备金政策有所不同,基准利率调整不能显著影响民间借贷利率。这在一定程度上揭示出利率政策传导机制在非正规金融市场上并不顺畅。由于民间借贷利率的确定既要参考贷款名义利率,又要参考贷款的"隐性成本",所以即使在宽松利率政策下贷款名义利率会随之降低,若贷款的"隐性成本"发生逆转或维持不变但比重较大,那么在利率政

[①] 孟睿偲、张江洪:《借贷债权应有平等的司法保护:以民间借贷司法解释为样本》,《河北法学》2021 年第 11 期,第 140 页。

[②] 黄达主编:《货币银行学》,中国人民大学出版社 1999 年版,第 102 页。

策调整时民间借贷利率就很可能表现出一定的刚性。①

随着近年来 LPR 持续走低,《2020 年民间借贷解释》规定的利率上限合理性也受到质疑。央行于 2021 年 3 月 12 日发布了中国人民银行公告〔2021〕第 3 号,要求从事贷款业务的机构在营销时向公众明示其实际利率,并鼓励民间借贷参照适用。自《2020 年民间借贷解释》发布至今,一年期 LPR 的变化为:2020 年 4.05%,2021 年 3.8%,2022 年 3.65%,2023 年 3.45%,而目前最新的一年期 LPR 报价在 2024 年 10 月 21 日进行调整后已经下调至 3.10%。如此频繁且持续的大规模下调,引发了人们对司法干预民间借贷利率、干预频率、深度及方式等问题的特别关注和热议。与一年期 LPR 的调整相适应,民间借贷利率的合法上限也由约 16.2% 持续下降到约 12.4%。此种情形下,如此低的民间借贷利率限额,也导致了大量的规避法律行为。实践中出借人为了规避上述利率上限的规定,往往采取"砍头息"等方式提前收回用资成本,造成借款人实际能够使用的借款本金与书面借款合同的记载严重不符。②

(四) 对高利贷行为界定和责任不清

我国对于高利贷的规制经历了初步放开、严格管制、逐渐放松管制到全面管制四个阶段。③ 立法界、理论界对于高利贷的问题始终没有达成共识。一方面,高利贷具有其商业使命和市场价值,作为一种经济现象有其存在的现实土壤,能够解决个别借款人急需资金的问题。特别是为民营企业提供短期、应急融资服务,并且能够促进市场优胜劣汰,保障市场疏急维稳,促进市场形成风控机制。同时高利贷可以拯救企业的商业生命和提供生存机会,保障企业经营的可延续性,增强市场把控风险的能力。④ 特别是关于高利贷入罪问题,有学者认为高利贷长期未入罪有其源于金融结构的必然性,只要民间资

---

① 潘彬、金雯雯:《货币政策对民间借贷利率的作用机制与实施效果》,《经济研究》2017 年第 8 期,第 91 页。
② 王毓莹:《民间借贷纠纷案件裁判思路研究》,《中国应用法学》2023 年第 4 期,第 149 页。
③ 陈兴良:《高利放贷的法律规制:刑民双重视角的考察》,《华东政法大学学报》2021 年第 6 期,第 7-8 页。
④ 周霖:《民间金融内生发展模式研究》,浙江大学出版社 2019 年版,第 126-128 页。

金需求还是无法得到有效供给，高利贷入罪就只会加剧资金的供需矛盾，从而产生更多弊端。要解决民间借贷的相关犯罪问题，重点在于调整金融结构而非法律规制。在民间资金需求长期无法得到正规金融供给的情况下，高利贷入罪会导致对民间资金供给的抑制，增加侵犯财产、扰乱市场秩序等经济犯罪。因此，尽管高利贷可能对金融安全和社会稳定产生风险，但是，单方面打击高利贷是头痛医头的偏方，对症下药之策是缓解民间资金的供需矛盾。①

另一方面，高利贷容易滋生黑恶势力，往往成为各种衍生犯罪的上游行为。从刑事司法实践来看，在没有明确催收规则的情况下，催收人为了达催收目的而不择手段，高利贷可能引发诸多社会问题，容易发生极端事件，成为涉众、涉黑、涉暴等重大刑事犯罪的重要诱因。从借款人角度来看，高利贷成为非法吸收公众存款罪、集资诈骗罪等涉众型金融犯罪的重要手段。犯罪人正是通过高额的利息回报引诱他人支付贷款本金，从而再以高额利息贷给他人或非法占有，严重扰乱了金融秩序，损害了群众的财产权益，借款人无疑构成非法吸收公众存款罪或集资诈骗罪。从贷款人的角度来看，高利贷往往成为黑社会性质组织聚敛财富的主要手段，也是非法拘禁罪、故意伤害罪、故意杀人罪等暴力型犯罪的重要诱因。②学界和实务界多有呼声应将高利贷界定为犯罪行为。③只有这样才能有力惩治高利贷活动和相关犯罪，切实保障符合法律的民间融资行为，维护良好的社会秩序。对于高利借贷，政府应该制定明确的商业边界和政策边界，使其行动有据可依。但是，目前的相关规定未明确界定高利贷的利率标准，以及对于高利贷应该处以何种处罚。

《民法典》规定："禁止高利放贷，借款的利率不得违反国家有关规定。"《2015年民间借贷解释》第26条规定："借贷双方约定的利率未超过年利率24%，出借人请求借款人按照约定的利率支付利息的，人民法院应予支持。借贷双方约定的利率超过年利率36%，超过部分的利息约定无效。借款人请

---

① 叶斌、熊秉元：《民间借贷法律规制对犯罪的影响：基于利率上限调整和高利贷入罪的实证研究》，《财经问题研究》2023年第5期，第36页。
② 王志远：《非法放贷行为刑法规制路径的当代选择及其评判》，《中国政法大学学报》2021年第1期，第188页。
③ 陈兴良：《论发放高利贷罪其刑事责任》，《政法学刊》1990年第1期，第18-21页；周韶龙：《对高利贷的法律规制》，《西南政法大学学报》2013年第2期，第111页。

求出借人返还已支付的超过年利率36%部分的利息的，人民法院应予支持。"以上规定将利率划分为24%以下、24%~36%、36%以上三种情况，24%~36%区间的利率被理解为属于自然债务，即不能请求人民法院支持，但是借款人如自愿支付也不能再要求返还，只有年利率在36%以上的才完全不受法律保护，因此一般认为该司法解释认可年利率在36%以上的为高利贷。而在《2020年民间借贷解释》中，仅规定了双方约定的利率超过合同成立时一年期贷款市场报价利率的四倍，出借人请求借款人按照合同约定利率支付利息的，人民法院不予支持。但是，其对于何种利率水平构成高利贷，并没有作出界定。如果不受法律保护的超过"一年期贷款市场报价利率的四倍"的即为高利贷，不但低于原来规定的36%的标准，甚至远远低于24%的标准，按照前文所述的目前大约只有3.10%的LPR报价，则意味着利率超过12.4%就将被视为高利贷，这显然是不合理的。另外，2019年11月，《全国法院民商事审判工作会议纪要》第53条规定："未依法取得放贷资格的以民间借贷为业的法人，以及以民间借贷为业的非法人组织或者自然人从事的民间借贷行为，应当依法认定无效。同一出借人在一定期间内多次反复从事有偿民间借贷行为的，一般可以认定为是职业放贷人……"

从刑事规制角度来看，1995年全国人大常委会颁布了《全国人民代表大会常务委员会关于惩治破坏金融秩序犯罪的决定》，在该规定中，对于被《商业银行法》禁止从事的吸收公众存款和发放贷款两项业务，设置了非法吸收公众存款罪，但对于同样被《商业银行法》禁止的高利贷行为却并未设立发放高利贷罪。在1997年《刑法》修订过程中，增设发放高利贷罪的呼声较高，最终规定了高利转贷罪和非法吸收公众存款罪。1997年《刑法》第175条规定，高利转贷罪是指以转贷牟利为目的，套取金融机构信贷资金高利转贷给他人，违法所得数额较大的行为。这里的高利转贷，是以套取金融机构资金为前提，可以说是特定条件的高利贷入罪。对于这里的高利标准存在两种意见：第一种意见认为，高利是指高于最高人民法院民间借贷司法解释中规定的受司法保护的利率标准；[1] 第二种意见则认为，高利是指高于银行贷款

---

[1] 曲新久：《金融与金融犯罪》，中信出版社2003年版，第147页。

的利率，具体高出多少，不影响高利转贷罪的成立。① 在司法实践中，更被大家认同的是第二种意见。例如，2019年11月最高人民法院颁布的《全国法院民商事审判工作会议纪要》第52条规定："从宽认定'高利'转贷行为的标准，只要出借人通过转贷行为牟利的，就可以认定为是'高利'转贷行为。"虽然高利转贷行为被规定为犯罪，但1997年《刑法》并没有将发放高利贷的行为定为犯罪。

此外，《刑法》一直存在非法经营罪之类的"口袋罪"，《刑法》对某一行为没有规定为犯罪，并不等于在司法实践中其不会被作为犯罪论处。如果要追究发放高利贷行为的刑事责任，非法经营罪是一个兜底的罪名。2011年4月8日，最高人民法院发布《关于准确理解和适用刑法中"国家规定"的有关问题的通知》，严格限制了《刑法》规定的非法经营罪兜底条款的适用权限。此后，由于发放高利贷不构成非法经营罪的司法规则的确立，发放高利贷行为不能直接入罪。而在发放高利贷过程中存在民事欺诈，甚至个别设置借贷陷阱骗取他人财物，以及采用暴力或者威胁手段催讨高利贷债务，触犯非法拘禁、寻衅滋事等罪名的情况下，以打击套路贷为名治理发放高利贷活动成为一时之选。在惩治套路贷犯罪的背景下，虽然《刑法》没有将高利贷设立为犯罪，但司法实践却以诈骗罪对高利放贷行为进行了刑事处罚。从2019年开始，我国调整了对高利放贷的司法政策。例如，2019年10月，最高人民法院、最高人民检察院、公安部和司法部正式出台《关于办理非法放贷刑事案件若干问题的意见》，将实际年利率超过36%的职业放贷行为以非法经营罪定罪处罚，实现了高利贷入刑。该意见第1条规定："违反国家规定，未经监管部门批准，或者超越经营范围，以营利为目的，经常性地向社会不特定对象发放贷款，扰乱金融市场秩序，情节严重的，依照刑法第二百二十五条第（四）项的规定，以非法经营罪定罪处罚。"这一规定为处罚高利放贷行为提供了法律根据。该种对非法放贷行为的刑事治理模式可以界定为"直接规制模式"，即直接适用非法经营罪等刑法罪名来规制非法放贷行为本身。与之相对的是"间接规制模式"，即《刑法》不对非法放贷行为本身进行规制，而是对非法放贷行为所伴生的非法拘禁、故意伤害、敲诈勒索、非法集资等行为进行间

---

① 周道鸾、张军主编：《刑法罪名精释（上）》，人民法院出版社2013年版，第314页。

接规制，从而对非法放贷行为施加间接的、事后预防性的影响。①

综上可见，目前关于高利贷民事责任、行政责任、刑事责任的标准和界限仍然处于比较模糊的状态。

第三节　民间金融利率法律规制的完善

民间金融利率存在区域性和多样性，与实体经济有着必然的内在联系，其设定取决于多种因素。因此，对民间金融利率的法律规制，要在考察民间金融利率的实际情况和影响其波动的主要因素的基础上，明确法律规制的理念原则、制度举措，构建起适应多元化金融市场的，动态灵活、多层次的民间金融利率体系。

一、民间金融利率法律规制的原则

（一）利率设定实证化

鉴于民间金融的复杂性，尤其需要在利率管制时进行实证分析。由于民间金融本身的地域性特点、自身类别的多样化，自然要求利率法律规制建立在实证分析的基础上，进行分类动态规制。如果没有数理实证作为基础，并对不同情况下的利率区别对待，而只是对民间借贷的高利率进行严厉打压，对经济发展、社会稳定不但不会有促进作用，反而会产生阻碍。例如，20世纪前期，江南地区民间借贷月息通常为2分，淮河以北地区民间借贷平均月息高于6.5分，甚至常达10分以上。尽管后者利息奇高，但寻常百姓很少从钱庄、典当借到款项，因为淮北缺乏发达的金融市场，富裕阶层宁愿将真金白银窖藏掩埋。也因此，"有资者不愿创业，创业者却无资可用，从而造成淮北大面积、长时期的地区性经济衰退"②。

---

① 王志远：《非法放贷行为刑法规制路径的当代选择及其评判》，《中国政法大学学报》2021年第1期，第181页。
② 马俊亚、孟茹：《20世纪前期江苏民间借贷利率与金融环境》，《江苏社会科学》2020年第1期，第218页。

(二) 利率逐步市场化

民间金融是市场经济发展的内在需求和实然存在,民间金融利率必然应符合市场化的要求。利率市场化,是指政府不直接对利率进行行政管制,而是主要通过市场,由金融市场上资金的供求关系来影响利率的水平,利率设定遵循价值规律。从世界范围来看,发达国家的金融发展基本上都经历了利率市场化的过程。利率市场化使民间金融利率市场更加公平和透明,缩小民间金融和正规金融机构之间的利差,控制借贷风险;有利于民间金融与正规金融平等地进行市场竞争,同时减少由地区差异造成的利率差异。利率的市场化可能是全部的,也可能是部分的,在现阶段,这种利率的市场化应当逐步实现而不可能一蹴而就。但同时应当清醒地认识到,利率的基础是社会平均资本利润率,换言之,是经济效率而非资金供求。利率市场化并不是完全的利率自由化,市场也有失灵的时候。我们在坚持利率市场化方向的同时,要遵循市场规律,通过法律规制,让利率以社会平均资本利润率为基础,根据不同民间金融的状况,合理分类设置利率上限,管控风险,确保民间金融市场的健康发展。在当前经济和金融发展的形势下,货币政策转型仍有待金融改革的稳步推进。利率市场化只是改革的起点而非终点,除此之外,还应降低信贷市场上的各项附加费用,以更好地化解货币政策利率传导机制陷入阻滞的困局。[①]

(三) 利率规制区分化

民间金融的法律规制必须是区分规制,不同类型的民间金融不能适用同等的法律规范制度。在民间金融利率领域,同样适用这一原则。经济社会的发展都是复杂多元、层次多样的,各国的自然条件和历史国情不同,各行业部门存在差异,市场经济主体的利益诉求、风险偏好都有所不同。在此基础上形成的民间金融市场必然也是多元的和复杂的,而不可能是单一的和固定的。我国各地区由于自然风貌和历史变迁等方面的原因,导致经济发展不平

---

① 潘彬、金雯雯:《货币政策对民间借贷利率的作用机制与实施效果》,《经济研究》2017 年第 8 期,第 91 页。

衡，如果采用统一的利率水平要求，显然不符合社会实际，也有损于公平正义。对于不同类型的民间金融利率，规制应当有所不同；对于不同区域的民间金融利率，规制也应当有所不同。

二、完善民间金融利率法律规制的具体制度设计

（一）立法上的制度设计

1. 区分简单形态、中间形态和复杂形态的民间借贷，进行不同的利率规制

对民间金融的利率规制必须区分不同形态的民间金融形式。如前文所述，根据民间金融行为是偶发性的还是经常性的、是否吸收公众存款，以及是否可能引发系统性的风险，可以将民间金融区分为简单形态、中间形态和复杂形态的民间金融。

简单形态的民间金融是发生于直接当事人之间的金融行为，其具有规模小、偶发性、平等性、个性化的特征，行为人使用的往往是自有资金，不会引发系统性的风险，主要奉行契约自由、责任自负的私人治理机制，应当纳入民商法进行调整。对于这类民间金融，法律强制性的干预相对较少，尽可能将利率的决定权交给民间借贷的双方当事人。对于那些急需资金短期调度、资金需求量并不大、双方当事人达成合意的借贷行为，在民间往往以月利率甚至日利率进行约定，立法没有必要进行过多干预。例如，南非2005年的《高利贷豁免法》中规定，民间金融的贷款利率合法界限为21%，超过此利率水平的即属于违法，但对于5000美元以下的小额贷款，若约定较高的利率，则只需到法定的管理机构进行登记并缴纳管理费用，即被认为是符合法律规定的，这一规定既适用于个人借款，也适用于组织借款，对于利率高低没有限制。[①]

复杂形态的民间金融即吸收和经营公众存款的组织或机构的金融行为；中间形态的民间金融是介于简单形态的民间金融和复杂形态的民间金融之间的金融形式。相比于简单形态的民间金融，中间形态和复杂形态的民间金融的资金融通行为是经常性的而非偶发性的，甚至是经营性的，贷出资金的人

---

① 汪丽丽：《非正式金融法律规制研究》，华东政法大学2013年博士学位论文，第133—134页。

将借贷活动作为其职业。此类民间金融主体的贷款活动类似于银行的贷款业务，对其利率的规定就要施以法律的强制性干预。应当适用一定的利率限制和一定的利率区间，这种利率的上限规定应当比正规金融的利率规定宽松。在制定相关法规时，应该对此利率进行限制性规定。借鉴发达国家关于民间金融的法律规定，其利率上限的设定基本上都是针对经营性的借贷行为，对于纯粹私主体之间的偶发性借贷行为，其利率应当更多遵循私法自治的要求，由当事人自由决定。目前民间借贷司法解释的规定，对于私主体之间偶发性借贷行为的限制过于严格，其规定实际上应当适用于经营性的借贷行为。

2. 区分生产性借贷和生活性借贷进行利率上限分类规制

当前法律法规中并未对民间借贷依照其借贷目的的类型进行系统划分，只在20世纪制定的《关于贯彻执行〈中华人民共和国民法通则〉若干问题的意见》第122条中涉及生产经营性借贷和生活性借贷的内容，其具体内容为："公民之间的生产经营性借贷的利率，可以适当高于生活性借贷利率。如因利率发生纠纷，应本着保护合法借贷关系，考虑当地实际情况，有利于生产和稳定经济秩序的原则处理。"可以看出，该规定在制定之时，已经意识到生产性借贷与生活性借贷中借贷人身份、财产状况的不同以及借贷服务目的的不同，从而导致其借贷利率的法律强制性规定不应该完全一致。但该司法解释没有对此作出进一步明确、具体的规定，可操作性不强。遗憾的是，虽然理论界普遍赞同民间借贷应当划分类型并适用不同利率上限标准的观点，但是立法进程上却没有对这一要求进行呼应。

立法规制民间借贷高利率旨在对弱势借款群体进行保护，防范其因为情势紧急而产生迫切的资金需求从而被放贷者剥削。在这一基本立法前提下，区分生产性借贷和消费性借贷很有必要。

生产性借贷属于商业借贷。在生产性借贷中，借款人借款旨在满足生产经营的资金周转需要，可以推测，借款人通过借款能够在生产经营中获得利润收入。借款人对资金的需求不属于刚性需求，可以根据成本收益理性分析决策，在生产加工或者收购采买活动密集时期以及处于创业阶段时，其对流动资金的需求达到高峰，民间借贷也随之频繁发生。而且借贷双方通常业务往来比较密切，互相建立了商业信任。在借贷交易中，借款人的借款行为是主动的，其地位也并非明显处于弱势，而是和贷款人处于较为平等的谈判地位，因此法律对其进行特别保护的必要性不大，可以适当提高利率上限。另外，实业生产领域的利率多体现为借贷双方对预期利润的分配方案，为了鼓励和引导巨额的民间资金进入实业生产领域而非过度涌入楼市、股市等领域，这类用于生产经营的借贷利率应适当提高。① 虽然《2020年民间借贷解释》的利率限制有利于借款人，但为了保障日后周期性借贷顺利进行，出于保持良好的商务关系以及维护行业内信誉的目的，借款人可能会自愿接受一个更高的利率水平。利息管制的唯一合法性前提是借款一方仅仅是为吃饭而借贷的普通人民，如果企图将该管制扩大到资金充沛的市场上，并进而想要固定工业资本价格，其尝试必定会归于失败。②

而在生活性借贷方面，借款人往往是基于生活的必需而借款，此时借款人的借款需求是刚性需求，既不创造附加价值，也不产生实质性的财富积累，其借款行为往往是被动的，其在借款谈判中处于比较明显的弱势地位，容易因贷款人利用其危难处境而接受过于严苛的条件。从公平正义的角度出发，此时法律就有必要设定特别严苛的利率上限对其进行倾斜性保护，避免贷款人对借款人形成压榨和欺凌。有学者通过研究认为，美国2008年次贷危机的爆发原因之一就是1990年以来各州消费信贷利率管制出现了不同程度的放松。鉴于我国国情，金融消费者保护制度还处于起步阶段，此时如果贸然放开消费类利率上限，极有可能引发过度的负债消费并进而产生其他的金融和经济风险。

3. 对最高限额利率的修正

目前的LPR持续走低，从3.10%的一年期LPR利率来看，年利率上限仅为12.4%；未来如果LPR利率进一步降低，年利率上限甚至可能达到10%以下，该利率作为民间借贷的利率上限的不合理性显而易见。同时，一年期LPR每月报价一次，变化过于频繁，以此作为利率标准导致民间借贷关系缺乏应有的稳定性，甚至可能出现民间借贷利率低于银行利率的情况。其实，

---

① 廖振中、高晋康：《我国民间借贷利率管制法治进路的检讨与选择》，《现代法学》2012年第2期，第75页。

② Chester W. Wright, *Economic History of the United States*, New York: McGraw-Hill Book Co. Inc, 1941, pp. 66-67.

民间借贷利率标准不应由司法解释确定，司法的功能是裁判，不包括解决经济问题，民间借贷利率标准应由中国人民银行制定，对中国人民银行的责任性和专业性有理由予以高度期望。①

目前，在处理较为复杂的金融借款纠纷时，司法审判中法官的依据主要有两个：一是《2020年民间借贷解释》，二是2017年最高人民法院发布的《关于进一步加强金融审判工作的若干意见》（以下简称《金融审判工作意见》）。该意见中规定："严格依法规制高利贷，有效降低实体经济的融资成本。金融借款合同的借款人以贷款人同时主张的利息、复利、罚息、违约金和其他费用过高，显著背离实际损失为由，请求对总计超过年利率24%的部分予以调减的，应予支持，以有效降低实体经济的融资成本。"虽然该意见出台于2017年，但是在《2020年民间借贷解释》出台之后，该意见仍广泛适用于民间借贷的司法审判中。在大部分以调解结案的金融借款纠纷中，当合同约定的利息过高时，法官通常会向当事人释明，以《2020年民间借贷解释》规定的LPR四倍为限对出借方主张的利息予以支持，银行方面出于防止不良贷款的考虑通常都会接受；而以判决结案的金融借款纠纷多以《金融审判工作意见》为依据，以年利率24%为限对出借方主张的利息、复利、罚息、违约金等予以支持。② 这也说明以《2020年民间借贷解释》规定的利率水平作为民事案件裁判依据确实偏低。

利率上限可以采用浮动利率和固定利率相结合的方式进行规定，即一方面规定20%左右的固定利率，这与一些国家和地区的固定贷款利率上限一般在20%上下浮动③基本一致；另一方面规定一年期贷款市场报价利率的四倍，以上两者中相对高者为利率上限。这样既有一定的灵活性，与一年期贷款利率联动，又可以控制风险，避免之前规定的偏高的利率水平，同时还能更好地满足实践中借贷双方融资的真实意思和诉求。现阶段，为了积极应对利率上限大幅降低给借贷市场带来的过大冲击，其纾解路径应转向与其他机制的

---

① 孟睿偲、张江洪：《借贷债权应有平等的司法保护：以民间借贷司法解释为样本》，《河北法学》2021年第11期，第142页。

② 胡云红：《金融借款合同利率司法保护上限问题研究》，《中国政法大学学报》2024年第3期，第127页。

③ 杜万华、谢勇：《民间借贷利率的规制》，《人民司法》2013第19期，第84页。

联动来平稳地降低金融机构的成本,如适度提高金融机构内部杠杆率等,以期保证金融机构可以在降低企业融资成本的背景下维持经营积极性和可得利润空间,进而维护资本市场的正常交易秩序。①

4. 对一般民间借贷与其他民间金融机构借贷的利率进行区分

受金融机构偏好以及自身偿还能力的影响,不被金融机构青睐的下沉客群会转而选择民间借贷融资。民间融资的成败是由融资者的信誉决定的。② 从市场环境来看,现有法律规范框架内的金融机构仍需以民间借贷利率上限作为参照。《最高人民法院关于新民间借贷司法解释适用范围问题的批复》(法释〔2020〕27号)将非银行金融机构解释为金融机构业务,但不明确是银行借贷,导致非银行金融机构既不受银行贷款基准利率的约束,也不受《2020年民间借贷解释》的约束,享受超民间借贷的待遇。本书认为,应将金融机构业务重新解释为银行借贷,银行借贷是借贷市场中的强者,其承担的风险远低于民间借贷,不能享受民间借贷的利率待遇,更不能反而高于民间借贷利率。非银行金融机构或者回归银行借贷受贷款基准利率的约束,或者受《2020年民间借贷解释》的约束,不能不受任何约束,温州中级人民法院的判决不应重演。③

5. 建立不同层次的高利率法律责任体系

高利贷影响的实质并不仅局限于金融领域,而必然涉及一国的产业政策、财政政策、金融政策等,应将其置于国家经济发展战略、金融体制改革视域之下进行考量。在考察发达国家利率法律规制后会发现,对于民间借贷高利率的规制不能采用单一标准、粗暴规制,而要建立一个民事、行政、刑事分层递进、相互配合的责任体系。其他领域的法律规制也存在类似的层级。这样的责任体系设计,可以对不法行为进行及时、适度的规制,有效地维护社会经济秩序。在民间金融法律责任的设立上,却出现了这种责任体系层次的

---

① 郭华、王蕾蕾:《我国司法干预民间借贷利率上限负面效应之纾解路径》,《陕西师范大学学报(哲学社会科学版)》2022年第2期,第98页。
② 何田:《"地下经济"与管制效率:民间信用合法性问题实证研究》,《金融研究》2002年第11期,第102页。
③ 孟睿偲、张江洪:《借贷债权应有平等的司法保护:以民间借贷司法解释为样本》,《河北法学》2021年第11期,第142页。

缺失。正如学者所言,"在立法上出现了对经济活动领域的一些无序、失范行为,在没有取得规律性认识,没有动用民商法、经济法和行政法手段予以有效调整的情况下,就匆忙地予以犯罪化,纳入刑罚圈的现象,使刑罚的触须不适当地伸入到经济活动的某些领域"①。这一现象在民间集资等领域体现得最为明显。但在对民间金融利率的法律责任确定上,又出现了另外一个极端的现象,即只有民事责任,缺乏行政责任和刑事责任。《2020年民间借贷解释》中规定了不受司法保护的上限,但对高利贷放贷人缺乏确定的监管措施或者刑事责任。

对于高利贷行为,必须分层次进行规制。这种区分规制的观念是贯穿利率规制各领域的,包括高利贷行为。由于高利贷的所有弊端都是显性的,所有利好都是隐性的,直观上的统计偏差不可避免。② 对于高利贷行为,首先要寻求其泛滥的原因,由于大部分中小企业的资产规模小,缺乏适当的抵押物,整个民间金融环境面临的道德风险和逆向选择使商业银行不敢向其贷款。从商业银行自身来看,存在贷款流程复杂、审批时间长等问题,使中小企业和农民转向无须过多担保、手续便利、资金规模庞大的民间借贷,导致利率高。③ 以法律手段打压高利贷的理想目标,是强制债主将利率和利息降至法律允许的范围内,或至少让潜在的高利贷经营者放弃这行生意。了解其背后反映的真实市场需求,进而利用经济规律来探究其解决办法,制定相应的法律政策来修复和填补制度缺陷。

其次,通过民事、商事、经济与行政等各方面法律法规的合力对高利贷行为进行惩治,避免其蔓延而对整个经济生活产生负面影响。在刑事责任之前设置一个行政管制的界限,为借款人或者放贷人提前预警,可有效避免利率越来越高,从而大大减少高利贷引发社会问题的可能性,降低并发刑事犯罪的比例。应设置一个禁止利率,这一利率界限肯定要高于目前司法解释中所确立的合同成立时一年期LPR四倍这一标准,以此作为政府对民间借贷介入干预的一个界限。如果放贷人超过此标准放贷,则可以给予放贷人行政处

---

① 储槐植:《罪刑矛盾与刑法改革》,《中国法学》1994年第5期,第107-115页。
② 桑本谦:《民间借贷的风险控制:一个制度变迁的视角》,《中外法学》2021年第6期,第1477页。
③ 姜金亮:《我国高利贷问题研究》,《投资与合作》2021年第7期,第205-206页。

罚。这样可以改变之前的高利率无人监管、一旦触及法律就要承担刑事责任的局面。

最后，对于特别恶劣的高利贷行为，有必要通过刑法进行惩治。① 刑法规范可以实现对高利贷犯罪活动更为强有力的治理。当前刑法体系中没有直接针对高利贷的条款，只有与之相关的"非法吸收公众存款罪""高利转贷罪""非法经营罪"等罪名，实践中司法机关对于影响恶劣、社会危害性大的高利贷行为，只能类推适用刑法中的相关罪名，这显然与"罪刑法定"的基本原则不相符。刑法应当尽快进行这方面的修订，制定专门针对高利贷的条文。该罪名可定为"非法发放高利贷罪"，具体条文中应包含以下内容：构成犯罪的客观要件是违反金融管理法规发放高利贷的行为，主观要件是故意，刑罚是处以三年以下有期徒刑，并处罚金；对于情节特别严重的要加重处罚措施。② 当然，能够构成犯罪的高利贷利率要远高于民事法律中规定的不受保护的利率水平，也要高于行政处罚确定的利率水平。同时，将那些严重影响金融秩序稳定性的高利贷活动，如特殊职业人群利用职务之便从事高利贷活动、黑社会性质组织从事高利贷业务等行为，作为从重或者加重处罚的情节，同时辅以从业资格的剥夺，对金融业从业人员的资格也予以剥夺，这些处罚方式可以对从事高利贷活动的人员形成极大的威慑。

法律责任体系的建立不可能一蹴而就，如果建立全国性的高利贷刑事责任制度推进困难，可以先行建立高利贷的行政责任制度。在未来条件成熟时，再建立高利贷的刑事责任制度。

(二) 司法和执法上的制度设计

1. 合理发挥法官的主观能动性，做到司法公平

基于民间金融的复杂性和区分规制的需要，在民间利率合法性的认定上，法官的自由裁量是非常重要的，因为法律不可能事无巨细地规制生活的方方面面。法官的角色是中立的，也可以说是被动的。但是，法官在对于证据事实的认定方面，在法律赋予的自由裁量权限内，可以充分地发挥主观能动性，

---

① 周韶龙：《对高利贷的法律规制》，《西南政法大学学报》2013 年第 2 期，第 111 页。
② 陈兴良：《论发放高利贷罪及其刑事责任》，《政法学刊》1990 年第 1 期，第 18-21 页。

以实现司法公平公正。目前，对于不同地区、不同类型民间借贷的最高利率限额统一规定为 LPR 的四倍，显然比较僵化。由于各地区民间金融发展程度差异较大，司法实践中各地法院在判决当地民间借贷纠纷案件时，没有完全照搬法律的规定和其他异地法院的判决，而是结合当地经济发展水平来判断和裁量。以民间借贷较为活跃的台州市为例，基层人民法院之前对民间利率采取了包容和适应的态度，总体上区别两种情况：一是没有约定利率的契约借贷，法院一律参照同期同档次的银行利率判决；二是有明确书面约定的利率，则根据约定利率高低，法院结合各地发展和接待情况酌情判决。如玉环县人民法院对民间借贷利率的纠纷案，按月利率 1.5% 的标准判决；路桥区人民法院则根据个案的不同作出判决，如月利率 1.62%、1.8%、2% 等；椒江区人民法院、黄岩区人民法院、临海市人民法院则按照月利率高于 2% 的，一律按月利率 2% 的标准判决；而温岭市人民法院明确表示双方约定月利率 2% 过高，根据本地区实际情况调整为月利率 1.5%。①

在民间金融领域之所以要充分发挥法官的能动性，是因为民间金融自身的复杂性和灵活性。民间金融的类型多样化，往往是因应民间领域不同的融资需求而产生的，对其进行严格的利率限定是不现实的，只能在法律划定的边界内，由法官对每个案件进行实事求是的分析，判断约定的利率是否合理、科学，从而化解具体案件中的矛盾。如果诉讼的途径不能让双方当事人信服，当事人必然会求助于私力救济，甚至通过暴力来达成自身的诉求，结果会引发更多的社会问题。当然，发挥法官主观能动性的前提是法律法规为民间金融借贷利率规定了一定的区间范围。因此，发挥法官的主观能动性不是完全取消国家对利率的规制。法官发挥主观能动性的自由度也是根据民间金融的种类有所区别的：对于简单形态的民间金融，法官的自由度就高；而对于复杂形态或者中间形态的民间金融，法官的自由度就低。

法官在案件审理过程中发挥主观能动性，并不是在审理案件的全过程，而主要是在一些关键环节，如证据和事实的实质性审查，查明是否存在非法债务、预扣利息、高额揽息等情况，同时还要对出资人的动机及当事人的经济条件进行核查，避免当事人利用法院的诉讼程序将非法利益予以合法化。

---

① 周霖：《民间金融内生发展模式研究》，浙江大学出版社 2019 年版，第 117 页。

在基于熟人关系借贷的主体之间，往往没有借据，也没有规定利率。在这种情况下，就不能过于被动，而是需要根据规定适当扩大审查范围，核清借款事实，明晰借款人借款的目的、用途，特别是审查借款人的履约能力，综合考虑各种因素来核定利率。总而言之，在面对具体的案件时，法官应从实际和全局出发，具体问题具体分析，运用好法律赋予的自由裁量权。对资金确有困难的借款人应以保护为主，但对故意拖欠、恶意逃债的借款人则应予以严厉惩治，依法保护公民的合法权益。[①] 从而达到运用利率区分规制引导资金的正确流向，营造诚信的社会氛围，发挥司法的社会功能和经济功能的目的。

2. 转变政府职能，做到柔性执法

在民间金融利率的法律规制上，政府应当淡化传统的干预和处罚职能，针对市场主体树立服务的理念，做到柔性执法，以应对民间金融利率的类型化规制要求，对利率进行合理的引导和指导。要实现类型化规制，在执法中做到有的放矢，就必须建立起相应的配套制度。

第一，定期发布民间金融利率的动态提醒。

由于我国幅员辽阔，区域经济发展不平衡，一些民众没有渠道获得与利率相关的信息。这就需要政府运用公权力收集整理相关信息，综合考虑地方的发展状况、经济水平、民营经济运行情况、资金流向等各种因素，研究出台区域的民间借贷利率指导意见，让利率水平更贴近地方的经济发展水平和历史传统，为民众相互的资金融通提供比较可靠的依据和参考，从而推动民间金融资源的合理配置，保护投资者的利益，推动经济的健康发展。可以由国家金融监管总局牵头负责，各地金融监管机构具体实施，以一个季度为考量区间，进行信息的采集、整理、更新。

第二，推行民间金融利率备案登记制度。

现在的民间借贷之所以难以规制，主要是因为其信息不透明、不规范。如果通过备案登记制让信息在一定范围内公开，并通过一定的形式予以规范，必然会对民间金融的发展产生积极的影响。民间金融利率登记备案制度的推行，有利于实现民间金融利率的阳光化，对金融风险进行事前规制，不仅有

[①] 杜敏、王刚：《民间借贷纠纷案件问题探究及应对之策》，《人民司法》2012年第11期，第23页。

利于对个案的规范，而且有利于把握民间金融市场的总体走向，更能通过长期的博弈建立起诚信体系，从而为民间金融市场主体提供更有针对性的服务，并为民间金融市场的长远发展打下坚实的基础。推行民间金融利率备案登记制度，有利于提高纠纷解决效率，节约司法资源。民间金融利率登记机关可以被赋予更大的权力，如借鉴2005年南非《高利贷豁免法》的做法，对于数额较少的借贷，即使其约定利率高于立法规定的上限，经利率登记机关登记备案后，即可以豁免利率上限的管辖。同时，登记文书也可作为非法集资类犯罪的抗辩证据。经过该机构登记的民间借贷合同的效力以及其中约定的利率具有同公证文书类似的效力。当然，民间金融登记备案制度必须在政府的主导下开展，由政府直接设立或者经民间金融监管部门核准设立，通过部门规章的方式明确对相应主体进行备案登记的行政授权。

但需要强调的是，政府的备案登记行为是服务性质而非强制管理性质，即对民间金融利率的登记仅具有证明相关约定效力、方便举证的作用，是对民间借贷双方当事人的合理引导和鼓励，而不是强制要求其必须进行登记，行政管理不能越俎代庖。未进行登记的民间借贷合同只要符合《民法典》的规定，仍然是合法有效的。

第三，严格进行民间金融利率监测。

民间金融利率监测能够有效防范系统性金融风险。通过及时收集和定期通报民间借贷利率信息，可以准确把握借贷利率的现实情况，为政府部门提供一手的民间借贷利率相关数据资料，为民间借贷监管体系的构建提供有力的管理手段，从而对民间金融的投向进行引导，使社会了解民间借贷利率的趋势，降低民间借贷的盲目性。针对民间金融风险，监管部门不能依赖某一项具体措施，必须切实建立一套事前识别防范、事后控制以及化解风险的综合监管机制。事前监管是解决金融风险的最好手段。现阶段已经在温州市进行了民间借贷监测体系的有益尝试，积累了大量的有益经验。从2012年5月开始，中国人民银行温州市中心支行正式对社会公布温州市民间借贷监测利率，不仅为当地的民间金融发展提供了指导，也为全国民间金融市场的发展提供了借鉴范本。

总而言之，对民间金融利率的规制是一个整体性问题，只从利率本身出发，对利率进行严格的限定并不能从根源上解决民间金融的高利率、高风险问题。在特定时期内，社会资金供给总量是相对稳定的，所以正规金融与民间金融两个市场之间是此消彼长的关系。在政府对正规金融机构的利率进行管制，而很多合理的民间金融形式未能获得政策支持从而得到充分发展的情况下，民间融资需求无法获得满足，只能到高利率的民间金融市场上寻求融资。这种刚性的需求不会因为利率的严格管控而消失，于是部分法外运行的民间金融机构就会最大限度地抬高利率，以便实现利益最大化。因此，想要从根本上解决这一问题，首先还是建立在鼓励民间金融发展的基础上，只有多种形式的民间金融充分发展，使资金的供求相对平衡，资金的提供方之间形成竞争，高利率也就失去了生存空间。在这一前提下，对民间金融利率进行分层次、分类型、分目的的设计，再佐以行政服务和刑事责任，才是构建民间金融利率制度的有效途径。

第五章

民间金融监管体制的法律规制研究

"徒善不足以为政，徒法不能以自行。"① 仅有好的法令，并不能自行于世，法令必须有人推行。而监管正是起到推行法令的作用，切实保障法律的落实生效。通过前文的探讨可知，我国民间金融法律制度体系目前还不完善，民间金融监管现状也不尽如人意。本章对于民间金融监管体制法律制度的探究，更大程度上是在构建民间金融法律体系基础上的一个设想。鉴于民间金融的复杂性，应对其进行类型化的法律规制，并区别类型进行监管。本书将在对目前监管状况进行分析的基础上，针对现实存在的问题，对可能的监管路径进行比较分析，对民间金融监管体制提出构想。

第一节 民间金融监管体制的现状及问题

金融监管体制，是随着金融监管的不断深化，特别是中央银行制度在许多国家的推广应用而逐步形成的。从广义上讲，金融监管体制包括监管目标、监管范围、监管理论和监管方式、监管主体的确立及权限划分等；从狭义上讲，则主要是指监管主体的确立、职责及权限划分。② 民间金融的监管体制是在民间金融主体类型划分的基础上，探讨民间金融监管主体的职责及权限划分。

---

① 《孟子·离娄上》，华夏出版社2000年版，第253页。
② 丁邦开、周仲飞：《金融监管学原理》，北京大学出版社2004年版，第24页。

一、民间金融监管相关主体

我国的民间金融大部分游离于国家正式监管之外,但部分民间金融也有相应的主管机关。这些主管机关最初的职责主要是取缔不断涌现的民间金融形式。随着民间金融的不断发展,其监管主体和职责发生了变化。1998年颁行的《非法金融机构和非法金融业务活动取缔办法》中规定:中国人民银行是金融机构和金融业务活动的监管主体,地方政府应当予以协助,公安机关在查处非法集资行为和取缔地下钱庄的过程中配合立案侦查。原保监会成立于1998年,负责对保险业和保险业金融机构进行监管。2003年原银监会成立,其法定职能主要是对银行业和商业银行、信用合作社及政策性银行等银行业金融机构进行监管。2003年颁布的《中华人民共和国银行业监督管理法》第43条规定:对于非法金融机构和非法金融活动,由银监会来取缔。针对非法集资行为,国务院在2007年专门批准设立了由原银监会牵头的"处置非法集资部际联席会议",包括国家发展改革委、公安部等十八个部门和单位,俗称"十八部门治水"。

2018年3月,《关于国务院机构改革方案的说明》确定将中国银行业监督管理委员会和中国保险监督管理委员会的职责整合,组建中国银行保险监督管理委员会,形成了"一委一行两会"的新金融监管协调体系。新的银保监会的职能更加强调对金融风险的预防、建立风险预警机制,即不断强化事前监管。此外,银保监会的监管对象仍然是银行业、保险业的从业金融机构,包括商业银行、农村和城市信用合作社、政策性银行、保险公司。各地省级和市级的银保监会派出机构负责贯彻、执行银保监会的职能,对当地金融机构以及相关业务进行职能范围内的监管。

2023年10月,中央金融工作会议强调:要加快建设金融强国,全面加强金融监管,完善金融体制,优化金融服务,防范化解风险。中国特色金融监管新阶段开启。在中央层面,2023年金融监管体系作出了重大调整。3月10日,党的二十届二中全会通过《党和国家机构改革方案》,对金融监管体系的调整是其中的重要内容。根据该方案,组建中央金融委员会,加强党中央对金融工作的集中统一领导,建立以中央金融管理部门地方派出机构为主的地方金融监管体制。在中国银保监会的基础上组建国家金融监管总局,和证监会一同作为国务院直属机构；中国人民银行撤消大区分行，恢复省级分行和计划单列市分行，不再保留县（市）支行；金融管理部门工作人员纳入国家公务员统一规范管理。5月18日，国家金融监管总局正式挂牌；7月20日，国家金融监管总局36家派出机构统一挂牌；8月18日，中国人民银行省级分行和计划单列市分行正式挂牌。我国金融监管体系迈入新格局，即从2018年以来的"一委一行两会"变成中央金融委和中央金融工委统一领导下的"一行一总局一会"（中国人民银行、国家金融监督管理总局、中国证监会）。

二、民间金融监管体制存在的问题

由于民间金融的自生自发性，其发展过程中难免产生各种各样的问题。民间金融类型多且层出不穷，监管具有事后性和滞后性，致使民间金融缺乏规范和引导，不仅使投资人缺乏必要的保护措施，也必然对整体经济的稳定发展形成威胁。总体来看，目前我国民间金融监管体制存在以下问题。

（一）监管主体不明确

目前法律没有设立明确的民间金融监管机构，或者对现有机构进行明确的授权。在金融监管新格局下，"一行一总局"以及各地方派出机构均有相应的管理权限，但各单位、各部门对于民间金融的监管职责尚不清晰。同时，虽存在相当数量的金融行业自律组织，但也是内部小范围的"家长式"组织，其监管也同民间金融一样隐蔽在地下。迄今为止，民间金融的专门监管主体不明确，整个监管主体体系还有待进一步完善。

在民间金融发展过程中，先后有多个行政监管部门与民间金融监管相关，相关部门监管权责划分不清晰。如2007年的"十八部门治水"，虽然负责行政监管的部门多了，但实际上相关部门责任细化不够，导致职责混乱，无法同时发力。原银监会作为牵头单位缺乏必要的权限，导致其在事前对民间融资行为缺乏约束，在事后由公安部门定位刑事案件立案调查，并由司法机关进行惩戒。监管部门多并不一定是有利的，在上述模式下存在着金融监管机构和金融管理部门各自和相互之间的统筹协调问题，还涉及党中央决策部署和地方政府发展目标的契合问题，此外还存在监管专业水平、人员配置等方面的差异，容易导致监管统筹协调有效性不足，同类金融业务在不同监管领域内的规则不统一。金融业务相互联系,并不会因为监管机构不同而产生割裂。①

之前,原银监会作为对民间金融进行"推定"的监管者,存在监管不到位的情况。从地域来看,原银监会对民间金融活动只能做到宏观层面的掌控,但是各地区经济发展不平衡,各项方针政策的制定和实施无法划定统一的标准。事实上,原银监会制定的政策在基层存在落实不到位的情况。目前,对于金融监管大刀阔斧的机构改革刚刚开始,其效果尚待观察,期待能够发挥预期的对正规金融与民间金融的良性促进作用。

(二)监管理念有待更新

民间金融作为一种内生性的金融业态,抑制性理念与金融治理现代化所暗含的权利本位和风险控制的二元立场相悖,既没有有效防范民间金融风险和维护行业的稳定与安全,也没有充分保障相关市场主体的合法权利和提升金融资源的配置效率。② 在金融监管中所秉持的理念必然影响到对民间金融的监管。理念上的错位主要体现在以下两个方面:一是重安全轻效率,二是重发展轻公平。

20世纪90年代,亚洲金融危机爆发后,社会上形成了反对金融自由化、呼吁加强金融管制的趋势。同时,我国经历了20世纪90年代的经济发展过热和金融局面混乱之后,意识到金融稳定的重要性,于是确立了以金融安全为主的监管理念。《中华人民共和国人民银行法》第1条规定了金融监管的目的:"保证国家货币政策的正确制定和执行,建立和完善中央银行宏观调控体系,维护金融安全。"同样,《银行业监督管理法》《中华人民共和国商业银行法》中也规定了其制定的目的是维护金融秩序和金融安全。然而,安全在一定程度上是和效率相冲突的。金融管制程度与金融效率之间通常呈现倒"U"形关系,严格的金融管制有可能在一定程度上弥补金融市场的不完全,

---

① 宋清华:《金融监管协调机制:国际经验与中国的选择》,《金融论坛》2017年第3期,第3—9页。

② 余艳清:《新时代国家治理视野下的民间金融规制转型》,《税务与经济》2021年第6期,第98页。

但可能会带来效率损失。① 安全至上的理念导致整个金融体系的低效率，最终金融市场的安全也难以维持。多年来，民间金融一直受到严格控制，尚未给民间金融太多的市场化空间，这主要是出于金融安全与金融稳定两方面的考虑。该种监管方式从形式上看起到了防范金融风险、保护金融消费者利益的作用，似乎可以将其作为加强民间金融监管的重要理由。但事实上，过度的管制可能使民间金融由单纯的经济问题转化为严重的社会问题。监管需要合理的制度约定才能产生正效益，监管权力过大容易滋生权力寻租，而监管不作为则会引致经济效益损失。②

金融体系一直服务于国家的总体战略计划。金融管制大多被用来作为一种政府干预的手段，通过影响金融体系的信贷配置来促进经济发展。③ 经过四十多年的改革开放，民营经济如火如荼地发展，民间金融在这一过程中也在不断地酝酿和发酵，其对民营经济发展的贡献有目共睹。实际上，我国民营企业存在依赖于民间金融的情况，而金融监管制度长期对民间金融给予较少关注和扶持。根据麦克米伦缺口理论④，一方面，中小企业普遍缺乏资金，另一方面，专业从事贷款业务的银行方更倾向于向大企业融资借贷。现有的金融监管体系不利于满足中小企业等小规模借款人的融资需求。

（三）监管措施越位

我国对民间金融的监管体现出以行政管理为主、刑事责任为辅的基本结构。刑事责任较为严苛，行政手段也表现出重惩戒、轻管理的特色。

首先，对民间金融多数界定为非法行为。对复杂形态的民间金融与简单形态的民间金融显然不能适用同一种或者类似的监管方式。复杂形态的民间金融本质上越来越接近甚至完全成为金融经营行为，其对整个金融行业的影响以及暗含的风险都不同于简单形态的民间金融。

---

① 李成：《金融管制理论梳理与中国现实思考》，《预测》2004年第3期，第14页。
② 李世财：《民间金融监管困境与功能定位研究》，《学习与探索》2020年第2期，第114页。
③ 陈蓉：《论我国民间金融管制的重构》，西南政法大学2008年博士学位论文，第84页。
④ 麦克米伦缺口理论，起源于麦克米伦爵士，他是现代金融史上较早正视中小企业融资难题的人。1931年，麦克米伦在调研了英国金融体系和企业后，提交给英国政府一份《麦克米伦报告》，其中阐述了中小企业发展过程中存在的资金缺口，即资金供给方不愿意以中小企业提出的条件提供资金。

其次，对民间金融主体科以的法律责任偏严苛。多元法律责任体系内部的衔接和关联要依靠外部性和成本补偿原理进行解释，根据违法行为所耗散的私人和社会成本来决定其相关的责任形式和强度。①当责任过重时，不但无法实现法律的补偿和惩戒功能，反而有损于法律的权威性。民间金融主体承担的责任主要表现为行政责任和刑事责任，多采用整顿或取缔的方式，如《刑法》第176条非法吸收公众存款罪，第179条擅自发行股票、公司和企业债券罪，第192条集资诈骗罪等。严苛的刑事责任背后的原因在于监管理念上将民间金融一律等同于非法金融，不仅阻碍了民间金融的发展和创新，也可能给整个社会经济发展带来负面效应。

再次，民间金融监管措施以事后惩罚为主，缺乏事前的分类准入和事中的常规管理。在民间金融发展过程中，缺乏对民间金融组织的治理结构、交易活动、信用披露和信用制度等方面的监管措施，只能一律采取禁止的手段防止风险。这种事后的惩罚机制，使民间金融法律没有确定性，行为人对其行为后果无法得到准确的预期。

最后，缺乏必要的监管信息工具和信息规范。金融监管必须能够持续提取和监控监管对象的关键信息，如交易信息、账户信息、客户情况、公司高管任职情况、风险及产品制度建设情况、资产情况等，否则金融监管就是空话。然而，民间金融监管机构的监管信息工具匮乏，缺乏统一的采集监管信息的范围和格式规范，提取监管对象的信息比较困难，甚至有时金融监管人员前往索要信息也会被以保密为由而拒绝。②

(四) 监管绩效微弱

观察各个国家和地区的民间金融发展历程，从美国的社区借贷服务到早期商业银行、从日本的轮转基金到互助银行等非正规金融向正规金融演变的事实可以看到，金融制度变迁最初的创新主导者都不是政府，而是民间自发的创新过程。民间金融的监管强度大，但现实的效果不太尽如人意。过于严格的金融管制，会导致行为人为了规避法律而采用其他行为方式，达到同样

---

① 张守文:《经济法责任理论之拓补》,《中国法学》2003年第4期,第22页。
② 方意、张立莉主编:《民间金融监管理论与实践》,中国财政经济出版社2021年版,第153页。

的效果却增加了不必要的成本。比如公司创业领域，由于《公司法》不认可人力资本出资，而创业企业又以创业者的人力资本为主导，人力资本出资入股为其基本条件和特征，于是创业企业中广泛采用溢价增资的方式来实现这一目的，但是其复杂的增资过程显然会产生大量不必要的成本。在金融领域同样如此，这种变通方式只是增加了行为人的成本，降低了金融效率，同时也损害了法律的权威性。相关数据显示，截至 2023 年 12 月末，全国共有小额贷款公司 5500 家，贷款余额 7629 亿元；① 共有典当企业 8600 家（含分支机构），注册资本达 1800 亿元；② 金融担保机构金融产品担保余额为 9642.27 亿元。③

随着各地民间借贷规模的膨胀，民间借贷纠纷数量也急剧增加。民间金融不会因为政府的严格管制而销声匿迹，反而由于生存环境恶化、畸形发展，导致风险累积与扩大。越是有取缔的可能，民间金融的交易行为会越隐蔽，索取的利率就越高，越容易助长借款者的逆向选择和道德风险，产生较大的机会成本，民间金融就要承担更高的风险和成本。④

综上，目前的监管体制严格限制民间金融市场主体的准入，阻碍低层级民间金融形式的进化发展，在一定程度上弱化了金融领域的正常竞争，束缚了中小企业的发展，不利于市场机制调节作用的发挥，降低了民间金融对经济增长和发展的贡献率。

第二节　民间金融监管体制的路径选择

民间金融监管体制所面临的种种问题，并不会伴随着民间金融法律体系的逐渐完善得到相应的解决。民间金融监管是推动民间金融法律制度落地生

---

① 《2023 年小额贷款公司统计数据报告》，中国人民银行官网，http://www.pbc.gov.cn/diaochatongjisi/116219/116225/5220352/index.html，2024-01-26，最后访问时间：2024-09-07。
② 尚普咨询：2023 年典当行业市场供需分析及发展前景》，http://article.shangpu-china.com/yjywz/ywzczx/264941.html，2023-05-23，最后访问日期：2024-10-30。
③ 联合资信：《2024 年担保行业分析》，东方财富网，https://caifuhao.eastmoney.com/news/20240805173427781220760，2024-08-05，最后访问日期：2024-10-30。
④ 姜旭朝、邓蕊：《民间金融合法化：一个制度视角》，《学习与探索》2005 年第 5 期，第 209 页。

效的关键环节。在构思民间金融法律体系构建的同时,也要对民间金融监管体制的构建进行研究,选择适合国情的规制路径,促进民间金融的良性发展,推动经济、社会全面发展。

一、民间金融监管目标和原则

(一) 监管目标

2023年中央金融工作会议强调,要全面加强金融监管,有效防范化解金融风险;切实提高金融监管有效性,依法将所有金融活动全部纳入监管,全面强化机构监管、行为监管、功能监管、穿透式监管、持续监管,消除监管空白和盲区,严格执法、敢于亮剑,严厉打击非法金融活动。具体到民间金融,其监管目标包括:首先,维护民间金融体系安全运行。确保国家金融和经济安全是金融监管的关键要求,也是民间金融监管的首要目标。与正规金融相同,民间金融机构是一类经营货币信用的特殊企业,无论哪一家机构破产、倒闭,抑或经营出现严重问题,均可能诱发连锁反应,进而造成经济、金融秩序混乱,甚至可能引发金融危机,因此民间金融监管必须保证体系的正常运行和安全稳定。基于此,对于不会引发系统性风险的简单类型的民间金融,可以采用宽松的监管方式。其次,保护投资者的合法利益。民间金融机构资金来源广泛,包括众多个体投资者和机构,特别是其中的个体投资者金融知识相对匮乏,对金融交易的风险认识不够,加上信息不对称,其往往处于弱势,一旦爆发风险,可能遭受重大损失,引发社会动荡。因此,保护投资者合法利益是民间金融监管的重要目标之一。最后,实现有序竞争,提高金融行业效率。与其他行业类似,营利性的民间金融机构为了抢夺市场,难免与客户展开激烈竞争。恶性竞争可能造成机构倒闭的严重后果,使民间金融市场无法正常有序地运行。因此,民间金融监管的目标之一就是运用法律手段来实现民间金融机构的公平竞争,避免因恶性竞争造成金融混乱,并有效鉴别金融创新和违规,提高金融服务实体经济的有效性。

(二) 监管原则

首先,依法监管。民间金融监管必须依据金融法规,保持监管的严肃性、权威性、强制性和一惯性,不能随心所欲。民间监管当局及其工作人员在执行监管时,在办理民间金融机构的市场准入、业务范围核准、经营项目界定、金融新产品审批以及例行检查、违规处理等过程中,必须坚持依法依规、严格执法。其次,公平公正。不论民间金融机构的性质、规模和背景如何,民间监管机构都必须按照公正和公平的原则对其实施监管,提高监管的透明度。再次,适度竞争。民间金融监管是为了给民间金融业提供适度竞争的健康环境,如果监管过度,抑制了竞争创新,必然会影响金融和经济的顺利发展,削弱国家竞争活力;反之,如果监管不到位,引起金融秩序混乱,则说明监管滞后和缺位。因此,民间金融监管要审时度势,适时调整监管措施、调节监管力度。又次,综合监管。目前,在金融科技的驱动下,诞生了许多跨机构、跨行业的民间金融交易,对此,监管部门需综合运用法律、经济、行政、科技等工具,实现有效监管。同时,民间金融监管要将日常监管与重点监管、事前督导与事后督察合理地结合起来。最后,属地监管。不同地区的经济发展程度、产业结构不尽相同,各地的民间金融发展程度也存在差异。这种区域间的差异要求民间金融监管的实施不能"一刀切",监管规制无法相同,应充分考虑当地民间金融的发展实际,从属地情况出发,因地制宜。①

二、民间金融监管理念的选择

在民间金融监管理念的抉择上,应当认识到民间金融的复杂性,不同于正规金融自上而下的产生方式,所以在监管理念上也不能将其等同于正规金融,应当秉持分层次、有重点监管的理念。

民间金融监管是运用公权力干预民间金融领域,其监管的"度"的确立依据是民间监管的目标和追求的预期效果。这种目标效果应当涵盖经济、法律和社会三个层面。从经济层面来看,对民间金融的监管应当使其成为正规金融的有益补充,进而使整个金融体系得以高速运转。从法律层面来看,民间金融监管将实现有序而宽松的外部环境,确保民间金融在公正而有效率的环境下良性运行。从社会层面来看,民间金融的监管应当为民间资本创造更多的投资渠道,有效解决融资难和投资难问题,实现民间金融资源的优化配

---

① 方意、张立莉主编:《民间金融监管理论与实践》,中国财政经济出版社2021年版,第11—12页。

置。在国际金融业自由化发展的潮流中，势必要对之前遵循的严格金融监管体制进行调整，同样要秉承兼顾安全与效率、区分规制和适度规制等基本原则，由于本书在第二章中对此已经有所论述，这里不再赘述。此处将集中讨论民间金融的分层次、有重点监管，即区别监管的理念。

广义的区别监管，既包含监管的边界问题，也包含监管的层次问题，前者界定了哪些行为需要监管，哪些无须监管；后者则侧重于讨论在需要监管的民间金融行为中，如何分层次地进行监管。民间金融的不同类型和存在形态要求在坚持区别监管、适度监管原则的基础上，有重点、分层次地对民间金融实施区别监管、适度监管和重点监管。

民间金融区别监管对象可以根据民间金融法律性质的不同进行区分。对于已被现行法律认可的、对经济发展利好的民间金融活动，如个人间合法借贷、各种信用社基金会等，应当给予科学的引导和合理的规范，鼓励其发展壮大。对于那些法律法规没有明确认可，但因其灵活性为地方经济、中小企业发展注入巨大活力，如果发展得当，可以对经济产生促进作用的民间金融活动，也就是"其存在合理而不合法"的金融活动，应当给予合法身份，通过专门的监管机构指引其法治化、规范化运作，消除其负面效应，促进整个社会金融体系的稳定发展。

民间金融区别监管对象依经济性质，可区分为民事互助性质的民间金融、民事和商事并重的民间金融、商事谋利性的民间金融。对于互助性质的民间金融，由于其本身不具有营利性和经营性，规模范围均有限，对经济、社会发展的影响不大，应主要持鼓励、保护、放任发展的态度，对其进行有限度的监管，主要依靠自治和自律。对于兼具民事与商事性质的民间金融，其内生于民间自发生成的金融形式，随着规模的扩张，逐渐失去原有的私人治理机制的效果，因此要将私人治理机制与政府监管相结合。此时，政府监管要充分遵循适度性原则，为民间金融保留其固有优势、充分发展留下空间。对于商事谋利性质的民间金融，由于其营利性质易于诱发民间金融危机、违法犯罪行为，因此应当是法律规制、政府监管的重点所在。

民间金融区别监管对象还可以分为简单形态的民间金融、中间形态的民间金融、复杂形态的民间金融。简单形态的民间金融由于其偶发性、非职业性，并且资金为自有资金，不存在系统性风险，所以主要采用私法自治的契约治理方式，给予民事主体充分的金融自由和权益。因为其形态简单，社会公众之间没有信息不对称的问题，且没有系统性风险的产生根源，所以国家没有必要干预介入。对于中间形态的民间金融，已具有专业性和系统风险性，国家应当予以适度的监管，同时辅之以自律监管，从而发挥其特色和长处，形成多元化的民间金融主体体系，推动民间金融的良性发展，促进国家金融体系的完善。对于专业性很强、风险很高的复杂形态的民间金融，国家应当进行积极干预，采取与正规金融相似的监管方式，加强对其设立、运营、市场退出等全方位的金融监管。但要注意的是，即便是复杂形态的民间金融，也要注意其自身特色，发挥其不同于正规金融的作用。正如本书在第三章所讨论的，如果对于原本属于复杂形态的民间金融设置与正规金融一样的准入门槛、采取一样的监管措施，最终会泯灭民间金融的特点，使其走入死局。对于此类民间金融形式，应当设立相对正规金融较低的准入门槛，设置有特色的监管制度，以区别于自上而下产生的正规金融。

本书认为，应以民间金融类型化分析为基础，秉持区别监管、适度监管和重点监管的理念，构建民间金融监管体制。

三、民间金融监管模式的选择

金融监管模式离不开一国或地区的社会历史环境，并与国家的政治、经济、法律、文化传统以及金融市场的发育程度等多种因素密切相关。选择何种金融监管模式取决于多种因素。

(一) 金融监管的主要模式

目前各国或地区的金融监管模式主要有两种：一种是政府主导型的监管模式，另一种是行业自律型的监管模式。两种模式并非不能并行，往往是一种模式作为主导，另外一种作为辅助。

1. 政府主导型的监管模式

政府主导型的监管模式是指主要依靠政府实现对金融市场的管理和监督，各类自律性组织在政府的监督与指导下保留较少的自治权，辅助政府发挥一定的监管功能。政府主导型的监管模式可以细分为中央政府集权监管型、地方政府分权监管型,以及中央政府和地方政府结合监管型。

这种监管模式的优点在于,政府作为监管主体,可以利用公权力的强制性和威慑性对金融市场进行整体调控,保证了监管的权威性和有效性,有利于维护整个金融市场的稳定。但是,这种模式也存在一定的缺点,即行政意味比较浓。首先,政府主导型监管的效率较低。由于以政府为监管的核心力量,行政监管的市场化程度低。经济生活发展常常变幻莫测,政府监管缺乏灵活性,并且过度集中的行政监管,会压抑民间金融自发地适应市场需求的主动性和创新性。因此,在民间金融的监管中,重要的不是当事人能否设想出恰当的监管模式,而是法律究竟给投资者、管理人员留下了多少选择余地,政府究竟给市场秩序的自发形成留下了多少余地。[①] 其次,政府主导型监管的成本高昂。如果采用高度集中的监管模式,监管主体为了避免市场的失灵,势必要耗费更多资源并产生额外的费用,从而产生新的成本,包括干预行为的立法成本、执法成本和市场主体的守法成本。民间金融复杂性和模糊动态的特点,导致监管主体采集、管理信息的工作难度很大,设计不同的管理制度需要耗费相当多的人力与物力。最后,政府的监管并不必然是公允的,往往存在一定的偏向性和选择性。根据公共利益理论,政府在实施经济监管时,应该以社会公共利益为出发点甚至是中心,即其监管收益应该惠及所有市场主体。但顾及既得利益者,政府监管者往往更偏向于国有金融。民间资本进入金融领域一度被认为是对传统国有金融机构的挑战,规范化运作后或者其法律地位得到承认后,分流一部分国有金融机构的资源是必然的,基于此原因,学界普遍认为国有金融会俘获政府金融监管者,以维持其垄断利益。[②] 政府主导的监管模式对于特定部门的偏向性将破坏国有金融与民间金融的公平竞争环境,压制民间金融的健康发展。

2. 行业自律型的监管模式

行业自律型的监管模式是指特定行业的从业人员自发组织,民主制定规则,约束从业人员的行为,实行行业内部的自我监管。在这种模式下,政府

[①] 方流芳:《公司治理与社会责任》,载刘连煜:《公司治理与公司社会责任》,中国政法大学出版社2001年版,序言。

[②] 陈蓉:《"三农"可持续发展的融资拓展:民间金融的法制化与监管框架的构建》,法律出版社2010年版,第310-311页。

干预较少，立法环境相对宽松，政府常常不设立专门的、全国性的官方监管机构，主要由非官方的组织或行业协会等民间组织建立的自律机构进行监管。根据亚当·斯密的市场经济理论，交易主体比监管者更善于准确地研判资本的投入领域和范围，国家只需担任仲裁人的角色而无须介入干预经济。行业自律型的监管模式具有以下优点。

第一，有助于减少由信息不对称引发的政府监管失灵。民间行业协会是在民间金融内部自下而上、自生自发而形成的，更熟悉民间金融的运营发展状况和成本收益水平，不像政府集中监管在信息的收集整理上耗费大量的成本而不可得，同时被监管对象也难以为了自身利益而隐瞒相关数据，从而大幅度减少金融业内存在的信息不对称问题。另外，行业组织对于本行业的最新发展和金融市场的业务流程较为熟悉，了解行业问题及解决对策，因此由本行业内的从业者共同制定的规则，能够贴近民间金融的运作模式，具有专业性、可操作性和实用性。

第二，有助于监管措施的落实。受规制对象对法律法规的认可度越高，越愿意在契约的签订与执行中遵从相关规则，从而减少政府与契约方的信息不对称问题，降低政府作为第三方的契约治理成本。[①] 行业协会是民间金融自发形成的，其规则也更能充分表达民间金融组织的意愿，其自律监管可以有效减少政策实施过程中各个主体的冲撞甚至激烈对抗，执行成本将大大减少，执行效果会与其应然效果高度契合。

第三，自律组织作为整体，可以更好地与政府、正规金融机构进行沟通。单个民间金融组织或机构势力单薄，难以改变自身地位，企业往往倾向于"搭便车"行为，处于弱势地位的群体无法与国家权力相抗衡；而自律组织联合起来，代表民间金融所有从业者与政府、正规金融进行谈判和游说，从而降低成本，减少不正当竞争、不公平的价格调整等。换言之，民间金融自律组织可以为其成员提供政府基于中立性和法律普遍性无法提供，而单个企业出于成本收益的衡量及防范"搭便车"的考虑不愿运作的一些特殊公共产品，使单个企业以最低成本获得最大收益。

---

① 杨柳：《法律、管制与声誉约束》，复旦大学2007年博士学位论文，第84页。

(二) 不同民间金融监管模式的比较与选择

一国监管模式的确立取决于多个因素，为了有效发挥监管效力，需要合理地安排金融监管的组织机构、职能分工、操作程序等。首先，要确定具有主导性的监管主体，保障监管机构的权威性与独立性；其次，要协调各机构之间的关系，明确各机构的主次，使相关机构起到重要的辅助作用。监管机构之间的职能交叉难以避免，但应当尽可能地防止过度的机构和职能重叠，减少冲突和牵制。

政府主导型的监管模式有其劣势，行业自律型监管的模式有其优势，但并不意味着采用行业自律型监管模式就是理所当然的。关于行业自律型监管模式的诸多优势，很多都是基于理想化的假设前提，对行业自律组织的要求非常高。而我国的行业自律组织目前达不到这样的自律性、专业化、公益性程度，对其培育还需要很长的一段时间。

第一，支持行业自律型监管的基本前提是行业组织和从业者的自律性很强。民间金融长期在法外生存，主要原因就是民间金融中的非理性、非自律因素比较多，且随着利益链条的加长而增加。多年来，民间金融领域不断出现的欺诈事件和爆发的危机足以证明，在行业组织发展不成熟的情况下，完全依赖从业者的自律去运作，无法维护金融市场的安全。

第二，认为行业自律组织制定的规则最具有专业性的假设也不现实。来自民间、适用于民间的规则，对于民间金融纠纷解决的效率显而易见。但是，随着现代金融发展得日益复杂，专业性的监管不是单靠对民间金融运作的了解就能够实现的。如果是传统的民间金融方式，运用源自民间的规则和习惯最适合解决其纠纷；但是，对于日益复杂、逐渐规模化发展的现代金融形式和衍生品而言，纯粹来源于民间的规则就凸显出专业性不足。

第三，认为行业自律组织制定的规则更能体现行业内部的集体意愿，其制定的措施由于认可度高而得到更好的贯彻的预想，从自律组织的理想状态而言，是可以做到的。前提是民间金融自律组织成为所有民间金融从业者均能参加的一个组织，可以让所有的民间金融从业者自由地表达意愿，从而减少决策制定与实施过程中的摩擦。但在实践中，民间金融组织不可能包含所有的从业者，更不可能代表所有从业者的声音，自律组织永远只能代表一部分从业者的利益,既然如此,其制定的措施一定比政府制定的措施更能体现行业内部的声音并可以得到更好的执行就只能是一种假设。

第四,政府监管可能会被利益主体俘获,但是自律型行业组织同样也可能被俘获。自律型行业组织必定会以整个行业利益为中心的假设不能成立:一方面,行业组织身兼经营者与监管者的双重身份,难以超脱于市场主体之外,以提高社会成本为代价满足协会成员的小团体利益是行业自律型监管模式的固有弱点;另一方面,在不具有充分自律性的基本素质的前提下,反而更容易形成行业垄断和利益集团。例如,行业组织有可能会代表原始会员设定一些准入门槛来阻断新的竞争。行业协会自律行为在维护和促进竞争的同时,也可能限制甚至消除竞争,其沦为某些金融产品提供者代言人的可能性更大。

因此,行业自律型监管有其独有的优势,同时也有其固有的缺陷。政府管制会失灵,市场调节同样也会失灵。从各国和各地区金融市场监管的具体实践来看,通常会在政府监管与行业自律机制之间寻找平衡点。但是,二者何为主、何为辅?综合考量我国的文化传统、民情风俗、社会习惯,以及民间金融的历史沿革和发展现状,本书认为,政府主导型的监管模式虽有不足,但在我国仍应处于主导地位;而行业自律型监管虽然具有潜在优点,但还有待时间来慢慢培育,在其发展成熟之前,只能处于辅助地位。一味地仰赖行业自治,恐怕风险不但没有得到控制,反而会产生更为严重的问题,打击从业者的信心,进一步影响金融市场。

政府对民间金融的监管是其职责所在,政府作为监管主体发挥引导作用,能够更好地掌握宏观的尺度,合理、适当地采取干预措施。要考虑强化专门管理部门的职责,动态掌握民间资本流向、金融规模和利率变化,建立相关的监管应对机制。要大力扶植民间金融行会组织,激发民间金融组织的内生动力,通过彼此约束、互相监督,达到规制发展的目的。同时,积极吸收借鉴国内外金融行业自律组织运行和发展的经验,鼓励自主管理和自主监管。[1] 在监管模式的设计上,可以辅助采用自律型监管模式,这样可以避免民

---

[1] 刘颖:《民法视野下我国农村民间金融发展的法律规制研究》,《农业经济》2019 年第 2 期,第 62 页。

间金融对政府的过分依赖,而使政府成为最终的接盘者,让民间金融有恃无恐,导致风险的累积。另外,也能避免由于政府过度干预民间金融的信贷行为,使民间金融成为正规金融的复制品。因此,在坚持以政府监管为主导的前提下,也要以行业协会的自律型监管为辅助,避免自律组织对行业利益的保护侵害社会总体利益,又能给行业自律组织以发展的土壤。调控经济的法律可分为两种:一种是以否定市场机制为前提、全面管制的法;另一种是以肯定市场机制为前提,对人为障碍加以排除,以健全市场机制的法。后者借自治的限制来矫正被扭曲的自治,实际上是要建立一个更健全的自治环境。[1] 建立政府主导监管、行业组织辅助监管模式,就要在肯定市场机制的前提下,确立科学、合理的监管机制,如此才能实现监管的目标。

(三) 监管模式的确立

1. 以类型化为基础的区别监管模式

鉴于民间金融的复杂性,在宏观监管模式选择的基础上,还要针对具体类型的民间金融进行监管模式的区分。

简单形态的民间金融不需要进行特别的监管,可以自愿选择是否在政府成立的民间金融登记中心进行登记,以实现适当的法律保护,也便于政府对民间金融动态进行监测。中间形态的民间金融适宜采用政府主导监管、辅以行业自律组织监管的模式。政府主导监管的权力主要在地方层面,这样既便于发挥民间金融的长处,给予民间金融创新的外部宽松条件,也有利于民间金融的规范管理,促进民间金融的良性发展,防范金融风险的发生,实现民间金融资源的合理安排。复杂形态的民间金融适用政府主导监管、行业自律组织辅助监管的模式。鉴于复杂形态民间金融的专业性和系统风险性,必须采取类似于正规金融的监管制度。因此,政府主导监管应当是以国家层面为主导,由地方派出机关进行配合,并积极发挥全国性行业自律组织的作用。

2. 中央与地方各司其职的监管路径

地方性民间金融监管功能的发挥有赖于制度竞争、制度创制和制度学习。

---

[1] 苏永钦:《走入新世纪的私法自治》,中国政法大学出版社2002年版,第151页。

制度竞争原本就是地方政府竞争中最为主要的形式，地方层面在争夺金融资源的过程中采用了制度竞争的方式，给市场主体带来了更多的选择空间，使其可以根据制度竞争所创造的利益空间"用脚投票"。制度创制是指地方对民间金融因地制宜的制度设计。而制度学习可以减少自我创制中调研、论证、试验等方面的人力、物力投入，能在较短的时间内形成一个关于制度形式和内容的可行性方案[①]，因此是地方进行制度供给的重要路径。为了对民间金融监管实施中央层面的立法协调，应当在中央层面设立民间金融协调管理机构，对其下属的民间金融监管机构出台的涉金融监管规范性文件实施审查。

为了对民间金融监管实施中央层面的执法协调，应当先由各省一级金融监管部门自主进行监管协调，具体方式可以是定期的区域监管协作交流，也可以是不定期的应急监管协作机制。实现金融监管系统在省一级层面的大集中，省金融监管平台穿透到省、市、区、县等各级地方金融监管部门，实现系统统一、数据统一、报表统一、规范统一、规则统一，从而结束各地各自为政、建设自己的金融监管系统的时代。有了统一的系统，省金融监管部门就能够真正实现省内金融监管系统的政令畅通、数据统计准确、实时全景监管。[②]

四、民间金融监管机构的选择

2023年中央金融工作会议强调必须坚持党中央对金融工作的集中统一领导；要完善党领导金融工作的体制机制，发挥好中央金融委员会的作用，做好统筹协调把关；发挥好中央金融工作委员会的作用，切实加强金融系统党的建设；发挥好地方党委金融委员会和金融工委的作用，落实属地责任。因此，民间金融监管首先要坚持党中央的领导。而从具体的监管部门和机构职能来看，综合我国现状和学者观点，与民间金融履行监管职责直接相关的机构有中国人民银行、中央和地方金融监督管理机构。此外，还有观点主张建立专门的民间金融监管机构来履行监管职能。监管是专业性很强的工作，监

---

① 靳文辉：《制度竞争、制度互补和制度学习：地方政府制度创新路径》，《中国行政管理》2017年第5期，第18页。

② 方意、张立莉主编：《民间金融监管理论与实践》，中国财政经济出版社2021年版，第182—183页。

管机构的选择应当以业务相关性为主要标准,这样才能确保监管措施落实到位。

(一) 中国人民银行

中国人民银行是我国的中央银行,其主要职责是代表国家管理金融,制定和执行金融方针政策。[①] 自原银监会设立后,对金融行业的监管职能就转移给了原银监会。但是,中国人民银行对民间金融的监管也有一定的涉足和影响,如中国人民银行各地支行对民间借贷利率定期进行检测,以发挥风险预警的作用。再如,2005年中国人民银行批准在全国试点小额贷款公司,这些公司在当地工商部门注册,但需要向中国人民银行申领贷款卡。随着小额贷款公司的大规模发展,这种监管职能逐步转移到了各地方金融监管部门的手中。

中国人民银行对民间金融实施监管职能的首要问题是如何与金融监督管理部门之间进行职责分工。中国人民银行的主要职能是制定和执行国家货币方针政策,对金融进行宏观管理。在今后民间金融的进一步规范发展中,中国人民银行作为宏观经济政策制定者,其监管职能必然会消失。2023年3月,党的二十届二中全会通过《党和国家机构改革方案》,组建中央金融委员会,加强党中央对金融工作的集中统一领导,中国人民银行取消大区分行,恢复省级分行和计划单列市分行,不再保留县(市)支行。该方案明晰了金融监管职能的改革方向。

之前,我国民间金融政策基本上是由中国人民银行全权决策,原银监会同时兼任政策的制定者、执行者、监督者及评估者等身份,对民间金融进行全面的管控。2023年机构改革之后,国家金融监督管理总局在原银保监会的基础上组建,将中国人民银行对金融控股公司等金融集团的日常监管职责、有关金融消费者的保护职责、中国证券监督管理委员会的投资者保护职责均划归其下。

[①] 黄达:《金融学》,中国人民大学出版社2003年版,第377页。

（二）中央和地方金融监管机构

在进入 21 世纪后，随着金融产业的飞速发展，地方政府纷纷设立了金融办，并逐步增加人员配备，加强职责权限。2002 年上海率先成立金融办，到 2009 年底已有 26 个省级政府成立了金融办，222 个地级以上城市也成立了金融办。同时，2009 年上海对金融办实施了"两增一扩"[①]，北京将金融办升级为金融局。地方金融办将多个部门的金融管理职能汇聚到一起，在信息共享上有着独特的优势。在地方金融管理事务上，地方金融办发挥了重要的功能，成为地方金融产业布局的掌控人、部分金融领域的监管人。[②]

2023 年 3 月，国家金融监管总局成立，接管了原银保监会的职能及中国人民银行的部分职能。"国家金融监督管理总局"官方网站也正式启用。至此，中国金融监管体系从"一行两会"迈入"一行一总局一会"新格局。同年 7 月 20 日，国家金融监督管理总局 31 家省级监管局和 5 家计划单列市监管局、306 家地市监管分局统一挂牌。根据中央机构编制委员会办公室公布的《国家金融监督管理总局职能配置、内设机构和人员编制规定》，国家金融监督管理总局的职责包括：（1）依法对除证券业之外的金融业实行统一监督管理，强化机构监管、行为监管、功能监管、穿透式监管、持续监管，维护金融业合法、稳健运行。（2）对金融业改革开放和监管有效性相关问题开展系统性研究，参与拟订金融业改革发展战略规划。拟订银行业、保险业、金融控股公司等有关法律法规草案，提出制定和修改建议。制定银行业机构、保险业机构、金融控股公司等有关监管制度。（3）统筹金融消费者权益保护工作。制定金融消费者权益保护发展规划，建立健全金融消费者权益保护制度，研究金融消费者权益保护重大问题，开展金融消费者教育工作，构建金融消费者投诉处理机制和金融消费纠纷多元化解机制。（4）依法对银行业机构、保险业机构、金融控股公司等实行准入管理，对其公司治理、风险管理、内部控制、资本充足状况、偿付能力、经营行为、信息披露等实施监管。

[①] "两增"是指增加两项新职责：第一项是接受国务院国资委委托对市属金融国资进行监管；第二项是承担地方金融管理和监管职能，负责监管不需要中央金融监管部门审批的地方金融活动和机构。"一扩"是指扩大原有职能范围，要主动运用金融市场资源促进地方经济社会发展。

[②] 朱文生：《完善地方政府金融管理体制研究》，《上海金融学院学报》2012 年第 1 期，第 97 页。

(5)依法对银行业机构、保险业机构、金融控股公司等实行现场检查与非现场监管,开展风险与合规评估,查处违法违规行为。(6)统一编制银行业机构、保险业机构、金融控股公司等的监管数据报表,按照国家有关规定予以发布,履行金融业综合统计相关工作职责。(7)负责银行业机构、保险业机构、金融控股公司等的科技监管,建立科技监管体系,制定科技监管政策,构建监管大数据平台,开展风险监测、分析、评价、预警,充分利用科技手段加强监管、防范风险。(8)对银行业机构、保险业机构、金融控股公司等实行穿透式监管,制定股权监管制度,依法审查批准股东、实际控制人及股权变更,依法对股东、实际控制人以及一致行动人、最终受益人等开展调查,对违法违规行为采取相关措施或进行处罚。(9)建立除货币、支付、征信、反洗钱、外汇和证券期货等领域之外的金融稽查体系,建立行政执法与刑事司法衔接机制,依法对违法违规金融活动相关主体进行调查、取证、处理,涉嫌犯罪的,移送司法机关。(10)建立银行业机构、保险业机构、金融控股公司等的恢复和处置制度,会同相关部门研究提出有关金融机构恢复和处置意见建议并组织实施。(11)牵头打击非法金融活动,组织建立非法金融活动监测预警体系,组织协调、指导督促有关部门和地方政府依法开展非法金融活动防范和处置工作。对涉及跨部门、跨地区和新业态、新产品等非法金融活动,研究提出相关工作建议,按要求组织实施。(12)按照建立以中央金融管理部门地方派出机构为主的地方金融监管体制要求,指导和监督地方金融监管相关业务工作,指导协调地方政府履行相关金融风险处置属地责任。(13)负责对银行业机构、保险业机构、金融控股公司等与信息技术服务机构等中介机构的信息科技外包等合作行为进行监管,依法对违法违规行为开展调查,并对金融机构采取相关措施。(14)参加金融业相关国际组织与国际监管规则制定,开展对外交流与国际合作。(15)完成党中央、国务院交办的其他任务。

可见,当前肩负金融监管职能的主要是中央的国家金融监督管理总局和地方的31家省级监管局、5家计划单列市监管局、306家地市监管分局。统一集中、垂直管理的金融监管主责机构的优势如下:首先,金融监管机构配置了完备的监管制度和系统的监管机构,具有很强的独立性和抗干扰性,在监管经验、专业知识、人才信息资源、风险评估技术方面都有着其他机构不能比拟的优势。其次，民间金融有着地缘性的特点，客户范围也受到地域限制，与地方经济发展有着不可分割的紧密联系。中央和地方机构设置可以较好地实现对地方的因地制宜的监管。最后，从目前分业监管的格局来看，专门的金融监管机构的监管职能与对民间金融的监管最为契合，由该机构同时来实施对民间金融的监管符合业已形成的金融监管格局。

也有学者建议在现有的金融监管机构之外，新设一个独立的监管机构，如民间金融监督管理委员会，作为民间金融监管的特设机关，填补当前民间金融监管领域的空白。设立专门机构的好处在于：一方面，民间金融是一种长期而非临时存在的金融形式，由专门机构进行专业化管理势在必行。另一方面，金融监管局已有职能内容庞杂，若再将民间金融监管纳入其中，则将导致机构更为臃肿；并且民间金融有着和正规金融不同的性质，由同一部门进行监管容易造成路径依赖和利益冲突。

本书认为，民间金融在经济中的重要地位并非设立专门监管机构的理由。当下，民间金融已经成为我国金融活动的重要组成部分，监管当局已经意识到对其监管迫在眉睫。在此种情形下，加大金融监管局的监管职权范围即可解决问题。而专门设立部门在信息掌握上并不具有优势，反而会增加信息沟通的成本。新设立的监管部门也不可能比金融监管局更具管理优势。所以，没有必要成立专门的部门对民间金融进行监管。

第三节　民间金融监管体制的构建

民间金融监管体制的构建应当遵循区别监管、适度监管、重点监管的理念，选择政府主导型的监管模式，对于复杂形态的民间金融以国家和地方金融监管机构为监管机构，对于中间形态的民间金融以地方金融监管机构为主要监管机构，对于简单形态的民间金融以登记备案中心为主要监管机构，再辅以行业自律协会监管。下面将对有关监管机构的具体构建进行设计。

一、国家和地方金融监管机构的职责

(一) 国家金融监管总局的监管职责

国家金融监管总局主要负责监管复杂形态的民间金融，研究出台相关政策法规，监测全国范围内民间金融的动态，预防系统性风险，确保社会安全稳定，促进经济良性发展。

第一，制定出台基本的监管制度。国家金融监管总局应当根据法律授权制定民间金融的监管规则，具体包括业务主体、交易规范、技术标准、利率水平、信息公开和审批流程等内容，并允许省级金融监管局根据各地的具体情况出台地方性变通规定，以适应不同区域民间金融的发展。

第二，审查批准民间金融组织的市场准入和退出。市场准入和退出制度有助于防范和规避金融风险。市场准入制度还能控制金融业的市场竞争程度，配合政府产业发展的需要。尤其是涉及范围广、可能引发较大系统性风险的复杂形态的民间金融活动，更应该对其相关准入制度严加把握。金融监管局凭借丰富的监管经验和全面的监管技术，能准确地对新设立的金融组织是否具备从事金融活动的资格进行评估审查，并能够有效地防止不合格的主体进入市场，对金融风险的防范与规避具有很好的预警作用，能够保证金融市场秩序的稳定。

第三，研究制定民间金融监测方案。在制定宏观的民间金融监管政策的基础上，还要细化具体领域的民间金融监测规则。这类监管任务主要是针对吸收公众存款的复杂形态的民间金融主体，同时对于部分中间形态的民间金融主体的利率监测，也具有非常重要的指导作用。由于民间金融的内生性和隐蔽性，一般情况下交易者都不愿公开其行为，其真实运作方式、需求等方面的统计信息并不容易获取。宏观货币政策的制定者——中国人民银行无法准确地判断一个地区的资金流量和风险隐患，故而需要建立民间金融监测分析点。国家金融监管总局在全国的分支机构方便在全国建立民间金融监管的信息网络，这种网络的建立有利于政府监管部门及时掌握民间金融的动态。想要实现对民间金融的广泛、细致的监测，还要求确立监测的标准、程序和内容，这也需要国家金融监管总局从专业的角度予以细化。

第四，对民间金融行业协会进行备案审查，对其违法行为进行调查和处罚。国家金融监管总局的监管职责还包括对自律行业组织的监管，对其章程规则、业务范围、经营活动等进行审查和备案，确保行业组织内部规章不与法律、行政法规的禁止性规定和社会公共利益相违背。同时赋予国家金融监管总局对民间金融行业协会事后监督的权力，敦促其健康有序地发展。

第五，对违法的民间金融组织或者活动进行惩戒和处罚。这种现场监管和直接的处罚措施可以强化政府职能，同时可以对行业协会的自律监管形成监督，在监管责任体系出现漏洞时能够及时地发挥修补作用。如果政府监管者对民间金融组织及金融活动采取调查或者惩戒行动，说明行业协会没有尽到监管的义务，也会对行业协会的声誉造成负面影响。

通过以上举措，可实现对民间金融组织及行业自律协会进行事前、事中、事后的监管。可见，国家金融监管总局对民间金融的监管是全方位的。但是，政府监管机构一般不应主动介入民间金融机构的日常经营，更多的应当是制定规则、审核其是否达到准入标准，对其进行引导和规范，以促进民间金融的规范化、合法化、秩序化发展。

（二）地方金融监管机构的监管职责

在对民间金融的行政监管中，单纯依靠中央统一监管是鞭长莫及的。我国地区经济发展不平衡，在具体措施的落实方面会产生诸多障碍，因此地方金融监管机构监管职能的发挥在民间金融的监管中也非常重要。

改制后的地方金融监管机构的职能要广于过去的职能，对于民间金融的统筹规划、协调指导、监督管理、改革创新、对外交流甚至优化营商环境等方方面面都要负责。一方面是原地方银监会的职能，主要是负责具体的监督、检查事项，包括但不限于以下方面：第一，按照国家金融监管总局的统一规定，要求民间金融主体报送符合基本要求的合规性数据和资料；第二，对民间金融组织的相关材料进行书面审查，在必要时开展现场检查；第三，及时进行风险监测和分析，并进行数据汇总、分类整合，形成风险监管指标值；第四，根据数据分析和反馈，对被监管的民间金融组织可能出现的问题提出质询；第五，接受民间金融主体的解释和说明，调查核实后，根据情况作出预警、建议和行政措施，并监督有关民间金融组织贯彻落实。另一方面是原地方金融办的职能，主要是监管中间形态的民间金融。基于中间形态的民间金融所具有的突出的地域性特征，地方金融监管机构对其进行监管具有明显的地理优势，应当承担以下职责：负责对区域内民间金融组织进行业务指导、经营约束、监督检查、违规处理，处置和应对突发事件；负责股权投资公司、投资咨询公司、寄售行以及其他各类投资公司的监督和管理；负责小额贷款公司、融资性担保公司等各类新兴金融行业的专项检查，着重从限定利率、规范经营范围和经营方式、禁止吸储等方面加强监管；聘请第三方组织对由地方政府管理的各类新兴金融行业和相关民间金融组织的业务活动及其风险状况进行现场检查；统计、分析地方金融组织的相关数据、信息等。

二、推行民间借贷登记备案制度和信息监测机制

（一）民间借贷登记备案制度

民间借贷登记是"指政府设立相应的合法机构或组织，对民间借贷资金逐笔登记，全面实现借贷资金的透明化与公开性，以起到规范民间借贷、控制民间借贷风险的作用"[①]。民间借贷登记制度有助于民间金融的监管实施。这项制度有助于实现借贷双方信息对称，有利于民间借贷的综合监管和风险控制、监测统计和分析、信用征信管理和国家税收管理，有利于克服民间金融的盲目性，切实推动民间金融的健康发展，防范消除金融风险。2012年4月，第一家民间借贷登记服务中心在"温州金融改革试验区"正式挂牌营业，该中心在地方政府的大力扶持下，由4家公司及8名自然人出资设立，以公司化运作，运营范围涉及信息登记、信息咨询、信息发布、融资对接服务等。2012年8月18日，鄂尔多斯市民间借贷服务中心也正式挂牌运营。但是，目前这些登记服务中心的现实状况并不理想。

要推动民间借贷登记备案制度，需要完善配套制度，确保登记备案制度的各项目标得以实现。

首先，民间借贷登记服务中心的设立应当由政府主导。其可以是地方金融监管机构的下属单位，也可以由地方金融监管机构发放行政许可由第三方

[①] 刘海应、蒲舟军、王含笑：《基于登记制度的民间借贷阳光化路径探析》，《上海金融》2012年第6期，第110页。

具体运营。目前,一些地区试点的民间借贷登记服务中心将投资、担保等中介组织组合在一起,因没有政府公信力的保障很难获得民众的信任,运行效果并不理想。所以,在总结经验的基础上,应当由地方金融监管机构直接设立民间借贷登记服务中心,或者审批第三方运营并对实施效果进行监督管理。这样不仅能提升民间借贷服务中心的社会接纳程度,也便于地方金融监管机构及时把握民间借贷资金的规模和流向,并对利率水平进行检查、统计,为民间借贷的风险防范和监管决策提供科学依据。

其次,应当赋予登记备案以法律效力。对登记备案的民间金融活动予以更好的法律保护,在进行诉讼时给予一定程度的优先受偿权。加大对已登记备案民间金融活动纠纷的司法审判力度和执行力度。对登记备案的信息予以法律保护,不得将信息泄露或者出售,相关信息只能经当事人同意方可在有限范围内进行查询,否则只能用于符合公共利益的目的。

再次,对于登记备案的民间金融活动给予一定政策上的优惠。给予登记备案的民间金融活动一定的利率优惠,并减少其税收成本,从而激励公众自愿进行登记备案。

最后,积极开展登记备案的宣传工作。受交易习惯影响,借贷登记很难得到交易双方的认可,媒体可以加大对备案登记制度的宣传力度,营造良好的舆论氛围,逐步改变公众对"熟人交易"的路径依赖,以及注重方便快捷却不重交易风险的做法。

(二) 强化民间借贷信息监测机制

强化民间金融特别是民间借贷信息监测机制,有效监控民间借贷市场规模、资金投向、利率变化等动态信息,为国家规范和管理民间金融以及制定宏观政策提供信息支持。

首先,明确信息监测主管机构。为了便于统计、决策,建议由地方金融局承担民间金融信息监测职责,并从两个途径获取监测信息:一是从民间借贷登记服务中心获取辖区内民间借贷资金总额、资金投向、利率水平等数据;二是要求一定规模以上的企业定期报送融资专项报表,掌握企业民间融资情况。

其次,确定重点信息监测对象。民间金融范围广、借贷分散、随意性强,政府监测部门可以选择有代表性、规模较大，能全面、客观地反映辖区内民间借贷状况的典型企业作为重点监测对象。对于选定的监测对象，要着重监测民间借贷的规模、区域分布、资金来源与流向、市场利率、流动性状况等情况，以便准确掌握民间借贷的基本发展状况，分析预测民间借贷对本地经济社会发展可能产生的影响。

最后，强化动态信息监测机制。应建立民间金融群发性异常变动信息监测机制，在全国范围内设立一定数量的监测点进行民间借贷的动态监测分析，并定期向上级监测部门上报分析报告，以便及时发现各地民间借贷呈现的新特点、存在的新问题和新风险，及时研究制定相应的对策并进行风险提示，引导民间金融健康发展。

三、民间金融行业协会的监管路径和职责

自律是指某一特定行业的组织或人员，共同制定规则约束成员的行为，以实现内部的自我监管和自我保护。自律监管具有灵活性、专业性和有效性等特点。民间金融也需要辅之以行业协会的自律型监管。行业协会具有天然的公共治理属性，特别是民间金融的地缘性和熟人关系网特征，使行业协会在其行业领域内实施金融自治有着明显的优势。回顾金融发展史，民间金融早就存在某些约定俗成的行业自律规则，这是民间金融行业自律管理的传统基础。[①] 随着民间金融的不断发展，当前许多地方都成立了小额信贷协会、信用与担保业协会、典当协会等行业自律组织，在民间金融行业自律管理方面进行了很好的探索和实践。虽然行业协会多是以保护自身行业的利益甚至是为维护行业垄断而产生并存在的，但作为行业自律组织其在某种程度上也填补了市场监管与政府调控的空白，可谓"市场失灵与政府失败下的第三条道路"[②]。

理想状态的民间金融行业自律监管与政府监管的职责分工应当是，民间金融行业协会主要负责对金融主体进行直接监管，而政府主要负责对金融主体进行间接监管。这种权力的分配可以使民间金融的自律监管与行政监管形

[①] 张燕：《中国农村民间金融法律规制研究》，人民出版社2017年版，第208页。
[②] 鲁篱、黄亮、程乐明：《金融公会法律制度研究》，中国金融出版社2005年版，第19页。

成互相合作、互相监督的系统性监管。行业自律监管的优点是更了解市场的运营状况及风险，能第一时间掌握市场的最新变化，信息失真程度较低；能实时制定更符合市场客观要求的规范化章程，不易出现监管滞后、僵化的状况。同时，参与协会的每位会员自身既是监管者又是被监管者，拥有大量的其他被监管者的行为信息，不需要花费额外成本聘请专门人员来收集相关信息。在执法检查、纪律监控等方面还包含了法律无法涉及的道德领域，可对会员形成特殊的威慑作用。由于政府资源有限，规制成本高，根据行业特性由行业自律组织制定行业内规范，把大量约束平台及参与各方的具体工作交给行业自律组织去做，可充分发挥市场自律的作用。民间金融行业自律监管的职责应当包括：

第一，加强制度建设，制定自律性规章。自律性规章包括民间金融的会员资质、职业道德、行业标准、业务准则、议事规程、纠纷解决机制等。这种自律性规章是民间金融自律监管的基本逻辑起点。由于这种规章是会员们民主参与下研究制定的，或者是在表示愿意接受其规制的条件下才加入行业协会的，所以更容易得到行业协会成员的尊重和遵守，其守法成本要低于国家法律法规。实现这种理想状态的前提是行业成员的充分参与。为了保障这种自律性规章得以实施，应该赋予行业组织对相关金融活动进行指导、对违规行为进行惩处以及对各会员间关系进行协调的权力。同时，通过行业内评比、设定各项金融指标的方式，对相关金融组织进行评价，并向社会披露信息，起到自律监管与行业警示的作用。

第二，加强监督检查，确保自律性规章的落地生效。为了全面评价被监管的民间金融机构的经营管理状况，促使会员组织依照行规、行约从事金融活动，行业自律协会要对该组织某一时期内所有的业务活动进行实地检查，对民间金融自律性规则执行情况进行全面的检查和监督，掌握自律性规章的执行情况，在检查结果的基础上对民间金融组织作出客观的评价，对违规或不足之处提出整改意见。

第三，对民间金融交易活动和会员信息进行登记备案管理。对于超过一定规模的民间金融交易活动，民间金融行业协会应当予以登记。对于许多中间形态的民间金融形式来说，没有必要采用行政监管机构的审核制度，而只需进行备案登记，如前文所讨论的合会组织。这些交易信息和会员记录既可以作为政府部门进行决策的信息依据，也可以作为行业协会会员之间进行交易的参考。

第四，共享信息资源，加强诚信基础建设。对交易活动的记录和会员信息的备案管理的重要目的之一是解决民间金融中的信息不对称问题。长期存在于民间金融发展中的信息不对称问题，造成了交易主体对风险预测的困难，也为政府监管制造了非常大的障碍。行业自律协会通过对交易活动进行记录和披露，可以发现违法违规行为，累积会员单位的信用，为社会公众提供及时、准确、真实、全面的市场信息，帮助会员筛选具有良好记录的民间金融主体作为交易相对方，将有不良信用记录的民间金融组织驱逐出市场，从而既能保证民间金融的自由发展，又能有效降低金融风险。对于中间形态的民间金融形式，如融资中介平台等，放松其准入门槛的设置，侧重信息的充分公开和披露，由当事人自行判断交易风险，是更为高效的监管方式。行业自律协会应当对民间金融市场与行业协会成员的相关信息予以公布：民间金融组织的资格条件、经营范围和住所地、注册资本和主要股东、交易数额、纠纷情况、违约事由和次数、接受监管部门年度审计情况、受到处罚的事由和次数等。通过提供这些信息，最终建立民间金融的诚信激励机制。民间金融行业协会应当无偿向社会公众披露以上信息，并提供查询服务。如果民间金融行业协会基于重大疏忽或者故意导致信息不完整、不准确，要承担相应的法律责任，包括对给交易双方带来的损害承担赔偿责任。

第五，制定相应的责任追究机制，对违反行业规章的会员采取惩戒措施。如果行业协会的会员企业不遵守规则，协会应当对其进行惩罚。对于严重的违法行为，应当上报政府监管部门，由其采取警告、罚款、吊销营业执照等措施；对于一般的违规行为，则采取声誉机制和经济方面的惩罚，如会员资格的取消、市场退出、一定时间内的准入禁止、罚款、警告、通告、降级、集体抵制等措施。这种声誉惩戒机制借助社会信用的惩罚措施，可以使被处罚的会员在一定区域内无法从事金融行为，甚至无法从事一般的社会行为，由此会产生比法律惩戒措施更为有效的结果。

第六，受理投诉，调解争端。各地民间商会自古以来就有组织负责解决处理行业内部纠纷的传统。民间金融自律型组织的行业协会同样具有纠纷解决的功能。民间行业协会对纠纷的解决可以充分发挥自身专业优势，利用非诉解决机制的灵活高效性,缓解当事人的对抗情绪,减少高昂的诉讼成本。

第七,开展行业协会会员的互助救济。建立风险救助基金,在因不可抗力而出现资金链条问题或者经营风险时,可以及时地予以救济,防止风险的进一步扩大,保持民间金融市场的稳定,保护投资者的利益。

第八,与政府监管机构进行协调,替会员发声。作为民间金融的行业协会,自律组织应当作为行业成员的代言人,代成员发表意见,向政府表达心声。但要注意的是,行业自律组织不能成为部分成员的利益代言人,制造行业内部的不公平竞争。行业组织在这种情况下的身份是比较复杂的,既是民间金融组织的代言人,又是其监管者;既为民间金融组织的利益服务,又要配合政府监管,对本行业的健康发展进行规范和监督。因此,民间金融的自律监管实际上也是将政府监管机构与民间金融市场主体予以连接的中间层。

综上,鉴于民间金融的复杂性,对其监管绝非某一个主体或者某一种方式就可以实现。因此,分层次的法律监管模式可以充分发挥民间金融主动创新的优势,避免政府单一监管体系的僵化保守缺陷,保持金融市场的活力和竞争性,同时也可以缓解市场自由竞争机制与宏观调控管制之间的紧张关系。政府监管与自律监管实现良性互动,建立以政府调控为主、行业自律为辅的民间金融监管体系,把日常的、微观的监管交给行业协会,由政府对民间金融进行宏观的、合法性审查,从而有效防范风险,推动民间金融的稳步、健康发展。

参 考 文 献

[1] 肖. 经济发展中的金融深化 [M]. 邵伏军,许晓明,宋先平,译. 上海: 格致出版社,上海三联书店,上海人民出版社,2014.

[2] 敖希颖. 民间借贷成本之司法衡量的类型化 [J]. 法律适用,2022 (11): 38-48.

[3] 白江. 论控制金融系统性风险的法律机制 [J]. 东方法学,2013 (4): 28-44.

[4] 博登海默. 法理学:法律哲学与法律方法 [M]. 邓正来,译. 北京:中国政法大学出版社,1999.

[5] 波斯纳. 法律的经济分析 [M]. 蒋兆康,译. 北京:中国大百科全书出版社,1997.

[6] 蔡一军. 我国民间金融法律制度研究:基于《温州市民间融资管理条例》的实践 [J]. 商业经济研究,2017 (2):131-132.

[7] 常宇豪. 民间借贷法律规制三十年进程与衍变 [J]. 南方金融,2017 (2):70-80.

[8] 陈蓉. "三农"可持续发展的融资拓展:民间金融的法制化与监管框架的构建 [M]. 北京:法律出版社,2010.

[9] 陈兴良. 论发放高利贷罪及其刑事责任 [J]. 政法学刊(甘肃),1990 (1):18-21.

[10] 陈兴良. 高利放贷的法律规制:刑民双重视角的考察 [J]. 华东政法大学学报,2021,24 (6):5-16.

[11] 陈正江. 浙江民间金融规范与创新发展的法制保障 [M]. 杭州:浙江工商

大学出版社，2014.

[12] 史普博. 管制与市场 [M]. 余晖，等译. 上海：格致出版社，三联书店，上海人民出版社，2008.

[13] 丁邦开，周仲飞. 金融监管学原理 [M]. 北京：北京大学出版社，2004.

[14] 杜敏，王刚. 民间借贷纠纷案件问题探究及应对之策 [J]. 人民司法，2012（11）：19-23.

[15] 方意，张立莉. 民间金融监管理论与实践 [M]. 北京：中国财政经济出版社，2021.

[16] 傅为群. 近代民间金融图志 [M]. 上海：上海书店出版社，2007.

[17] 高晋康. 民间金融法制化的界限与路径选择 [J]. 中国法学，2008（4）：34-42.

[18] 高晋康，汪蕾. 中国民间金融的规范化发展 [M]. 北京：法律出版社，2019.

[19] 郭雳. 美国证券私募发行法律问题研究 [M]. 北京：北京大学出版社，2004.

[20] 何德旭，王卉彤. 美国社区银行的发展：评述及启示 [J]. 新金融，2006（7）：39-42.

[21] 何田. "地下经济"与管制效率：民间信用合法性问题实证研究 [J]. 金融研究，2002（11）：100-106.

[22] 贺力平. 合作金融发展的国际经验及对中国的借鉴意义 [J]. 管理世界，2002（1）：48-57.

[23] 胡德官. 我国民间金融问题研究述评 [J]. 中国农村观察，2005（5）：69-73.

[24] 胡戎恩，赵兴洪. 天使抑或魔鬼：民间金融实证研究与立法 [M]. 北京：北京大学出版社，2014.

[25] 姜旭朝，邓蕊. 民间金融合法化：一个制度视角 [J]. 学习与探索，2005（5）：207-209.

[26] 姜旭朝，丁昌锋. 民间金融理论分析：范畴、比较与制度变迁 [J]. 金融研究，2004（8）：100-111.

[27] 蒋玲. 中国农村非正规金融管制机制研究 [J]. 产业与科技论坛，2009（10）：

42-45.

[28] 蒋晓妍. 民间金融服务机构法律规制研究：从比较法的视角［M］. 北京：经济科学出版社，2017.

[29] 李兵. 金融安全观视野下民间金融监管立法［J］. 广西社会科学，2018（1）：118-120.

[30] 李华民. 寡头均衡、绩效改善与金融稳定：中国银行业结构变迁的政策取向［J］. 金融研究，2005（8）：22-36.

[31] 李新. 我国民间农村民间金融规范发展的路径选择［M］. 北京：中国金融出版社，2008.

[32] 李学辉. 民间借贷中超限利息的处理［J］. 法学杂志，2017，38（12）：126-132.

[33] 赖早兴，王家伦. 刑法对高利贷的规范路径：演进与展望［J］. 烟台大学学报（哲学社会科学版），2022，35（4）：19-32，72.

[34] 李政辉. 论民间借贷的规制模式及改进：以民商分立为线索［J］. 法治研究，2011（2）：67-73.

[35] 廖天虎. 论我国民间金融监管制度的演变：基于新中国成立后的相关制度变迁的分析［J］. 经济社会体制比较，2017（1）：111-118.

[36] 廖振中，高晋康. 我国民间借贷利率管制法治进路的检讨与选择［J］. 现代法学，2012（2）：66-77.

[37] 刘冰捷. 私权领域警察权的介入模式与转型：以民间借贷纠纷为视角［J］. 法学评论，2023，41（5）：70.

[38] 刘道云. 法律视域下的民间金融及其规制［M］. 北京：法律出版社，2017.

[39] 刘骏. 金融制度的地方性供给：源自民间金融的制度经验［J］. 社会科学，2018（8）：55-64.

[40] 刘少军. 民间金融的类型与法理分析（下）［J］. 中国流通经济，2012（10）：113-121.

[41] 刘少军. 准金融"机构与业务"监管的法理研究［J］. 金融法学家，2013（5）：102-115.

[42] 刘卫平. 社会信任：民间金融与经济转型［M］. 北京：中国人民大学出版社，2021.

[43] 刘晓春. 民间借贷适用法律的逻辑 [J]. 中国金融, 2020 (Z1): 173-174.

[44] 刘小宁, 徐安察. 民间金融利率与正规金融利率的动态联动关系: 基于贝叶斯VAR模型的经验研究 [J]. 金融发展研究, 2017 (3): 8-14.

[45] 刘英明. 仅有转账凭证的民间借贷诉讼举证规则: 对民间借贷司法解释第17条的分析 [J]. 政治与法律, 2017 (9): 153-161.

[46] 孟睿偲, 张江洪. 借贷债权应有平等的司法保护: 以民间借贷司法解释为样本 [J]. 河北法学, 2021, 39 (11): 133-142.

[47] 林毅夫, 孙希芳. 信息、非正规金融与中小企业融资 [J]. 经济研究, 2005 (7): 35-44.

[48] 龙柯宇. 基于法治博弈的农村民间金融治理逻辑重塑 [J]. 甘肃社会科学, 2017 (3): 213-218.

[49] 鲁篱, 黄亮, 程乐明. 金融公会法律制度研究 [M]. 北京: 中国金融出版社, 2005.

[50] 马俊亚. 典当业与江南近代农村社会经济关系辨析 [J]. 中国农史, 2002, 21 (4): 39-47.

[51] 毛金明. 民间融资市场研究: 对山西省民间融资的典型调查与分析 [J]. 金融研究, 2005 (1): 146-153.

[52] 潘彬, 金雯雯. 货币政策对民间借贷利率的作用机制与实施效果 [J]. 经济研究, 2017, 52 (8): 78-93.

[53] 彭冰. 商业银行的定义 [J]. 北京大学学报(哲学社会科学版), 2007 (1): 116-125.

[54] 彭冰. 非存款类放贷组织的"安全港"规则: 关于《非存款类放贷组织条例(征求意见稿)》的意见 [J]. 当代金融家, 2015 (9): 92-94.

[55] 彭冰. 非法集资活动规制研究 [J]. 中国法学, 2008 (4): 43-55.

[56] 强力. 我国民间融资利率规制的法律问题 [J]. 中国政法大学学报, 2012 (5): 54-67, 159.

[57] 青木昌彦. 比较制度分析: 中文版 [M]. 周黎安, 译. 上海: 上海远东出版社, 2001.

[58] 仇晓光. 民间金融开放中高利贷问题法律规制研究 [J]. 社会科学研究, 2017 (3): 69-74.

[59] 曲彦斌. 略论中国典当业的起源与流变 [J]. 社会科学战线, 2001 (1): 137-144.

[60] 麦金农. 经济发展中的货币与资本 [M]. 卢骢, 译. 上海: 上海三联书店, 上海人民出版社, 1997.

[61] 桑本谦. 民间借贷的风险控制一个制度变迁的视角 [J]. 中外法学, 2021, 33 (6): 1464-1483.

[62] 尚连杰. "私贷公用"规范的解释论: 以《民间借贷司法解释》第23条第2款为中心 [J]. 法学, 2017 (4): 172-183.

[63] 沈克彪. 基于产权结构与关系贷款视角的村镇银行监管思路研究: 美国社区银行的启示 [J]. 金融教育研究, 2012, 25 (2): 30-36.

[64] 孙天琦. 金融组织结构研究 [M]. 北京: 中国社会科学出版社, 2002.

[65] 谭志哲. 逻辑与现实: 中国民间融资的生成与法律规制 [J]. 求索, 2012 (4): 217-219.

[66] 王建文. 论我国民间借贷合同法律适用的民商区分 [J]. 现代法学, 2020, 42 (1): 132-142.

[67] 王兰. 民间金融正规化治理的法经济学分析 [J]. 东南学术, 2017 (3): 119-127.

[68] 王曙光. 金融自由化与经济发展 [M]. 北京: 北京大学出版社, 2004.

[69] 王曙光, 轩兴堃. 民间金融规范化改革研究: 基于经济学、法学与伦理学的交叉学科视角 [J]. 社会科学战线, 2018 (6): 52-57.

[70] 王婷, 史晋川, 娄姚荣. 社会网络对民间金融风险的作用: 基于社会网络结构的理论与实证分析 [J]. 浙江大学学报 (人文社会科学版), 2018, 48 (1): 98-116.

[71] 王毓莹. 民间借贷纠纷案件裁判思路研究 [J]. 中国应用法学, 2023 (4): 153-162.

[72] 王兆东. 德国合作金融的借鉴与启示: 德国合作金融实践对我国合作金融的借鉴与启示 [J]. 华北金融, 2010 (8): 39-40.

[73] 王志远. 非法放贷行为刑法规制路径的当代选择及其评判 [J]. 中国政法大学报, 2021 (1): 180-190.

[74] 魏敬淼. 民间金融法律治理研究 [M]. 北京: 中国政法大学出版

社, 2016.

[75] 吴志攀. 金融法的"四色定理"[M]. 北京：法律出版社, 2003.

[76] 吴志攀, 白建军. 金融法路径[M]. 北京：北京大学出版社, 2004.

[77] 吴泽勇. 民间借贷诉讼中的证明责任问题[J]. 中国法学, 2017 (5)：258-278.

[78] 肖峰. 重释民间借贷的定性和范围：如何理解适用新《民间借贷司法解释》第 1 条[J]. 法律适用, 2021 (3)：82-87.

[79] 谢增毅. 政府对证券交易所的监管论[J]. 法学杂志, 2006, 27 (3)：94-97.

[80] 熊玉莲. 金融衍生工具法律监管问题研究：以英、美为主要分析视角[M]. 北京：北京大学出版社, 2009.

[81] 许德凤. 论利息的法律管制：兼议私法中的社会化考量[J]. 北大法律评论, 2010 (11)：184-217.

[82] 徐勇. 农村地区民间借贷法律监管制度研究[J]. 农业经济, 2019 (5)：98-99.

[83] 燕小青. 民间金融发展的理论与实证：基于宁波中小企业和农户的视角[M]. 北京：中国社会科学出版社, 2012.

[84] 阎庆民. 强化地方政府金融监管意识和责任[J]. 中国金融, 2012 (6)：27.

[85] 姚海放. 论民间借贷利率的法律调整[J]. 社会科学, 2021 (4)：107-115.

[86] 叶斌, 熊秉元. 民间借贷法律规制对犯罪的影响：基于利率上限调整和高利贷入罪的实证研究[J]. 财经问题研究, 2023 (5)：27-38.

[87] 余艳清. 新时代国家治理视野下的民间金融规制转型[J]. 税务与经济, 2021 (6)：95-101.

[88] 于秋芳, 衣保中. 江户时期日本民间金融组织的发展及其影响[J]. 中国农史, 2009 (3)：42-48.

[89] 于宗先. 民营银行：台湾案例[M]. 北京：社会科学文献出版社, 2005.

[90] 岳彩申. 民间借贷规制的重点及立法建议[J]. 中国法学, 2011 (5)：84-96.

[91] 岳彩申. 民间借贷风险治理的转型及法律机制的创新[J]. 政法论丛,

2018（1）：3-13.

［92］张博，胡金焱，马驰骋. 从钱庄到小额贷款公司：中国民间金融发展的历史持续性［J］. 经济学，2018，17（4）：1383-1408.

［93］张建伟. 法律、民间金融与麦克米伦"融资缺口"治理：中国经验及其法律与金融意义［J］. 北京大学学报（哲学社会科学版），2013（1）：129-143.

［94］张乐柱. 农村合作金融制度研究［M］. 北京：中国农业出版社，2005.

［95］张明玖，李树. 民间借贷行为规制的偏失与矫正：以非法集资规制为例［J］. 社会科学家，2017（8）：115-120.

［96］张雪芳. 正规金融与民间金融的比较、交互模式与风险防范：以中小企业融资为例［M］. 杭州：浙江大学出版社，2017.

［97］张燕. 中国农村民间金融法律规制研究［M］. 北京：人民出版社，2017.

［98］张忠军. 论金融法的安全观［J］. 中国法学，2003（4）：109-117.

［99］赵泉民，忻平. 资金构成与合作社的"异化"：基于20世纪三四十年代中国乡村社会变迁的考察［J］. 华东师范大学学报（哲学社会科学版），2006，38（2）：65-71.

［100］郑导，唐清利，高晋康. 民间金融的民法规制［J］. 西南民族大学学报（人文社会科学版），2013（6）：108-113.

［101］周建明. 孟加拉国乡村银行对我国建立现代农村金融制度的启示［J］. 新金融，2009（2）：47-49.

［102］周霖. 民间金融内生发展模式研究［M］. 杭州：浙江大学出版社，2019.

［103］朱大旗，张牧君. 论民间金融活动的法律规制［J］. 郑州大学学报（哲学社会科学版），2014（5）：54-58.

［104］诸葛隽. 民间金融：基于温州的探索［M］. 北京：中国经济出版社，2007.

［105］卓凯. 非正规金融、企业家甄别与制度变迁：理论与经验［J］. 制度经济学研究，2006（1）：24-46.

［106］MCCALL B M, Unprofitable lending：morden credit regulation and the lost theory of usury［J］. Cadozo law review，2008，30（2）：549-616.

［107］WRIGHT C W. Economic history of the United States［M］. New York：

McGraw-Hill Book Co. Inc, 1941.

[108] ADAMS D W, FITCHETT D A. Informal finance in low-income countries [M]. Boulder: Westview Press, 1992.

[109] VERDIER P H. The political economy of international financial regulation [J]. Indiana law journal, 2013, 88 (4): 1405-1474.

[110] LIGHT I, PHAM M. Beyond creditworthy: microcredit and informal credit in the United [J]. Journal of developmental entrepreneurship, 1998 (3): 1-15.

[111] HOUKES J M. An annotated bibliography on the history usury and interest from the earliest times through eighteenth century [M]. New York: The Edwin Mellen Press, 2004.

[112] RADEZ K V. The freedom of information act exemption 4: protecting corporate reputation in the post-crash regulatory environment [J]. Columbia business law review, 2010 (15): 632-684.

[113] TSAI K S. Back-alley banking: private entrepreneurs in China [M]. Ithaca: Cornell University Press, 2002.

[114] GHATE P. Informal finance: some findings from Asia [M]. Oxford: Oxford University Press, 1992.

[115] BARONE R, CERQUETI R, QUARANTA A G. Illegal finance and usurers behaviour [J]. European journal of law and economics, 2010 (34): 265-277.

[116] KARASIK T, WEHREY F, STROM S. Islamic finance in a global context: opportunities and challenges [J]. Chicago journal of international law, 2007 (2): 379-396.